上海市哲学社会科学学术话语体系建设办公室
上海市哲学社会科学规划办公室
———
资助出版

上海市纪念改革开放40年
研究丛书

从"思想云端"走向"现实深处"

1978—2017年《解放日报》
理论传播梳理与思考

夏斌 著

上海社会科学院出版社

总　序

2018年，是我国改革开放40周年。40年改革开放历程波澜壮阔，中国人民用双手书写了一部国家和民族发展的壮丽史诗，中华民族沿着改革开放的康庄大道，续写从站起来、富起来到强起来的历史新篇章。

回首40年光辉历程，我们对中国特色社会主义道路坚定不移，充满自信。我国从农村联产承包到城市经济体制改革，从深圳特区创建到中国加入世界贸易组织，从浦东开发开放到自由贸易试验区建设，从实行社会主义市场经济到全面推进依法治国，从沿海沿边开放到"一带一路"建设，改革开放一次次突破禁区，冲破禁锢，打破常规，革故鼎新。无数雄辩的事实和辉煌的发展成就充分证明，改革开放是党在新的历史条件下领导人民进行的新的伟大革命，是决定当代中国命运的关键一招，也是决定实现"两个一百年"奋斗目标、实现中华民族伟大复兴中国梦的关键一招。改革开放道路是完全正确的，完全符合中国的国情。改革开放40年伟大实践昭示世人，中国之所以能够快速发展，最根本的一条是坚持改革开放。

"改革开放是我们党的历史上一次伟大觉醒，正是这个伟大觉醒孕育了新时期从理论到实践的伟大创造。"党的十八大以来，以习近平同志为核心的党中央继续高举改革开放伟大旗帜，以更大的政治勇气和政治智慧推进改革，用全局观念和系统思维谋划改革，以自我革命的精神重启全面深化改革的进程，推动形成新一轮改革大潮，改革全面发力、多点突破、纵深推进，系统性、整体性、协同性不断增强，重要领域和关键环节改革取得突破性进展，主要领域改革主体框架基本确立。

回首40年光辉历程，我们获得弥足珍贵的经验和启示。一个国家要发展、一个民族要振兴，就必须在历史前进的逻辑中前进、在时代发展的潮流中发展。中国的改革开放之所以能够成功、必然成功，根本的一条是顺应了中国人民要发展、要创新、要美好生活的历史要求，契合了世界各国人民要发展、要合作、要和平生活的时代潮流。纵观当今世界，变革创新是大势所趋、人心所向，是推动人类社会向前发展的根本动力。世界各国都在加快推进改革创新，新一轮科技革命和产业革命正在孕育兴起，谁更有智慧、更有勇气，敢于变革、敢于创新，谁就会抢占发展先机，谁就会居于主导地位。可以说，改革是对执政党生命力的考验，是国家发展能力和竞争力的根本保证。能否改革、能否持续改革，是对当今世界各国执政党政治潜力和执政能力的最大考验。什么样的执政党具有锐意改革的哲学、文化支撑，就具有延绵不绝的竞争力和生命力，就能在未来的世界发展格局中立于不败之地。

回首40年光辉历程，我们对于改革开放自身规律的认识更加深刻。中国共产党领导下的改革开放之所以能够成功，重要的一条是把改革提升到哲学的高度、方法论的层面，用辩证思维把准改革脉搏，妥善处理各方关系，在整体谋划、系统思考中把准改革开放脉搏，在统筹兼顾、综合平衡中把改革开放全面引向深入，这是中国共产党积累的一条基本的改革经验、执政经验。

一是妥善处理顶层设计与基层积累的关系。党的十八大以来，我们更加注重对一些必须取得突破，但一时还不那么有把握的改革，开展一系列先行先试的试点探索，投石问路，然后再把基层积累的可复制、可推广的成功经验，提升到国家顶层设计的层面。当然，决定在哪些领域改革、试点哪些举措、在哪些区域试点，这要从加强改革顶层设计和总体规划的角度去选择。党的十八大以来的发展历程一再明示，基层积累要在顶层设计的前提下进行，顶层设计也要在基层积累的基础上来谋划。

二是妥善处理系统推进和重点突破的关系。随着改革的全面深化，必须强调系统性、完整性、协调性，不可能再像改革初期在某个领域某个方面的单项改革那样，单兵突进，而是要把改革从以经济为主，延伸到经济社会、文化民生等各个领域。同时，改革又不能平均用力、齐头并进，搞一刀切、齐步走，而是要确立关键环节、重点领域，寻找到把改革推向纵深的着力点。整体推进和重点突破，这两者必须相辅相成，不可偏废。

三是妥善处理解放思想与实事求是，胆子要大与步子要稳的关系。搞改革肯定要打破现有的工作格局和体制机制，必然会有风险，不会四平八稳。触动利益的改革，不可能都是敲锣打鼓、欢欢喜喜、轻而易举。各级干部都要有胆量和魄力，必须解放思想，拿出勇气，认准的事就要甩开膀子大胆地干。还要坚持稳中求进工作总基调，推出改革的具体举措一定要充分研究、反复论证、科学评估，做到稳妥审慎，稳扎稳打，蹄疾步稳。

坚持和推进全面改革开放，最重要和最根本的一条，是坚持党的领导不动摇，落实人民中心思想不松劲。我们要始终坚持在中国共产党的领导下，尊重人民群众的主体地位，把改革开放伟大事业深深植根于人民群众之中，紧紧依靠人民的力量推动改革。我们要紧紧围绕人民所思所想所盼，深入开展社会化宣传教育活动，为改革开放事业凝聚力量人心，营造有利氛围。尤其要增强党员干部对改革开放事业的认同感和使命感，引导广大干部群众真心诚意接受改革、拥护改革，引领社会成员自觉地把个体的命运与改革开放事业的兴衰成败相联结，牢固树立以人民群众幸福感获得感和满意度，作为衡量改革发展成败的标尺的执政理念。

"一个时代有一个时代的问题，一代人有一代人的使命"。中国特色社会主义进入了新时代，改革开放又到了一个新的历史关头。我们已经处于"两个一百年"奋斗目标的交汇期，处于迈入实现第一个百年目标、向第二个百年目标进军的关键期，美好的目标就在眼前，更大风险和考验也摆在面前。潮平两岸阔，风正一帆悬。改革开放40年伟大历程告诉我们，始终高举改革开放的旗帜，坚定不移，坚韧不拔，不断把改革开放向全面、系统、纵深推进，是中国特色社会主义伟大事业从胜利走向新的胜利的唯一选择。我们要按照党的十九大和党的十九届一中、二中、三中全会的战略安排和部署，贯彻新发展理念，深化供给侧结构性改革，加快完善社会主义市场经济体制，推动形成全面开放新格局，深化机构和行政体制改革，改革生态环境监管体制，继续深化国防和军队改革，健全党和国家监督体系。

当好"改革开放排头兵、创新发展先行者"，是习近平总书记对上海一以贯之的要求。党的十八大以来，上海承担了一系列全面深化改革的先行先试任务。上海自贸试验区改革，是通过负面清单的方式解决政府管得太多、太全的问题，探索形成以简政放权、转变职能为核心，以创新方式、提高效能为重点，符合现代治理体系要求、对标国际高标准贸易规则的政府服务管理新模式；上海建设科创中心，是要让我国在从要素驱动、投资驱动发展为主，向以创新驱动发展为主的发展模式切换中，能够走到世界前列；上海为创新社会治理、加强基层建设推出"1+6"文件，是要走出一条符合超大城市特点和规律的社会治理新路子；上海率先出台国资国企改革"20条"，是要实现从"管企业"向"管资本"的转变；上海积极探索司法体制改革，是要率先建立符合司法规律和职业特点的人员分类管理制度。此外，上海还承担了"营改增"税制改革、群团改革、高考综合改革和教育综合改革，等等。这一系列改革使得我们的各项制度、政策更加符合经济社会发展需要，这种勇于改革、善于改革的精神，也成为上海和国家保持发展活力、前进动力的重要支撑和思想驱动。在庆祝改革开放40年之际，总结上海经验，为深化我国改革开放事业源源不断提供上海的新思考和新方案，是我们责无旁贷的时代重托与使命担当。

广大社科理论工作者要以庆祝改革开放40年为契机，继承和发扬改革开放精神，把我国改革开放基本进程、主要成就、基本经验和内在规律系统总结好、深入挖掘好、广泛传播好，切实转化为学习思考能力、理论创新能力和学术原创能力，使之成为构建中国特色哲学社会科学的出发点和着力点。我们要更好地结合当代中国实际，立足各自学科领域，坚持问题导向、需求导向和价值导向，以中国理论解读中国实践，以中国实践丰富中国理论，在守正出新、博采众长中推进理论和学术创新，久久为功，善作善成，着力推进改革开放史和相关理论研究，为形成布局合理的学科体系、植根中国的学术体系、融通中外的话语体系，加快构建中国特色哲学社会科学作出贡献。

2017年，在中共上海市委宣传部指导下，上海市哲学社会科学学术话语体系建设办公室、上海市哲学社会科学规划办公室启动实施了上海市"改革开放40周年"系列研究。复旦大学、华东师范大学、上海社会科学院等上海多所高校和社科研究机构的专家学者，历时一年辛勤工作，爬罗剔抉，刮垢磨光，探赜索隐，钩深致远，按照"论从史出""史论结合"的研究路径，在回顾中国和上海40年改革开放伟大实践的基础上，尊重学术规律，凝练理论思考，打造标识概念，构建话语体系，取得了"纪念改革开放40年"系列研究成果。现在选取其中的一部分，汇编成这套"上海市纪念改革开放40年研究丛书"。本丛书囊括经济、政治、社会、文化、哲学、法律、科技、教育、国际关系等多个学科领域，对中国改革开放40年的发展历程，进行全方位阐释和理论解读，对当下我国发展面临的众多问题，进行深入剖析，展开学理论证，谋划应对举策，为我国改革开放再出发提供学术性探索和学者版建议。本丛书能够代表上海学术界对于改革开放40周年的思考水准，呈现了上海社科理论界应当具有的历史责任，反映了社科理论界对我国改革开放未来发展和综合国力继续提高，最终实现中华民族伟大复兴中国梦的美好愿景。

是为序，以纪念改革开放40年！

燕　爽

中共上海市委宣传部副部长、上海市社联党组书记

目 录

前言 1

第一章 导论 3

  第一节 选题背景 3

  第二节 文献综述 4

    一、马克思主义大众化的历史进程、基本特征和实现路径 5

    二、当代中国马克思主义传播的基本要素 10

    三、当代中国马克思主义传播的挑战和困境 21

    四、当代中国马克思主义传播的实证研究 25

  第三节 研究方法、创新点与难点 30

    一、研究方法 30

    二、创新之处 31

    三、研究难点 31

第二章 《解放日报》的传播历程 33

第一节 当代中国马克思主义内涵界定 33
一、当代中国马克思主义的内涵 33
二、当代中国马克思主义的特征 33

第二节 改革开放启动前后的理论传播 35
一、冲破"禁区" 35
二、"思想解放" 39
三、"小跑步行不行" 42
四、怎样评价领袖 44

第三节 邓小平理论形成与成熟阶段的理论传播 47
一、充满活力的经济模式 48
二、"均"则懒，懒则"寡" 52
三、"一个中心、两个基本点" 54

第四节 改革开放取得突破性进展阶段的理论传播 57
一、"社会主义向何处去" 57
二、系统性解读市场经济 60
三、邓小平理论研究网络化 63

第五节 "三个代表"重要思想的理论传播 66
一、"一场不停步的接力跑" 67
二、科学把握"先进性" 70

第六节 科学发展观的理论传播 75
一、什么是发展 76
二、什么是"人本" 78

　　　　三、什么是和谐　　　　　　　　　　　　　　　　79
　　　　四、什么是核心价值　　　　　　　　　　　　　　81
　　第七节　习近平新时代中国特色社会主义思想的理论
　　　　　　传播　　　　　　　　　　　　　　　　　　82
　　　　一、中国梦是个什么样的梦　　　　　　　　　　84
　　　　二、为什么要以人民为中心　　　　　　　　　　91
　　　　三、如何更好地治国理政　　　　　　　　　　　94
　　　　四、"四个全面"能否达成　　　　　　　　　　100
　　　　五、"四个自信"底气何来　　　　　　　　　　110
　　　　六、为何要强调"四个伟大"　　　　　　　　　124
　　　　七、怎样构建人类命运共同体　　　　　　　　127
　　　　八、如何理解新时代的"新思想"　　　　　　132

　　第八节　不同阶段代表性学者的理论贡献　　　　　141
　　　　一、邓小平理论传播阶段　　　　　　　　　　144
　　　　二、"三个代表"重要思想传播阶段　　　　　　171
　　　　三、科学发展观传播阶段　　　　　　　　　　179
　　　　四、学人成长与理论传播的互动　　　　　　　188

第三章　传播特性、效果与规律　　　　　　　　　　　191
　　第一节　传播特性　　　　　　　　　　　　　　　192
　　　　一、呼应与阐释并重，理论化和大众化共生　　192
　　　　二、重点推进社会主义初级阶段理论探索　　　201
　　　　三、提供各种观点讨论平台并主动引导　　　　205
　　第二节　传播效果　　　　　　　　　　　　　　　217

一、把握主流舆论阵地和话语权　　218
　　二、文本、解释和构建渐次推进　　224
　　三、与时俱进、与民俱进、与世俱进　　240
第三节　传播规律　　246
　　一、造势与传播的周期性　　246
　　二、共识与生命力的倍增效应　　251
　　三、"反复互动"与升级转化的良性循环　　255

第四章　完善路径　　259
第一节　借鉴马克思主义大众化的历史经验　　259
　　一、坚持马克思主义指导　　260
　　二、推进马克思主义中国化　　262
　　三、加强和完善党的领导　　264
　　四、注重实事求是与群众路线　　267
第二节　着力推进理论创新　　269
　　一、明确理论创新的底线　　270
　　二、推进经典著作通俗化　　271
　　三、发展理论，诠释新问题　　273
第三节　创新传播话语系统　　275
　　一、推动大众传播话语创新　　277
　　二、应对消解和怀疑思维　　281
　　三、精准投放与贴近受众　　283
第四节　及时优化传播流程　　285
　　一、议题设置　　286

二、精心编辑　　288
　　三、把握节奏　　290
　　四、深化讨论　　291

第五章　增强马克思主义话语权　　293
　第一节　提炼标识性概念　　294
　　一、市场　　294
　　二、改革　　296
　　三、"共同体"　　301
　第二节　构建话语体系　　302
　　一、批判西方话语的价值立场　　303
　　二、把"问题和主义"结合起来　　304
　　三、警惕对主流话语的各种消解　　305
　第三节　改进中西对话　　307
　　一、着重加强执政党的形象建设和推广　　308
　　二、大力传播"两个需要""两个走向"　　309
　　三、讲清楚我是谁，讲清楚有什么不同　　310
　第四节　应对多样性思潮挑战　　311
　　一、对社会主义的再认识　　313
　　二、对资本主义的再认识　　320
　　三、对传统文化的再认识　　326

结语　　332

参考文献　　336

前　言

本书以1978—2017年的《解放日报》为例,主要以理论工作者的论述为具体分析样本,分析主流媒体如何准确解读主流理论,如何"立时代潮头,发思想先声",又如何在实践与理论的互动中实现创新发展,进而对当代中国马克思主义理论传播进行哲学思考。

首先,重点梳理《解放日报》在邓小平理论、"三个代表"重要思想、科学发展观、习近平新时代中国特色社会主义思想四个重要理论传播阶段的案例,具体分为改革开放启动前后的理论传播、邓小平理论形成与成熟阶段的理论传播、改革开放取得突破性进展阶段的理论传播、"三个代表"重要思想的理论传播、科学发展观的理论传播、习近平新时代中国特色社会主义思想的理论传播等章节。同时,专门辟出一节梳理有代表性学人的理论贡献及其与主流理论传播的互动关系,以弥补单纯线性概括的不足。

其次,基于上述素材,深入分析不同阶段传播的内在联系,总结传播的特性、效果和规律。通过层层分析,笔者认为当代中国马克思主义传播尤其是主流纸媒传播具有如下基本特征:(1)呼应与阐释并重,理论化和大众化共生；（2）重点推进社会主义初级阶段理论探索；（3）提供各种观点讨论平台并主动引导。据此，达到如下传播效果：（1）把握主流舆论阵地和话语权；（2）文本、解释和构建渐次推进；（3）与时俱进、与民俱进、与世俱进。本书还初步提炼造势与传播的周期性、共识与生命力的倍增效应、"反复互动"与升级转化的良性循环这三大基本传播规律。

再次，通过对中国早期马克思主义大众化宝贵经验的借鉴，结合新时期传播过程中遇到的问题、传播媒介的优势和不足，对如何推进当代中国马克思主义传播展开思考、提出建议。具体包括：（1）着力推进理论创新，明确创新底线；（2）推进大众化，用发展的理论诠释新问题；（3）创新传播话语系统，应对"消解"和"怀疑"思维，并注重精准投放；（4）优化传播流程，合理把握议题设置关和传播节奏。

最后，进一步探究构建话语体系、增强话语权、推进中国话语国际传播以及应对多样化社会思潮的可行路径，推动解决理论阐释、发展和现实关照问题，推动"中国话语"和"中国思想"入耳、入脑、入心。

第一章 导 论

第一节 选题背景

改革开放40年的实践历程是当代中国马克思主义产生、形成和发展自成体系的理论创新过程。毛泽东开创的马克思主义理论与中国实际相结合的道路,在价值和理性两个层面上被一代又一代的中央领导集体继承与发展:社会主义市场经济的辩护和驳难、中国特色社会主义文化的学科归属和科学阐释、发展不足与发展不当的辩证法、中华民族伟大复兴、社会主义命运及其现代化方式的统一、治国理政新理念新思想新战略及关于人类命运共同体的一系列战略,都是围绕中国特色社会主义而展开的标识性理论范畴的建立与确认,清晰展现了40年来当代中国马克思主义的叙述和发展逻辑。

本书以1978年至今的《解放日报》为例,主要以理论工作者的论述为具体分析样本,分析主流媒体如何准确解读主流理论,如何"立时代潮头,发思想先声",又如何在实践与理论的互动中实现创新发展,进而对当代中国马克思主义理论传播进行思考。

之所以选择《解放日报》作为样本，主要是考虑到样本的可及性，但更关键的是，作为延安时期中共中央机关报和一段时期的华东局机关报，以及现今中共上海市委机关报，这家报纸在中国党报群中有着不同一般的历史积累和现实代表性。它诞生于战火年代，又在中国改革开放的前沿"长袖善舞"；它在历史关键转折点呼应中央精神、反映民众心声，又勇于阐释创新知识、传播先进思想。在改革开放40年的中国马克思主义传播进程中，《解放日报》坚守阵地、及时发声、引领思潮，具有难得的案例价值。

在梳理史料的基础上，本文重点收集中国马克思主义大众化的经典文本、论述，经梳理分类后，进行综合分析。同时，注重把握"当代中国马克思主义"与"传播"之间的关系，引入现代传播理论，深入挖掘影响马克思主义大众化成效的传播要素，并对相关要素的作用改善进行探讨。

此外，对当代中国马克思主义传播环境的剧烈变化展开探讨，并从传播主客体、内容与渠道等多层面入手，探寻推进当代中国马克思主义传播、增强中国学术话语的内外影响力的改进举措和理想路径。

第二节 文献综述

学术界围绕马克思主义大众化和当代中国马克思主义传播，展开了多角度的研究，成果颇丰。

一、马克思主义大众化的历史进程、基本特征和实现路径

(一) 历史进程

一些学者从马克思主义在中国的大众化传播历程出发,对马克思主义大众化进行了考察。这是以时间为限定范围的研究,主要是在某个特定的历史阶段、时间或时代背景下,研究马克思主义大众化的传播经验、教训、特点等。顾承卫等人提出,马克思主义大众化传播主要经历三个阶段:第一个阶段是五四运动前后,马克思主义完成了第一次大众化过程,其结果是成立了中国共产党;第二个阶段是中华人民共和国成立初期,通过官方的传播机器,中国马克思主义掀起了第二个大众化高潮;第三个阶段是党的十七大召开,在大众传媒的推动下,马克思主义的大众化传播高潮迭起,为中国特色社会主义建设带来切实利益。[①]

其中,学者多集中于研究中华人民共和国成立前的马克思主义大众化传播情况:

或是关注建党初期马克思主义在中国的大众化,例如:刘景、刘吉发认为,这一时期的传播重点是早期共产党人的马克思理论教育、新民主思想的宣传、实践斗争中的大众化推动工作等;[②] 李莹以五四运动为时代背景,突出马克思主义大众化传播条件、途径、价值等方面研究,

---

[①] 顾承卫、胡晓飞:《促进马克思主义大众化的传媒史页存览》,《社会科学家》2010年第9期。

[②] 刘景、刘吉发:《建党初期马克思主义传播路径疏厘》,《新闻知识》2011年第3期。

挖掘当时马克思主义大众化传播的规律和路径。①

或是关注中央苏区时期的马克思主义大众化情况，例如张品良指出，这一时期的传播重点是梳理中国共产党进行革命斗争以及维护苏维埃政权时所用的传单标语、图书报刊、电台传播等方式；②郝建华、张强认为，这一时期，中国共产党克服了多元意识形态的冲击、党内非无产阶级思想的干扰、社会风俗落后、广大群众文化水平普遍低下等困难，成功推进了马克思主义大众化；③王雪燕等人指出，长征途中，中国共产党针对沿途地区风土人情的实际状况，采用合适的宣传形式，探索马克思主义大众化的有效传播路径，成功地进行了马克思主义理论宣传，取得了很好的传播效果。学者认为，学习和借鉴长征途中马克思主义大众化的传播经验，对于推动当今的马克思主义大众化事业，具有重要的理论意义和实践价值。④

赵付科、季正聚则将1949年前的马克思主义大众化的主要传播路径概括为出版专号特刊、组合报刊传播、与读者互动交流传播、根据读者群体特点进行分众传播、对非马克思主义的批判传播，等等。⑤

---

① 李莹：《五四运动时期马克思主义大众化传播问题研究》，长安大学硕士学位论文2010年。

② 张品良：《中央苏区马克思主义大众化的传播学研究》，《新闻与传播研究》2010年第2期。

③ 郝建华、张强：《困境与路径：中央苏区时期马克思主义大众化传播》，《中国井冈山干部学院学报》2016年第1期。

④ 王雪燕、郝建华、张强：《长征途中马克思主义大众化的传播路径及当代启示》，《毛泽东思想研究》2016年第5期。

⑤ 赵付科、季正聚：《中共早期报刊视域下马克思主义的传播路径及启示》，《社会主义研究》2013年第2期。

(二) 内涵与基本特征

1. 内涵。一般认为,马克思主义大众化既可以理解为马克思主义中国化的过程,也可以理解为马克思主义中国化的结果,但多数学者赞同对"大众化"的过程论阐释。① 葛莉、刘海军认为,将马克思主义大众化冠以"当代""中国"这些时空限定词,能够凸显马克思主义大众化的时代意蕴和民族情怀。② 刘青指出,当代中国马克思主义大众化,就是指中国特色社会主义理论体系的基本原理由抽象的理论转化为具体生动的理论,由被少数人理解和掌握转变为通俗易懂并为广大群众所理解和掌握的过程。③

2. 基本功能。王迁、邓淑华总结提出,马克思主义大众化的基本功能之一是通过面向人民进行马克思主义教育,不仅使大众了解、理解和运用马克思主义,更重要的是从理性和感情上接受马克思主义所揭示的社会发展规律、历史进步趋势、人类社会理想、社会发展战略,以及在马克思主义指导下制定的路线方针政策的正确性和合理性。④ 阮云志、卢黎歌指出,马克思主义理论只有被人民所掌握,才能变成物质力量,才能改造物质世界,才能在新的实践中创新发展马克思主义。⑤

---

① 姜洁晶:《当代中国马克思主义大众化研究》,中共中央党校硕士学位论文 2010 年。
② 葛莉、刘海军:《马克思主义大众化研究热点的图谱分析》,《东北大学学报》(社会科学版) 2012 年第 5 期。
③ 刘青:《试论当代中国马克思主义大众化》,《理论学刊》2010 年第 12 期。
④ 王迁、邓淑华:《关于马克思主义大众化内涵、功能和目的的新认识》,《毛泽东思想研究》2015 年第 3 期。
⑤ 阮云志、卢黎歌:《当代中国马克思主义大众化研究述评》,《理论月刊》2013 年第 3 期。

3. 基本特征。相关研究注重总结马克思主义大众化的阶段性特征。李萍从在中国最早使理性主义哲学大众化的艾思奇的实践入手，分析了早期马克思主义大众化传播的特征，具体包括形式通俗化、理论彻底化和问题现实化。①李春会在《传播视域下的马克思主义大众化》一书中通过梳理，指出早期马克思主义大众化传播主要体现以下 4 个特点：传播取向主要关注民生；传播形式主要是自由探讨；传播主体是坚定马克思主义信仰；传播以常识政治话语为主，传播方式主要是多元渗透式。②

（三）实现路径

从根本来说，当代中国马克思主义大众化的实现，必须建立在社会主义物质文明、政治文明、精神文明、社会文明和生态文明的五位一体的建设当中。③这既是指导思想，也是传播的具体路径。

中共中央党校韩庆祥认为，马克思主义大众化的基本路径：一要"中国化"，即把外来的、一般的马克思主义变成中国马克思主义；二要"现实化"，既关注文本中的基本原理，也要注重回应生存与发展问题；三要"世俗化"，即深入研究人民的物质生活和利益诉求，深入个体或群体的精神世界之中；四要"通俗化"，做到简明扼要，便于理解和记忆。④黎见

---

①④ 林绪武：《"马克思主义中国化和马克思主义理论学科建设研讨会"综述》，《教学与研究》2009 年第 8 期。

② 李春会：《传播视域下的马克思主义大众化》，人民出版社 2013 年版，第 63—70 页。

③ 李伟：《马克思主义中国化与社会主义和谐社会的构建》，《学理论》2010 年第 5 期。

春则将基本路径概括为整肃精神形态,为传播清障;确立理性的权威;推进马克思主义的具体转化;营造社会氛围。①

李建柱认为,在中国,马克思主义传播主要有四个基本规律:一是在准确把握时代和国情基础上,科学回答重大发展理论,合理解答实践问题;二是恰当的传播媒介;三是抓好关键领域和重点行业内的马克思主义传播工作;四是开展与异质思想和各种错误思潮的碰撞、对话、融合和斗争。②

网络时代的传播格局发生深刻变化,促使传播机制的改革与传播媒介的融合,形成了新的舆论引导格局,该领域也成为学界的研究热点议题。结合信息化时代马克思主义大众化的传播,相关研究认为,推进马克思主义大众化是当前社会进程中的时代任务和战略工程。

刘基指出,当代中国马克思主义的大众化就是将当代中国马克思主义的理论成果与思想资源融入当前社会文化土壤,进入公众日常生活领域,使其成为指导人们思维与实践的基本的价值取向,并且成为主流文化建构的最直接的主导角色和动力源泉,尤其是在新媒介语境下实现中国特色社会主义理论体系的大众化传播。③郑洁认为,信息时代马克思主义大众化的网络传播路径主要包括:建设主题网站,占领传播主阵地;运用主流微博,拓宽传播新渠道;开通专家博客,拓展传播新平台;利

---

① 黎见春:《建国初期马克思主义大众化的历史考察》,《理论月刊》2011年第12期。
② 李建柱:《论马克思主义在中国大众化传播的四大基本规律》,《社科纵横》2014年第1期。
③ 刘基:《当代中国马克思主义大众化的网络传播途径》,《理论探讨》2011年第7期。

用网络视频，实现传播多元化等。①

二、当代中国马克思主义传播的基本要素

相关研究运用不同的传播学范式对当代中国马克思主义传播进行了分析，普遍认为推进当代马克思主义传播，必须反思传统的传播方式，使马克思主义传播的实现路径由单向型、灌输型向互动型、循环型、参与型转变，由"灌输论"路径转向从群众中来、到群众中去的"互动论"路径。具体涉及以下几个视角：

（一）传播学理论

传播学理论运用多种研究方法，通过媒介理论、"守门人"理论、传受关系原理等多种传播学理论，对当代中国马克思主义传播及其作用进行了深层次探析。

《传播视域下的马克思主义大众化》一书指出，按照传播学分析，马克思主义在传播中体现四个特点：一是传播主体大众化；二是传播对象多质化；三是传播通俗化；四是传播方式呈现多样化。②张晓峰指出，西方政治传播理论的分析方法较好地解决了大众化传播的时效性方面的问题，具有重要的启示作用。此外，西方政治传播学中的分析法、调查研究法、人际网络分析法等，对研究与探求马克思主义在中国的大众化发

---

① 郑洁：《信息时代马克思主义大众化的网络传播路径探析》，《观察与思考》2016年第3期。

② 李春会：《传播视域下的马克思主义大众化》，人民出版社2013年版，第25—30页。

展具有很好的借鉴意义。①

侯波认为,以"平等""多元"为基础,采取"宽容""开放"的方式,本着真诚交流的心态进行情感对话,通过信息交换,进而形成"多位互动协同",很好地切合了当代中国马克思主义传播的宗旨。多位互动协同传播模式很好地构建了大众化的中国马克思主义,体现了大众化过程的协同性、系统性、互动性与复合性,有效推进了当代中国马克思主义传播进程。②

(二) 传播主体

王璜、周建超将传播主体划分为六大类:中国共产党及其组织下的各意识形态部门、主流媒体、社会群团、相关专家学者、学校教师、社会个体。从技术上重点分析了包括网络传播渠道在内的各种新媒介、广播电视和纸媒的传播特色与功能。③胡华涛将国家、政党、各级政府、体制内主体、民间团体、社会精英阶层、利益集团等作为传播主体,对传播媒介的匹配选择进行综合分析。④冯宋彻从传播主体的政治素养、世界观、价值观、知识修养等综合素质入手,认为传播者的素质和功能决定着传播效果。在个人影响力方面,老一辈学者李达、陈望道、杨献珍、艾思奇、冯定等人的研究成果以及启蒙宣传,对中国马克思主义的传播

---

① 张晓峰:《政治传播研究方法对马克思主义大众化研究的借鉴意义》,《现代传播》2010年第12期。

② 侯波:《多位互动协同与马克思主义大众化传播》,《新闻爱好者》2011年第4期。

③ 王璜、周建超:《试析马克思主义大众化传播的几个要素》,《毛泽东邓小平理论研究》2011年第11期。

④ 胡华涛:《大众传播学视域下马克思主义大众化的基本要素》,《湛江师范学院学报》2010年第8期。

发挥了积极作用。①

高校作为国家建设人才的培养重地,是当代中国马克思主义传播研究的一个重点领域。吴青芳等人进行了信息传播视角下高校马克思主义大众化传播机制研究,通过建立模型,对高校马克思主义传播进行剖析,对分析结果予以量化,并提出优化策略。②

针对传统的简单化灌输、抽象化说教、传播差异化形成的"传播噪音"等困境,金晔建议基于"议程设置功能"提高理论的多样化,从"使用与满足"上提高"把关人"语言的丰富性与实践性,提高"意见领袖"的语言能力与理论水平等,不断优化高校马克思主义的传播路径。③李静静、汤子琼则站在高校传播者的立场上,阐发了高校目前马克思主义大众化传播效率不高的原因,并提出提高大学生的马克思主义理论水平的措施。④

孙渝莉等为考察高校推进当代中国马克思主义大众化的现状,在重庆部分高校发放了1 000份调查问卷,通过对问卷进行统计分析,了解高校学生对马克思主义理论的掌握、认同以及实际运用等情况,以找出"马克思主义弱化"的主要原因,并提出相应建议。⑤李宏勇等认为,大

---

① 冯宋彻:《马克思主义大众化传播的学者路径》,《现代传播》2012年第6期。
② 吴青芳等:《信息传播视角下高校马克思主义大众化传播机制研究》,《华东理工大学学报》(社会科学版)2010年第4期。
③ 金晔:《高校马克思主义大众化的路径优化研究》,《高等农业教育》2014年第12期。
④ 李静静、汤子琼:《高校推动马克思主义大众化的现状分析及对策思考》,《经济师》2009年第1期。
⑤ 孙渝莉等:《高校推进当代中国马克思主义大众化的现状及对策探析》,《重庆大学学报》(社会科学版)2012年第6期。

学生存在对马克思主义认识不足、情感认同度较低的情况,这与马克思主义的传播渠道过于狭窄有关系;同时,当代大学生意识形态的多元化、政治信仰的薄弱化、传播方式的单一化、理论教学的枯燥化等,也是造成传播效果较差的重要原因。①

(三)传播环境

正如《传播学视角:当代中国马克思主义大众化机制研究》一书所说,中国国情、民情、党情的变化与马克思主义中国化的发展密切相关,② 良莠不齐的社会风气,通过各种途径和媒介对当代中国马克思主义传播的主体与客体的思想观念造成了直接冲击。③

孙全胜指出,马克思主义大众化是理论创新和实践创新不断结合的过程,包含对理论与实践关系的理解,是马克思主义由理论到实践、由书斋到世俗、由被少数人推崇到被人民群众所接受的历程。④邓文钱认为,要增强传播主体的"把关人"意识,巩固其"把关人"作用,营造出一个传受双方良性互动的友好传播环境。在当代中国马克思主义传播语境中,"把关人"应对新闻信息、学说观点进行有条件地筛选,并利用这种主导关系进一步把握马克思主义理论宣传的丰富性和

---

① 李宏勇等:《马克思主义大众化效果的传播学考察》,《山西师范大学学报》(社会科学版)2014 年第 5 期。
② 阮东彪:《传播学视角:当代中国马克思主义大众化机制研究》,湘潭大学出版社 2013 年版,第 134—164 页。
③ 唐伟锋:《改善社会风气:推进马克思主义大众化的重要条件》,《理论月刊》2014 年第 1 期。
④ 孙全胜:《当代中国马克思主义大众化的理论创新与实践创新》,《沈阳工业大学学报》(社会科学版)2017 年第 9 期。

导向性。①

张福平、杨骅骁针对网络时代的舆论环境等要素提出，马克思主义在中国的传播中，议程设置固然重要，但更应注重社会现实，将理论宣传的重心下移。②苗伟建议，要建立健全当代中国马克思主义传播的管理规程，发展完善网络传播技术，实现传播管理规程转型，以新媒体引领正确的舆论导向。③

（四）传播渠道

大众传播媒介的类别多种多样，无论是一般的报纸、广播、电视等专业信息传播载体，还是公共组织、校园课堂等专业化媒介组织，都能够成为当代中国马克思主义传播的有效载体。相关研究主要将传统的报纸、电视、广播媒介和新兴网络媒介作为主要传播渠道，对当代中国马克思主义传播进行综合分析。王磊、王仕勇认为，当前传播媒介的使命是推动中国马克思主义的大众化，这是增强新闻媒介核心竞争力的内在要求。④张云平等人提出，大众传媒要聚拢民众，必须更好地提高公信力，以"服务大众"为准则，提升亲和力。⑤

---

① 邓文钱：《从传播学视角开辟马克思主义大众化的新途径》，《党史文苑》2012年第1期。

② 张福平、杨骅骁：《新时期马克思主义大众化传播中的议程设置》，《社会科学战线》2009年第10期。

③ 苗伟：《完善马克思主义大众化普及的内容》，《理论与现代化》2016年第5期。

④ 王磊、王仕勇：《新闻传媒与当代中国马克思主义大众化的传播》，《新闻界》2010年第5期。

⑤ 张云平、张福平、杨骅骁：《聚拢民众：马克思主义大众化传播的基础》，《江汉论坛》2009年第8期。

第一章 导 论

  2014年,中央全面深化改革领导小组第四次会议审议通过《关于推动传统媒体和新兴媒体融合发展的指导意见》,这为推进当代中国马克思主义传播事业提供了充分且必要的政策支持与理论支撑。对新媒体的研究,是当代中国马克思主义传播领域的研究热点。一般认为,网络是一把双刃剑,多元化的网络文化、交互性极大的信息传播,在对马克思主义传播模式造成冲击的同时,也开拓了新的途径。我们要抓住网络文化的传播与推广的机遇,采取多种方式相结合的方式推动马克思主义传播向更广的领域递进。依靠现代科技力量,在意识形态领域加强主流价值理念的吸引力、说服力。

  在传播形式方面,邓国峰针对当前网络传播现状提出,信息时代背景下的意识形态传播,应与传播技术的发展相结合。信息科技的发展,对当代中国马克思主义传播来说是一个有利的契机。① 段海超、元林针对互联网传播指出,传播者应该主动运用最新的网络传播技术推进当代中国马克思主义大众化,在规范化引导中进行有效传播。② 刘维兰等人指出,当代中国马克思主义传播应切合大众的生活方式,掌握新兴媒体的传播特点,不断优化新闻宣传方式;③ 在传播形式上应全方位释放通俗化、扁平化与生活化等特色。④

---

 ① 邓国峰:《网络传媒时代马克思主义大众化的若干问题》,《学术论坛》2009年第6期。

 ② 段海超、元林:《论马克思主义大众化网络传播》,《高校理论战线》2011年第6期。

 ③ 刘维兰:《马克思主义大众化语境下新闻传媒作用的优化》,《广西社会科学》2013年第7期。

 ④ 谭可可:《论网络新媒体马克思主义大众化传播的三重维度》,《湖南社会科学》2013年第6期。

在传播内容方面，刘向军、谭林认为，新媒体语境下，需要树立平等对话、隐性教育、生活教育的全新传播理念；优化马克思主义理论传播语言，注重科学性，力求通俗性，具有针对性，彰显生动性；① 还应利用手机传播途径，以贴近大众生活为内容，结合受众特点，制定马克思主义传播策略，提高大众的参与度与主动性。②周小华等人的《基于新媒体技术的马克思主义传播》一书，从新媒体的传播特点出发考察网络品牌的引领作用，认为应加强网上社会主义价值观的引导，融合传统媒体与新媒体优势。③苑晓杰、贾真指出，大数据时代的马克思主义传播，需要加强中国共产党对传播工作的领导，实现传播内容和传播形式的有机统一，进一步促进马克思主义大众化传播创新性发展。④

在功能方面，王明霞认为，互联网的超时空开放性，为网络传媒带来了全方位的参与性与互动性，把握得好，不仅可以提高马克思主义传播的互动交流及参与积极性，提高大众的认同感，而且能拓展时空通道。⑤王宏涛、王宏武提出，把握好社交媒体的开放性与参与性，充分发挥网络传媒的复向传播性作用，全方位展开圈子性、跨界性的对话与沟

---

① 刘向军、谭林：《新媒体语境下的马克思主义大众化传播策略》，《辽宁师范大学学报》2015年第3期。

② 王靖华：《手机短信与马克思主义的大众化传播》，《新闻界》2010年第6期。

③ 周小华等：《基于新媒体技术的马克思主义传播》，国家行政学院出版社2012年版，第159—166页。

④ 苑晓杰、贾真：《大数据时代马克思主义大众化传播策略》，《辽宁师范大学学报》（社会科学版）2017年第5期。

⑤ 王明霞：《网络传媒时代马克思主义大众化的策略解读》，《浙江学刊》2011年第1期。

通，有助于推动传统媒体与新媒体形成合力，进而凝聚成更强大的传播力。①

(五) 传播对象

谢加书将新时期的传播对象分为四大类，包括组织传播对象、大众传媒受众、网民、人际传播对象等。②《马克思主义大众化传播研究》一书通过问卷调查，研究了不同受众群体对当代中国马克思主义的认知度、对传播内容的偏好、对主要渠道的了解程度、对传播者的态度等，并分别作出客观评价。③唐碧君认为，受众作为社会性的人，具有自身的主观能动性，其对传播的接受受到主观思想、心理状态、所处环境等多重因素影响，其对马克思主义的理解也随之呈现复杂性、变化性、层次性和不平衡性等特征。④邹国振从社会心理学角度进行研究发现，通过情感激发、理论说服等方式，人们对中国马克思主义的接受度更高。⑤

陆彦明引入"对抗性"概念并指出，产生"对抗性解读"的受众并非不理解传者的意思，主要是从个人主观上故意从相反的意思来解读文

---

① 王宏涛、王宏武：《社交媒体：马克思主义大众化传播新途径》，《广西社会科学》2013年第2期。

② 谢加书：《马克思主义大众化传播视阈中的"大众"及其群体划分研究》，《云南行政学院学报》2011年第4期。

③ 冯培等：《马克思主义大众化传播研究》，北京出版社2011年版，第267—302页。

④ 唐碧君：《对当代中国马克思主义大众化传播受众特征的理论探讨》，《学理论》2011年第8期。

⑤ 邹国振：《大众接受马克思主义大众化传播的机理探析》，《广西社会科学》2012年第2期。

本所包含的内涵，使得当代中国马克思主义的宣传效果大为降低。①李春会认为，当代中国马克思主义传播要以当代中国大众为传播本位，切实重视受众的心理诉求、接受方式以及接受指向，并进一步指出受众的生活环境及其接受能力、认知情感应该被更多地考虑进传播话语体系，这将有利于更好地建构马克思主义传播的新机制。②

李凯灿的观点是，按照不同层面的思维特点、行为规律、内心诉求等来区分不同层面的受众，从而采取不同的教育手段来进行马克思主义传播。根据分众化理念，针对不同受众群体供给不同的教育宣传内容。③

(六) 传播内容

当代中国马克思主义传播内容是经过加工后的、基于特定符号的马克思主义理论。其中的内容，除了原本的文本形态外，还经常以实践形式出现在民众的日常生活中。改革开放40年来，它还有着不同的时代内涵，担负着不同的历史任务。④

学界普遍认为，推进当代中国马克思主义传播，在内容选择方面要科学合理，弄清楚马克思主义基本理论；表达方式上要与接受对象的水平要求相匹配，体现"要精要管用"原则；队伍和平台建设上要打通多

---

① 陆彦明：《论对马克思主义大众化传播内容的"对抗性"解读》，《新闻界》2014年第5期。

② 李春会：《受众接受马克思主义大众化传播的策略》，《马克思主义大众化传播研究》2011年第2期。

③ 李凯灿：《以分众化理念推进马克思主义大众化》，《思想政治工作研究》2010年第9期。

④ 罗会德：《马克思主义大众化的历史进程和基本经验》，《社会主义研究》2008年第6期。

渠道，高度重视现代传播媒介；注重结合理论的阶段性与实践的多样性，提升马克思主义的吸引力和说服力，培育情感、认同与信仰。①

郑晓燕指出，传播语言创新中，需要确保语言的准确性与科学性；要基于语言文化的和谐统一，厘清辩证关系。②朱潇潇、左皓劼认为，通俗易懂的语言艺术，应与传统紧密结合，并且能够与媒介传播相适应，使创新理论深入人心，具有吸引力，最终发挥凝聚力作用。③

(七) 传播效果

传播效果研究主要针对的是后期效用，体现的是对当代中国马克思主义传播中信息接受者的认知、行为等方面发生变化及有效性的研究，也就是马克思主义大众化在多大程度上实现了传播者的意图或目的。在传播效果的研究上，现有研究主要集中在传播媒介、信息来源、传播方式与技巧、反馈机制等方面。

李灵玲、孙圣斌从传播内与传播外两个方面，指出研究传媒视角下马克思主义大众化的必要性，并提出利用包括传播信息来源、传播媒介、传播内容、传播受众等因素对实现马克思主义有效传播具有重要意义。④《基于新媒体技术的马克思主义传播》一书对信息传受环境、受众接受状态、信息传受状况等变化进行分析后强调，当代中国马克思主义传播要

---

① 纪亚光、张健：《"马克思主义中国化和马克思主义理论学科建设"研讨会综述》，《思想理论教育导刊》2009 年第 8 期。

② 郑晓燕：《科学理论传播语言大众化三论》，《新闻爱好者》2010 年第 7 期。

③ 朱潇潇、左皓劼：《论马克思主义大众化的语言艺术特点》，《毛泽东邓小平理论研究》2010 年第 3 期。

④ 李灵玲、孙圣斌：《当代马克思主义大众化传播效果机制研究》，《宜宾学院学报》2010 年第 4 期。

想达到最佳效果，必须正确把握中国社会的信息传播特点，对大众现阶段的接受心理、接受行为作充分调查分析，在分析的基础上作出针对性的宣传策略。①

郑兴刚等对"使用与满足"传播理论进行了深入分析，认为提高马克思主义文本的亲近性、互动性与交流性，对群众关切的利益及时回应，有助于提高民众对马克思主义的认同感。②学者们综合分析认为，应完善传媒机构、优化相关制度、培养传播人才、创新传播技术、提高理论水平等，构建基于信息时代的现代马克思主义传播体系③，建立具有实践特色、时代特色、民族特色、能充分调动民众内在动力的具体改进路径④，通过隐性教育方式，从日常生活入手，潜移默化地影响，使马克思主义形象大众化。⑤

结合当代中国马克思主义网络传播的有效性主题，刘大勇、马子越等人指出，新形势下要对网络传播的方式进行创新，如激发大众的主动参与性、加强与大众的交流互动能力；灵活采用容易被公众接受的方式；注意网络通信技术发展。⑥

---

① 冯培等：《马克思主义大众化传播研究》，北京出版社2011年版，第199—200页。
② 郑兴刚等：《使用与满足理论视阈下的马克思主义大众化路径探析》，《理论月刊》2011年第10期。
③ 刘洋：《传播模式视域下的马克思主义大众化》，《新闻世界》2013年第4期。
④ 龙国存：《马克思主义大众化传播路径探寻》，《人民论坛》2014年第1期。
⑤ 郭小香等：《马克思主义大众化实现路径新探》，《甘肃理论学刊》2011年第11期。
⑥ 刘大勇、马子越：《网络文化背景下马克思主义大众化传播的途径研究》，《知与行》2017年第2期。

三、当代中国马克思主义传播的挑战和困境

梳理相关文献研究，当代中国马克思主义传播面临的挑战主要集中在以下几个方面：

（一）马克思主义在意识形态领域的主导地位面临挑战

一方面，在全球化和改革开放的大背景下，各种社会思潮相互碰撞、交织、共存，意识形态领域呈现"一元主导"和"多元并存"的复杂局面。反映不同阶级、阶层、社会群体价值诉求、利益诉求的多元化社会思潮，在当今中国社会层出不穷，使马克思主义在意识形态领域的主导地位面临挑战，[①]导致马克思主义意识形态对社会公众的影响力有所下降。[②]

张东、朱方朔指出，自媒体在传播不同的价值观念、赋予人们自由发表言论的同时，也加大了进行舆论导向的难度。[③]此外，部分党员干部信仰缺失，也影响到了马克思主义的声誉。加强马克思主义理论宣传、推进当代中国马克思主义传播，是中国共产党作为执政党、作为传播"首要责任人"的一项重要任务。尤其是，党内出现的一些腐败现象，更

[①] 刘尚高：《推进马克思主义中国化、时代化、大众化的几点思考》，载求是网 http://www.qstheory.cn/politics/2016-03/04/c_1118238534.htm，2016 年 3 月 4 日。

[②] 魏永安、王学俭：《新形势下优化中国化马克思主义传播的媒介路径探究》，《理论导刊》2012 年第 5 期。

[③] 张东、朱方朔：《自媒体流行对马克思主义大众化传播的影响与策略》，《重庆邮电大学学报》（社会科学版）2016 年第 2 期。

是严重削弱了马克思主义的可信性。①

另一方面,由于网络的高度开放性,使得西方国家凭借网络技术和资源优势不断推动形形色色的社会思潮流入中国,对民众的意识形态和社会思想造成冲击,给马克思主义的传播和主流价值观念的塑造、引导带来新的挑战。②

特别是,信息传播过度自由化、传播监管难度不断提升,使当代中国马克思主义的认同感面临挑战。在道德失范的网络传播局部环境下,传统马克思主义的平台、主体和渠道正在失去主导权,大量的虚拟、虚假信息对主流舆论和传统经典认知的公信力造成明显伤害。③

彭琳等人提醒注意盲目追随导致传播主体性丧失的危险。公众在马克思主义传播过程中主体性的丧失,一部分公众在舆论中扮演"意见领袖",另一部分成为"追随者"。④

(二)传播渠道和传播方式的现状还不适应客观需要

有效的传播机制的构建需要充分发挥主流媒体、新媒体和理论宣讲等多样化平台的作用,通过多渠道、多角度、多形式的传播途径和方式,发挥最大的效能和影响。李春会认为,目前传播的分层化趋向增强,对

---

① 崔庆五:《传播学视域中的马克思主义大众化六原则》,《中国出版》2012年第1期。
② 邹媛媛、陈翔:《网络传播对马克思主义大众化的影响及路径建设对策》,《文化学刊》2017年第2期。
③ 邹新:《网络社会视域下马克思主义大众化传播的现实境遇与路径选择》,《理论界》2013年第10期。
④ 彭琳、邓国峰、李巧玲:《网络舆论对马克思主义大众化双向性问题研究》,《社科纵横》(新理论版)2010年第1期。

当代中国马克思主义理论的接受程度存在巨大差异。一方面，由于受教育程度、个人素质等方面的不同，接受主体对当代中国马克思主义的接受能力千差万别。专家学者等群体的接受程度相对较高，而那些文化程度较低的群体的领悟能力就要差一些。另一方面，一些受众开始对以国家宣传部门为代表的当代中国马克思主义传播主体的主导地位提出挑战，甚至表现出一种反主导趋势。[①]部分主流媒体对弱势群体的疏远和排斥造成了他们获取信息资源的不足，大部分传播载体被掌握话语权的少数人占有，一般受众能占有的种类和数量十分有限，他们想要接受专业化的理论指导难度较大。受众出现碎片化趋向，分众成为常态。

李欧漫指出，现阶段传播渠道和传播方式还未真正适应当代中国马克思主义传播的客观需要。主流媒体的传播相对缺少时代性、创新性、灵活性，语言表述过于学术化、官方化，使当代中国马克思主义理论的传播与大众之间存在距离感，直接影响传播效果。[②]

苑晓杰、贾真结合大数据时代马克思主义传播的具体情况分析提出，如果传播内容和传播形式不协调，传播内容不能充分体现大数据传播特点，传播形式又不能及时为传播内容服务，就容易导致传播内容与形式的脱节。[③]

在传播过程中，话语转换是重要环节。景委委、巩建华建议，应提升新媒体的应用水平，以提高话语转换能力。尤其是在"互联网+"时

[①] 李春会：《马克思主义大众化传播要素运行的矛盾》，《广西社会科学》2016年第8期。
[②] 李欧漫：《马克思主义大众化传播机制的构建》，《沈阳师范大学学报》2017年第1期。
[③] 苑晓杰、贾真：《大数据时代马克思主义大众化传播策略》，《辽宁师范大学学报》（社会科学版）2017年第5期。

代，有必要充分依托新媒体的技术优势，建构新型话语转换机制，推进当代中国马克思主义的广泛传播、向下传播、向外传播。①

（三）传播机制构成要素之间尚未形成合力

传播机制的构成要素，也就是各个传播主体在推进当代中国马克思主义传播过程中发挥着重要作用。但是，也存在一些不容忽视的问题。

一方面，各传播主体的自身建设需要加强。谢京辉认为，在新兴媒体冲击下，传统的传播渠道功能逐渐弱化。②唐剑、吴传一认为，当前传播媒体存在承载力不足的问题，主要表现为：依托先进的科学技术，新媒体的发展令人瞩目，传统媒体式微。其不仅是因为新媒体强大的生命力，更是由于传统媒介自身固有的局限性。例如，自上而下的说教形式。③

另一方面，传播主体之间需要进一步形成合力。在余钰琪看来，传统媒体和新兴媒体都没有得到充分利用。传统媒体运行多年，难以打破固有格局、实现自我突破；而新媒体的传播经验尚待积累，需要实现融合、形成合力。④王宏涛、王宏武强调，社交媒体是把"双刃剑"，信息

---

① 景委委、巩建华：《新媒体时代马克思主义的大众化传播——基于大众传播下的话语转换研究》，《渤海大学学报》2017年第6期。

② 谢京辉：《马克思主义大众化的多重分析与思考》，《毛泽东邓小平理论研究》2014年第3期。

③ 唐剑、吴传一：《马克思主义大众化的传播模式及其实效评价》，《西南民族大学学报》（人文社会科学版）2016年第2期。

④ 余钰琪：《传播学视角下当代中国马克思主义大众化的思考》，《池州学院学报》2011年第4期。

手段具有不可控性，同时管理手段也存在缺陷。①信息手段的不可控增加了使用及监管的难度，管理手段滞后于社交媒体自身的发展，网络环境面临的挑战不容小觑。

四、当代中国马克思主义传播的实证研究

(一) 主旋律电影、音乐的传播

推进当代中国马克思主义传播，需要多种有效平台，主旋律电影承担了重要的职责。以《建国大业》《建党伟业》两部电影为例，王璜等人认为，优秀的电影是传播马克思主义的有益载体。在这一过程中，要以艺术性的真实为基础，实现大众化传播；借助市场手段，将传播效应最大化；全方位探索马克思主义娱乐性的传播效应。②

李影指出，马克思主义理论被主旋律电影搬上大银幕，使受众群体增多、传播方式灵活、传播效果提升，实现了马克思主义大众化与主旋律电影有机联系在一起。为了更好地推进当代中国马克思主义传播，还要努力通过电影的艺术手法、市场的营销方式、内容的精工细作等，使马克思主义的真理性得到更多认同，让当代中国马克思主义理论成为大众话语的一部分。③

---

① 王宏涛、王宏武：《社交媒体：马克思主义大众化传播新途径》，《广西社会科学》2013年第2期。

② 王璜等：《浅谈优秀主旋律影片对马克思主义大众化传播的启示》，《传媒观察》2012年第4期。

③ 李影：《主旋律电影对马克思主义大众化传播的影响》，《电影文学》2016年第11期。

当代中国马克思主义传播是马克思主义化大众的过程，其传播效果影响着马克思主义大众化的实现程度。无论是在传播内容、传播方式的选择上，还是在大众情感的认同上，都存在着影响马克思主义有效传播的不利因素。为此，刘文星、范亚雯研究了红歌"新唱"与马克思主义有效传播之间的关系。他们认为，红歌"新唱"实质上是在保持原有主题和基本内容不变的前提下，结合时代特点，以大众需求为导向，对传统题材的经典红歌进行二次创作，通过曲调、旋律节奏和唱腔等表现形式适当地调整、变化，或在歌词内容上的丰富和创新，辅以互联网、手机、播客、数字电视等新兴媒体作为传播媒介，以此来赋予红歌新的生机与活力，进而增强中国特色社会主义理论体系的思想吸引力和时代感染力。[①]

（二）经典作品的传播

相关研究多以历史上的马克思主义经典著作及马克思主义大众化文本为对象，从中分析考证当代中国马克思主义传播具体情况，总结行之有效的方法、手段、方式等。

《共产党宣言》是世界共产主义运动的纲领性文件，其在意大利、日本等国家的传播中，具有一定的借鉴意义。郭燕来对《共产党宣言》在相关国家传播中的民族化语言转化与世界化之间的辩证统一关系进行论证，认为《共产党宣言》在传播过程中，其内容同时呈现简单化、通俗化等时代性特征，还存在一定程度上的歪曲化，传播组织也呈现非常规

---

① 刘文星、范亚雯：《红歌"新唱"与马克思主义大众化的有效传播》，《南昌航空大学学报》（社会科学版）2017年第3期。

性逐渐向常规性发展的特点。在此基础上，探讨马克思主义在中国传播的理论意义与现实价值。①

秦凯研究中华人民共和国成立初期《联共（布）党史简明教程》的传播及其影响。他认为，该教程作为僵化的苏联模式的集中体现，加之教条式的传播、理解，对马克思主义的大众化、中国化产生了消极影响。无论是对待《联共（布）党史简明教程》还是苏联经验，都应该以科学的、实事求是的态度，科学推进马克思主义大众化、中国化。②

张品良介绍，中央苏区时期最为普遍运用的媒介——标语，将马克思主义抽象的理论化为通俗的言语进行传播。实证证明，这一形式倘若能够结合网络宣传手段，可以产生足够大的宣传效应。③

（三）主流媒体的传播

在当代中国马克思主义传播的相关研究中，党报理论宣传是学界研究的一大对象。陈力丹的《马克思主义新闻思想概论》从动力原理角度阐述了马克思主义理论的党报传播，证实了党报的传播不但是政党的宣传任务，而且与社会的生产结构、劳动力结构、资源结构等息息相关。④

邵华泽在《马克思主义新闻观及其在当代中国的运用和发展》中指出，在与具体时代结合的过程中，马克思主义党报的理论传播实践具有

---

① 郭燕来：《当代中国马克思主义大众化传播方式新探》，《理论月刊》2010年第8期。
② 秦凯：《新中国成立初期〈联共（布）党史简明教程〉传播活动研究（1949—1956）》，华东师范大学硕士学位论文2017年。
③ 张品良：《苏区马克思主义大众化传播的标语文本解读》，《东南传播》2010年第9期。
④ 陈力丹：《马克思主义新闻思想概论》，复旦大学出版社2010年版，第29—30页。

两个明显特征：一是鲜明的党性和政治性；二是高度的科学性和时代性。①总体来说，宣传党和国家大政方针，介绍社会主义事业发展现状，引导社会舆论，服务人民群众生产生活，是学界对党报理论传播内容和功能的基本认识。

党报作为马克思主义政党的主要理论传播媒介之一，其党的"喉舌"和大众传媒的双重属性决定了党报理论传播的功能和作用。陈力丹指出，"报刊和新闻媒介是党和人民的耳目喉舌，是联系党和人民的桥梁和纽带"。②从媒介角度看，党报有连接、承载、导向、反映诉求、娱乐等多方面作用。党报的作用和功能紧紧围绕国内外社会政治经济现状，主要围绕社会主义意识形态领域工作，维护社会稳定和长治久安。通过构建社会话语体系，搭建公共舆论平台，塑造中国化马克思主义传播的共享意义等，不断使当代中国马克思主义转化为社会个体的认知理念和价值共识。③

刘长军、谢瑜指出，中华人民共和国成立初期马克思主义大众化满足了新政权巩固执政地位，引领社会变革和发展，确立了马克思主义在思想意识形态领域指导地位、凝聚精神动力的需求。《人民日报》凭借权威影响力，与人民群众保持密切联系，较为广泛地传播主体和丰富多彩的传播形式，通过理论、道路、制度三个维度推进马克思主义大众化；

---

① 邵华泽：《马克思主义新闻观及其在当代中国的运用和发展》，人民出版社2009年版，第233页。

② 陈力丹：《马克思主义新闻观体系》，中国人民大学出版社2006年版，第33页。

③ 魏泳安、王学俭：《新形势下优化中国化马克思主义传播的媒介路径探究》，《理论导刊》2012年第5期。

在巩固中国共产党的执政地位，传播马克思主义基本立场、观点、方法，统一思想、坚定向社会主义过渡的信念，为践行道路自信、理论自信、制度自信提供有益经验等方面有着历史启示。①

李华、郑子璇以《解放日报》为研究对象，从报道总量、呈现方式、报道内容特色等维度出发，分析其全媒体平台的融合特色与亮点，探究地方党报的"两会"报道策略。②甘恬以《解放日报》自2016年3月1日开始实施的栏目制为例，考察了上海主流媒体在深度融合、整体转型背景下，对组织架构改造的重要探索，认为这是为了适应移动互联网时代的传播特性构建的扁平化的新型组织结构。《解放日报》对内容生产流程和管理机制进行的30年来最大规模的一次改革。③满方选择了《解放日报》10年间的正面人物报道为主要研究对象，运用内容分析的方式进行数据分析，归纳当前媒介在进行正面人物形象建构中主要使用的手法，进而总结当前正面人物报道的主要特点和问题。④

综上所述，有关马克思主义大众化、当代中国马克思主义传播的研究呈现多维度、宽领域、跨学科的特点，覆盖了新闻学、传播学、法学、教育学等多学科，产生了许多研究成果，但还有很大的研究空间。

---

① 刘长军、谢瑜：《新中国成立初期马克思主义大众化的历史考察——以〈人民日报〉为考察对象》，《思想政治教育研究》2016年第6期。

② 李华、郑子璇：《融合发力 试水"两会"——从〈解放日报〉看地方党报2017年"两会"报道的全媒体融合策略》，《中国出版》2017年第7期。

③ 甘恬：《移动互联网时代纸媒组织架构"柔性再造"——以〈解放日报〉"上观新闻"栏目制为例》，《传媒评论》2017年第2期。

④ 满方：《〈解放日报〉2003年至2013年正面人物报道特征分析》，《当代传播》2015年第1期。

在研究视角方面，或是集中于传播学理论的研究分析，或是集中于马克思主义中国化内涵的解读，将两者相结合进行分析的成果并不多；在研究内容方面，通过梳理当代中国马克思主义不同发展阶段的传播方法和特点，总结其优势和规律性认识的研究并不多；在对策建议方面，结合网络时代的发展策略，对如何增强主流意识形态传播及其话语体系传播的亲和力、有效性和生命力，还有待进一步深化研究。

第三节　研究方法、创新点与难点

一、研究方法

（1）文献分析法：一方面，结合中国共产党的文史资料，以及毛泽东、邓小平等领导人的相关论述，从多个视角出发把握当代中国马克思主义及其历史传播经验。另一方面，深入阅读和理解传播学经典文献，理性把握当代中国马克思主义传播面临的挑战。在前人的观察和思考基础上，构建论文研究框架、分析路径。

（2）史论结合法：依托丰富的史实资料，坚持以史证论、论从史出的原则，围绕《解放日报》传播历程进行样本梳理、分类，注重史实考据与理论思辨的有机结合，进而提出传播技巧的改进意见。

（3）实践对照法：在分析不同时代条件、不同阶段的传播特性和规律时，注重与改革开放的时代进程一一对照，从实践中得到启发、印证和检验。

二、创新之处

（1）以改革开放 40 年来主流媒体马克思主义理论传播的案例视角，体现当代中国马克思主义发展的价值理想和理性逻辑，实现历史感与现代性的统一。

（2）在当代中国马克思主义 40 年来传播史的思考中，进一步强调尊重主体性事实，正确对待利益分化、观念多样和媒介技术的多元发展。

（3）整合社会学、教育学、历史学、心理学、文化学、现代思想政治教育等学科知识，全方位、多角度地研究当代中国马克思主义传播，在方法论、认识论上有所创新。

三、研究难点

（1）内容深化。改革开放 40 年来当代中国马克思主义传播研究离不开大量史料的搜集整理，但还需综合研究当代中国马克思主义理论及其传播中的主体、环境以及机制与体制、结构与模式、制约瓶颈等因素及逻辑关系，难度较大。

（2）思路拓宽。当代中国马克思主义传播的哲学思考客观上需要全球视野，至少需要以国内研究为重点，借鉴其他国家的做法和经验。但本文选择的样本时间跨度本来已较大、涉及文本量也大，再进行数量拓展，可能"全而不专"。

（3）客观性要求。"实践出真知"。对改革开放 40 年来以《解放日报》理论版学者叙述为线索进行思考和研究难免"书斋学问"之嫌，相对于更加活态的一手调研，如何保持其客观性是一个难题。

此外，对传播主体如何细分，对传播对象如何划分，对不同传播环境、不同传播目的、不同传播渠道应如何具体应对，执行效果如何评估，等等，都面临一个宏观指导兼顾微观操作的问题，且涵盖多元命题和具体学科分类，挑战较大。

第二章 《解放日报》的传播历程

第一节 当代中国马克思主义内涵界定

一、当代中国马克思主义的内涵

中国马克思主义以马克思主义基本原理为精髓,特指毛泽东思想、邓小平理论、"三个代表"重要思想、科学发展观等。"当代"一词的限定,契合了改革开放的历史阶段,但更多地是为了与本书分析样本保持一致,在本书中专指1978—2017年这一时间段。

二、当代中国马克思主义的特征

(一)马克思主义的中国化过程与大众化过程,是相互衔接、相互促进的

毛泽东指出,洋八股必须休息,应以新鲜活泼同时又为中国老百姓所喜闻乐见的具有中国作风和中国内涵的中国化来代替；中国马克思主义的大众化，就是在传播中的一举一动，都必须具有中国化特性。①也就是说，马克思主义在中国的传播，必须按照中国的特点来处理，而这也是我们党在新时期亟待解决的问题。

邓小平指出，必须做好马克思主义中国化这个工作，并且我们还要继续发展。②江泽民强调：要把马克思主义的普遍真理，与我国的发展实际密切结合。这是一件很不容易的事，关系到中国能否保持强大的凝聚力与旺盛的生命力，是一件对中国的发展具有根本意义的事情；中国特色社会主义就是在这种结合中形成、发展，并不断丰富的。③胡锦涛在党的十七大报告中指出，中国的改革开放之所以能够成功，就在于把坚持马克思主义基本原理同推进中国化结合起来。④

马克思主义只有不断地中国化，才能准确把握和回答中国发展中的实际问题，进而成为中国老百姓所接受的思想文化。因此，马克思主义的大众化与中国化之间，是一种既相互衔接又相互促进的辩证关系。马克思主义在中国化的过程中，也在不断地进行理论创新。这为当代中国马克思主义传播指明方向、积累经验（本书第三章将对此作进一步阐述）。

（二）当代中国马克思主义在发展、普及以及传播中，经历了艰巨性与复杂性历程，并还将经受长期性的考验

当代中国马克思主义传播是一个世界性典型。当代中国马克思主义

---

① 《毛泽东选集》第3卷，人民出版社1991年版，第534页。
② 《邓小平文选》第2卷，人民出版社1991年版，第299页。
③ 《十三大以来重要文献选编中册》，人民出版社1991年版，第1430页。
④ 《十七大报告学习辅导百问》，党建读物出版社、学习出版社2007年版，第10页。

的传播对象由十几亿群体结构复杂的中国人民构成，他们广泛分布于960万平方公里的城市、乡村、厂矿、机关、学校，有工人、农民、知识分子等不同社会阶层、社会群体。随着改革开放步入"深水区"，随着社会利益群体的多样化，人们对中国特色社会主义的认识、态度并不完全相同，甚至可以说是千差万别。

同时，内容博大精深的马克思主义理论及其创新成果，与中国的实际相结合后还在不断发展与丰富。要在规模庞大、群体结构十分复杂的受众中得以传播普及、收获认同和引导行为，并进一步走向规范化、自觉化，注定是一个漫长的、循序渐进的过程，必须做好长期的准备。

第二节　改革开放启动前后的理论传播

一、冲破"禁区"

1978年5月2日，《解放日报》"理论与实践"版刊登一篇署名为步云的专稿，呼吁要敢于冲破"禁区"。

此时，距离"四人帮"倒台已逾一年半，但种种思想、理论乃至路线上的"禁区"，依然影响着人们完整、准确地领会马列主义、毛泽东思想体系的精神实质。人们愈发感觉到，如果不制服这些"拦路虎"，不真正分清是非，那么在行动上势必左顾右盼、无所适从，要想跨出跃进的步伐就是不可能的。

当时思想、理论和路线上最大的"拦路虎"就是1977年提出的"两个凡是"。在揭批"四人帮"和拨乱反正的斗争中，但凡涉及指导思想这一根本性问题时，几乎都同"两个凡是"存在矛盾、发生冲突。这也促使人们迫切需要纠正"文化大革命"时期造成的错误，从思想上彻底澄清"文化大革命"时期的错误思想。特别是，如何正确理解与解读毛泽东的指示、判定真理的标准？社会主义的根本问题是什么？这一切都亟待解决。[1]

1978年5月10日，《实践是检验真理的唯一标准》在中央党校内部刊物上发表。第二天，《光明日报》公开发表此文。随后，《人民日报》《解放军报》以及《解放日报》等重要媒体纷纷转载。

就此，一场由老同志推动与支持的关于真理标准的大讨论，在全国开展起来。经历了10年"文化大革命"的人们终于可以理直气壮地讨论真理问题，全社会对真理问题的关注和投入超出预料。在一场场激烈的讨论中，迫切想要理清这个问题的人们，一次次突破思想禁锢，以巨大的勇气思考这个问题，表现出大无畏的创新精神。截至1978年年底，中央和省级刊物刊出讨论文章650篇。[2] 同时，各省、市、自治区等党委一把手，各大军区、总部负责人表示坚决支持。

随着讨论的不断深入，7月4日，《解放日报》在"理论与实践"版头条刊登《恢复实践论的权威》一文。文章挂着"读毛主席《在扩大的中央工作会议上的讲话》有感"的说明，看似思想随笔性质的"软文"，却在标题上直接点出"实践"，实为呼应中央精神、发出上海理论界声音

---

[1] 潘世伟：《上下求索九十年：中国共产党建党以来马克思主义中国化、时代化和大众化的探索历程》，学林出版社2011年版，第181页。

[2] 俞卓立、张益珲：《目击二十年中国事件记》，经济日报出版社1998年版，第27页。

的"首作"。

文章开门见山提出,坚持从实践出发,坚持理论与实践的统一,这是毛主席反复强调的一个马克思主义的根本观点。1962年1月30日,毛主席《在扩大的中央工作会议上的讲话》中,谈到关于认识客观世界的问题时,又重申了这一个根本观点。对那些至今还怀疑、否定实践是检验真理的唯一标准以及实事求是原则的人来说,只要他们愿意以认真、严肃的态度读一读毛主席的这篇重要讲话,不是也应该有所触动,得到些针砭的效用吗?

9月28日,上海市哲学社会科学联合会组织召开理论与实践问题座谈会。周谷城、李培南、蔡尚思、桂世勋、曹漫之、冯契、漆琪生、李佐长、吴泽、钦本立、孙仲彝、王亚夫等同志联系社会科学的发展实际,对实践是检验真理唯一标准给予了充分的肯定。

与会者认为,这一问题是马列主义哲学的常识问题。对于这一问题,前一时期有的同志有不同意见,有些同志心存疑虑,这是因为林彪、"四人帮"把理论与实践、主观与客观等问题搞得混乱不堪,它的流毒和影响至今仍在作祟。深入开展这个问题的讨论,普及马克思主义认识论基本原理,恢复实践论的权威,拨乱反正,肃清林彪、"四人帮"的流毒,是我们理论工作者义不容辞的责任,一定要认真搞好。①

通过表1可以看出,1978年5月11日—12月18日党的十一届三中全会召开,《解放日报》以消息、评论和理论文章等多种形式,积极介入真理标准大讨论,并发挥了理论阐释和思想引导作用。其中,就数量和

---

① 《拨乱反正 肃清流毒 坚持实践标准》,《解放日报》1978年10月3日。

声势而言，10 月份达到这一轮大讨论的高潮。

表 1 真理标准大讨论关键词文章检索数量

时间 \ 关键词	真　理	实　践
5 月	15 篇	60 篇
6 月	31 篇	59 篇
7 月	25 篇	88 篇
8 月	29 篇	69 篇
9 月	49 篇	84 篇
10 月	71 篇	110 篇
11 月	61 篇	107 篇
12 月	49 篇	102 篇

资料来源：《解放日报》全文数据库，1978 年。

1979 年 8 月 20 日、22 日、27 日，《解放日报》连续三次推出了《关于真理标准讨论的十二个问答》，对一年多来的真理标准大讨论进行总结。这 12 个问题分别是：（1）真理标准问题的讨论是怎么引起的？（2）开展这场讨论有何意义？当前为什么要强调补课？（3）真理标准讨论与基层"不搭界"吗？（4）开展真理标准讨论会"治而复乱"吗？（5）什么叫真理？什么叫实践？什么叫真理标准？（6）为什么检验真理的标准唯有社会实践？（7）强调实践标准会不会贬低理论的指导作用？（8）"有权就有真理"对吗？（9）什么叫"高举"？为什么说两个"凡是"不是真高举？（10）为什么说只有坚持实践标准才能坚持真高举？（11）坚持实践标准与促进四化建设有什么关系？（12）怎样搞好真理标准讨论的补课？

这组问答，从哲学的辩证角度答疑释惑，并鲜明地提出观点：强调实践标准，不仅不会贬低，而且恰恰是有利于发挥理论的指导作用。同时，总结真理标准大讨论的情况，认为还需搞好"补课"，重点应该注意以下几个问题：一是领导重视；二是围绕四化；三是坚持结合；四是发扬民主。①

总的来看，《解放日报》在真理标准大讨论中，始终强调实践检验的"唯一性"，确保了讨论的思想解放力度。对真理的客观性的坚定维护，确保了实践与理论不会被割裂或对立，从而避免了对真理的讨论陷入另一个极端，即抽象的怀疑主义或虚无主义思辨中。

随着大讨论的开展，"实践是检验真理的唯一标准"在促进拨乱反正中的作用为全社会所接受和认同，就此将党和国家的政治建设带上了正常的发展轨道。理论界发起的这场大讨论，不仅冲击了全民的思想，也对社会各个领域的发展产生了巨大影响。通过这场全民大讨论，重新确立了马克思主义的实事求是的基本观点，个人崇拜以及各种偏激的主观主义逐渐被逐出政治领域。这就是特定历史时期下对马克思主义大众化的一种自主表现。

二、"思想解放"

真理标准大讨论为党的十一届三中全会的召开，为改革开放的提出，奠定了思想基础，也成为我们党、国家的一个伟大转折点。

---

① 姬锦：《认真补好这一课（三）》，《解放日报》1979年8月27日。

1978年12月18日，党的十一届三中全会隆重召开。全会确定了"解放思想、实事求是"的指导方针，结束了粉碎"四人帮"之后的迷茫，党的工作重新进入了正常的发展轨道，经济建设作为党与国家的工作的重心被明确提出来。

党的十一届三中全会精神传到上海后，群情振奋，一片欢呼。第一时间，摆在全市各级党组织、广大干部群众面前的当务之急、头等重要大事就是：学好全会公报。①

从图1可以看出，在1978年12月—1979年12月这段时间里，随着会议召开和精神传播，"解放思想""实事求是"两大关键词的每月见报篇数高开高走。其中，"解放思想"的主题文章每个月近50篇，"实事求是"的每月篇数为38篇，基本每天可以看到3篇相关文章。

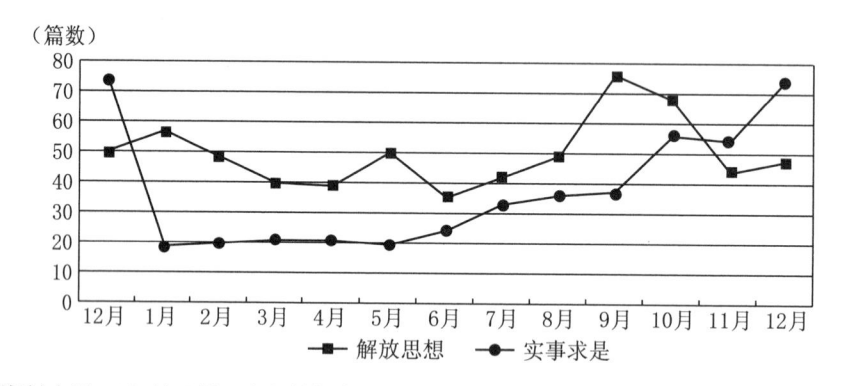

资料来源：《解放日报》全文数据库，1978—1979年。

图1 "解放思想""实事求是"关键词文章检索数量
（1978年12月—1979年12月）

具体来看，在对"解放思想"的阐述上，有一个明显的递进思考逻

---

① 本报评论员：《学好全会公报》，《解放日报》1978年12月28日。

辑。1979年2月26日,《解放日报》刊登了邓伟志、朱长超联名撰写的《丰富知识与解放思想》,提出"知识是禁区的掘墓人"的观点,并呼吁人们"用日益增长的科学知识去不断解放思想",因为"思想解放的程度,依赖于知识丰富的程度。知识不多,即使是抓住了真理,也经不起谬误的袭击"。

解放思想,本身并不是目的,正如呼吸和吃饭本身不是目的一样。那么,解放思想又是为了什么呢? 解放思想,是为了提高认识,把认识提到一个更高的水平。9月10日,《解放日报》"理论与实践"版又刊登了学者的进一步思考:我们30年来积累的经验,毕竟不可能成为解决所有问题的万宝全书……今后更多的还将是大量无经验可以凭借的新情况,更需要我们以马列主义基本原理为指导,大胆地去研究、去实践,敢于提出新的指导方针,采用新的工作方法,并随着实践的发展不断进行新的理论总结和创造。所有这些,都迫切要求我们进一步解放思想,提高思想。[①]

相对而言,"实事求是"的相关解读稿数量不是特别多,但观点更具时代性、针对性。在《实事求是能够做到吗?》一文中,作者魏克明指出,我们不是《封神榜》中的神,不可能掐指一算,就能洞察一切……至于怎样才能做到实事求是,"历史老人"已作了回答,那就是:既要继续解放思想,进一步克服本本主义,克服唯意志论,树立辩证唯物主义的世界观;又要摆脱私心杂念,克服庸俗的功利主义,树立共产主义的人生观。

---

① 罗竹风:《解放思想与提高思想》,《解放日报》1979年9月10日。

三、"小跑步行不行"

1964年12月，周恩来在第三届全国人大一次会议上正式提出建设"四个现代化"的国家战略目标。周恩来还进一步将实现"四个现代化"的战略部署分为两步走。①1979年12月6日，邓小平在会见日本首相大平正芳时再一次提出了"实现四个现代化"。

如何实现这个目标？《解放日报》在传递学者思考时，经历了一个从只争朝夕、放开手脚到"打好基础"、循序渐进的转变和提升。

1978年新年伊始，一篇名为《有感于"布尔什维克速度"》的文章见诸《解放日报》。文章提出"延缓速度就是落后"，对于经济暂时落后的社会主义国家来说，出路只有两条：要么坚持高速度，赶上去，超过先进国家，自强于世界民族之林；要么是慢吞吞……这样就只能永远处于落后挨打的境地。

强调速度的底气何来？文章认为，社会主义是建筑在生产资料公有制基础上的。公有制取代了私有制，整个社会生产的无政府状态得到了消除，最活跃的生产力——劳动者得到了解放，受利润驱使的资本主义经济所无法开拓的自然界的深度和广度展现在人们的面前。这些，都为社会主义经济的高速度发展提供了可能。

接下来，《解放日报》连续刊发《用跑短跑的速度跑长跑》《话说"一看二慢三通过"》，疾呼"我们要用二十二年的时间，走完人家五十

---

① 《建国以来重要文献选编》，中央文献出版社1998年版，第483页。

年、一百年、几百年的路程,慢慢走不行,三步并着两步走也不行,小跑步还是不行,时不待人,刻不容缓";"人心向着四个现代化,人心盼着高速度。现在可以说是一路绿灯,还要看什么呢!就看你是不是加速马力向前奔了……诚恳地奉劝这些同志,赶快丢掉'一看二慢三通过'的保守哲学,看清大好形势,放开手脚,迎头赶上吧"。

不过,随着一篇名为《"纪昌学射"的启示》见报,对速度的强调开始转向对学习的重视。这篇文章提出,在向社会主义现代化进军的战鼓声里,人人"心急火燎",这是可想而知的。但倘真想学点现代科学技术,那就必须老老实实地从学习基础理论知识上先下苦功……只有"基础打好",循序前进,犹如登塔,层层上升,才能迅速接近顶端。

在《说"盲"》一文中,作者表示,如果我们再不注意认真学习科学文化知识,那么不难设想,再过若干年,就会大大落后于科学技术现代化的进程,甚至会像盲人一样,寸步难行,只得被人叫作"科盲"了。而"盲"与"亡"是联系在一起的。

此外,还刊登了《干部要加强马列主义基本原理的学习》《引进技术先要学技术》《控制人口增长与加速实现四化》《怎样理解青年要"多向自然科学学习,少谈些政治"》《四化和文化》等文章,多角度探讨哲学社会科学知识、自然科技与人的才干对四个现代化建设的重要意义。

归纳起来,这一时期《解放日报》对实现四个现代化的路径,展开了多学科的探讨,达成了基本共识。特别是在经济建设方面,明确应以自力更生为主,先集中力量把农业搞上去,同时要改革经济管理体制,大力破除产品调配的思想,大力扩大商品生产。此外,要允许待业人员有选择职业的权利,反对"铁饭碗",等等。①

四、怎样评价领袖

党的十一届三中全会前后,对于中华人民共和国成立以后的历史尤其是"文化大革命"历史的认识与判断,对毛泽东功过是非的认识,社会上存在分歧,并产生带有"左"和"右"的强烈倾向性观点,影响人们放下包袱、凝聚力量、团结一致向前看。

1979年年末起,中央启动《关于建国以来党的若干历史问题的决议》(简称《决议》)起草工作。其间,经历小范围探讨、中央工作会议、理论工作务虚会、起草小组多次谈论、4 000人大讨论、常委讨论等多个环节的反复讨论。②

在上海,《解放日报》敏锐地把握到了这一思想理论界的时代课题。1979年10月24日,张云和石源华在"理论与实践"版撰文解答"为什么说毛泽东思想是集体智慧的产物?"

文章称:党和人民是一个伟大的集体,这个伟大集体所进行的革命实践,乃是革命理论最深厚、最丰富的源泉。革命领袖就是善于从这样的源泉中汲取宝贵的经验和一切真知灼见,运用马列主义的基本原理,加以科学的概括,从而使之上升为理论。而这样的领袖也绝不是一个人,应是一批人,领袖也是一个集体。任何一个领袖如果脱离了集体,脱离

---

① 黄逸峰:《走一条适合我国国情的实现四化的道路》,《解放日报》1979年11月7日。
② 李占才等:《小康之路探索》,同济大学出版社2015年版,第75页。

了党和人民的实践，那么他也就不可能获得正确的认识，也就创造不出正确的理论，这是确定无疑的。毛泽东思想是毛泽东在中国革命和建设的实践过程中，对经验与教训的总结，集中了党和人民的集体智慧才产生的。

5天后，《解放日报》编辑部以"学习通信"的方式，直接出面参与解答。文中甚至不无尖锐地指出，无产阶级领袖人物也和任何人一样，不可能没有缺点错误，甚至在某个时候、某个问题上，也可能脱离群众，做出违反群众利益和意愿的事。因此不应该把他们加以神化，不应该贬低集体、贬低群众，不应该无限夸大领袖个人的作用，而必须坚持民主集中制，使领袖本人也置于党和群众的监督之下，避免个人凌驾于组织和群众之上的情况发生。[①]

但在反思的过程中，类似"党有过错误是不是就证明它不能领导"等糊涂认识和错误思想也流传开来。为避免矫枉过正，《解放日报》进一步刊文对相关问题予以澄清，并强调坚持党的领导这一原则问题：

中华人民共和国成立以来，在发生了"反右派"扩大化、"大跃进"、"反右倾"和"文化大革命"等错误以后，我们党曾经在不同范围不同程度上有过某些纠正，虽然由于种种原因，这些错误没有能够得到及时的、彻底的纠正，但是最终还是由我们党自己起来把它们改正了。经过党的十一届三中、四中、五中全会，党中央已经实事求是地解决了一大批重大的历史事件和重要领导人的是非功过问题。这一铁的事实雄辩地证明了我们党是具有强大生命力的党，是对人民高度负责、值得人民高度信

---

① 《如何理解领袖必须代表群众的问题》，《解放日报》1979年10月29日。

赖的党。今天，如果有人还以党有过错误为借口来否定党的领导，那么这种人不是别有用心，就是十足的糊涂虫。①

对于这个涉及执政党过去、现在和将来的重要历史文件，邓小平高瞻远瞩，站在国家和民族生死存亡的战略角度，给予明确的指导和思想定位。他对《决议》的起草和修改先后发表过9次谈话。②同时，提出了3条起草《决议》的"总的原则"：一是坚持与发展毛泽东思想，在政治上确立毛泽东的历史地位；二是实事求是地分析中华人民共和国成立30年来发生的大事，公正评价一些负责同志的个人公过是非；三是总结历史教训"宜粗不宜细"。

1981年6月，党的十一届六中全会通过了《关于建国以来党的若干历史问题的决议》。《解放日报》随即在"新论"版"党史资料"栏目中推出文章，回顾《关于若干历史问题的决议》的诞生。接下来，还一口气推出了4篇学习《关于建国以来党的若干历史问题的决议》专稿（见表2）。

表2 《关于建国以来党的若干历史问题的决议》专稿数量

刊登日期	7月9日	7月16日	7月23日	7月30日
文章标题	《科学地评价毛泽东同志》	《具体分析历史事件的典范》	《纠正"继续革命的理论"与坚持革命的旗帜》	《反对个人崇拜维护领袖威信》
作　　者	石仲泉	华哲	滕文生/贾春峰	王国荣

---

① 陈进玉：《关于坚持党的领导的几个问题》，《解放日报》1981年4月9日。
② 戴育滨：《论邓小平的政治胆略和科学发展思想》，《湖南师范大学社会科学学报》2012年第3期。

续表

刊登日期	7月9日	7月16日	7月23日	7月30日
核心观点	• 毛泽东同志的丰功伟绩数不胜数 • 毛泽东同志一生对革命作出巨大贡献 • 毛泽东同志晚年犯错误，有复杂的社会历史原因	• 对历史事件具体分析，是历史发展本身复杂性所决定的 • 从客观事实出发，不带主观偏见，是《决议》的一个根本特点	社会主义革命的任务就是社会主义建设的任务。这个任务必须通过完善社会制度，在党的领导下，按照一定秩序和步骤进行	个人崇拜是历代剥削阶级的骗局，为马克思主义者所唾弃。个人崇拜泛滥之日，恰恰是无政府主义猖獗之时。要铲除它，首先要健全党的民主生活、严格党的组织纪律

资料来源：《解放日报》全文数据库，1981年。

这4篇文章，从多个角度阐释了《决议》的内容和精神实质，并对《决议》中肯定毛泽东思想的指导作用以及对毛泽东历史地位的维护予以高度评价，指出它是对马克思主义的坚持与发展。《决议》的内容与精神，为推进我国的改革开放奠定了坚实的思想基础，也是邓小平理论产生的重要前提。

第三节 邓小平理论形成与成熟阶段的理论传播

1982年9月1日，党的十二大在北京举行。在总结历史经验教训和现实成功经验的基础上，在开幕词中，邓小平提出了新的创造性概念：建设有中国特色的社会主义。[①]

---

① 《中国共产党历届代表大会记录"一大"到"十七大"》，中共党史出版社2007年版，第1055页。

在1984年10月召开的党的十二届三中全会上,中央又吹响了经济体制改革攻坚战的号角。

一、充满活力的经济模式

20世纪70年代末至80年代末,改革开放大致可以划分为两个阶段:第一阶段,1979—1984年,亦即从党的十一届三中全会到十二届三中全会。这6年,是以农村改革为重点,并为城市改革做相应准备的阶段。第二阶段,从1984年开始,以城市改革为重点,积极探索和发展"有计划的商品经济"。

马克思主义经典作家认为,"随着资本主义的消亡,商品、货币也一起废黜"。这一信条的影响,广泛存在且根深蒂固,苏联模式就是在这一信条影响和支配下进行经济实践的。

但历史无情地证明,"去市场化"和"去资本化"的传统的、计划性的社会主义,会极大地束缚社会生产力,会极大地抑制社会创造力,这一切都是改革中所需要摒弃的错误思想观念。[1]

从党的十一届三中全会至十二届三中全会,中国对经济体制进行了积极改革。总体来看,改革还是在旧模式的框架内进行。例如,计划体制改革,我们改变了过去过分集中和几乎完全是指令性计划的状况,给地方和企业以较多的权限,承认市场调节是社会主义计划经济的一种补

---

[1] 王战、潘世伟主编:《改革再出发 凝聚成共识——全国社会科学院系统中国特色社会主义理论体系研究中心纪念邓小平同志诞辰110周年学术研讨会文集》,上海社会科学院出版社2014年版,第199页。

充，等等。但这基本上还局限在指令性计划经济体制的范围内。

随着党的十二届三中全会明确提出"有计划的商品经济"，一种"具有中国特色的、充满生机和活力的社会主义经济模式"开始成为理论与实践的焦点。

检索《解放日报》刊登的相关文章来看，上海学者对承认社会主义经济也是一种商品经济做出了肯定，认为这是对社会主义经济的正确反映，是社会主义经济理论发展的一个重大突破。"在发展社会主义商品经济这个问题上，不能有任何限制，只能大力发展。"[1]

仅以1984年11月"新论"版为例，这一时间专门开辟了学习"中共中央关于经济体制改革的决定"专栏，陆续推出5篇系列解读稿。

这组系列解读稿的开篇之作提出，围绕增强企业活力这个中心环节，把生产经营的权力放给企业，就必须全面地逐步地改革经济体制。其中，重点是改革计划体制、价格体系和国家管理经济的职能。[2]

那么，具体如何改革呢？学者建议，计划部门必须从那些过时的老观念、老习惯、老做法中摆脱出来，把主要精力放在抓大事上。主要包括三方面：

一是发展社会主义社会与经济的战略，包括社会发展、国家经济建设、科技与经济技术政策等战略性规划，还有资源和智力的开发，对外经济技术交流政策等。以客观经济规律为基础，集中精力为经济决策提供正确的理论指导与科学依据。

---

[1] 林京耀：《从根本上改变僵化的经济模式》，《解放日报》1984年11月21日。
[2] 徐景安：《国家管理经济全局　企业组织生产经营》，《解放日报》1984年11月9日。

二是全社会财力、物力、人力和重大比例关系的综合平衡。要扩大综合平衡范围、强化价值指标的平衡，搞好全社会生产和社会需求的平衡；要着重搞好国民收入的生产和分配，以及合理确定积累与消费的比例，并相应地安排好生产的比例，特别是农轻重比例；等等。

三是综合运用经济调节手段。对于直接关系到利益调整的，对全局经济发展影响重大的各项经济杠杆的变动，应调动各级计划部门共同努力，认真做好各种协调工作。国家应充分利用各种资源的适时吞吐，最大限度维持物价平稳，使经济杠杆以及价格杠杆真正发挥服务作用①。

不过，还是有不少人的观念没有转变过来。例如，有读者在学习《中共中央关于经济体制改革的决定》时产生了一个疑问：在国家必要的管理、指导和调节之下，使企业真正成为自主经营、自负盈亏的从事商品生产和商品交换的相对独立的经济实体，全民所有制企业不会因为这一改革改变其所有制性质吗？

《解放日报》"新论"版在"答读者"栏目对此予以解答：过去国家对企业管得太死，表面看来是高度集中、高度统一，实质上束缚了企业主动性和积极性，使企业失去活力，结果也反过来损害了整体利益。对国家来说，直接经营和管理全国成百万企业不可避免地会产生官僚主义和瞎指挥，全民所有制的经济活动也不可能更好为全体人民谋利益。通过改革，既有总体上保证服从国家经济的统一性，又在局部上有自己生产经营的灵活性，这就使企业具有自我改造和自我发展的能力。有了这样的充满活力的社会主义企业，我国的生产资料，全民所有制才能真正

---

① 柳随年：《计划工作要实现新转变》，《解放日报》1984年11月28日。

完善和巩固。①

随着解读的深入、实践的深化，搞活全民所有制企业收到了初步成效，也取得了一定经验。但是，商品流通和要素流通领域的改革，日益显得滞后。1987年12月23日，《解放日报》刊登《加快建立和培育社会主义市场体系》，呼吁："改革更需要建立新型的商品和要素流通组织。"

1988年12月21日，也就是党的十一届三中全会召开10周年之际，《解放日报》推出马洪撰写的《中国经济体制改革的回顾与前瞻》，回顾改革的历程，研讨10年的经验，以启迪人们清晰地看到光明前景。文章全面梳理了我国围绕发展"有计划的商品经济"总目标，在改革实践方面进行的一系列试验和探索：

第一，改革了所有制结构。在农村，目前98%以上的农户实行了家庭承包。在城市，目前全国商品零售额中，国营占38.5%，集体占35.7%，个体和私人占17.5%，其他占8.3%。工业中国营占59.7%，集体占34.6%，个体占3.6%，其他占2.1%。一种以公有制为主体的新型的多元所有制结构正在形成。

第二，在收入分配领域开始破除平均主义的方式。国家既保护合理的劳动报酬，同时也保护合法的资本收入和经营风险收入。一种以按劳分配为主、多种分配形式并存的格局初步形成。

第三，改革了计划和物资体制。工业指令性计划产品大幅砍少一半，统配物资减少了九成，计划管理的商品从180种减少到20种。在投资计

---

① 欣慰：《企业成为相对独立的经济实体是否会影响所有制性质》，《解放日报》1984年11月7日。

划管理方面，把项目的计划审批与税收、贷款、利率等经济调控手段有机地结合起来。

第四，价格体制改革迈出了重要的一步。目前已经实行浮动价和市场价的比重，农副产品占65%，工业消费品占55%，生产资料占40%。

第五，围绕建立统一市场，改革了商业流通体制，疏导了商品流通渠道。多种经营方式、灵活购销的流通格局的出现，繁荣了市场，促进了物畅其流。

第六，改革了财税金融体制。实行了"分灶吃饭"、分级调控、分级理财、分级负责的财政体制；初步建立了以流转税和所得税为主，其他税种相配合的复合税制体系，强化了税收杠杆的综合调控能力。

第七，实行对外开放，使原有的半封闭经济向开放经济转变。10年来引进技术1万多项，举办外资企业和中外合资企业1万多个。在进出口业务方面，扩大了企业出口权，实行了外贸代理制和承包制，建立了出口企业外汇留成制度，进出口贸易总额比改革前增长了3倍多。

通过梳理改革成效，还得到了宝贵的体会。例如，必须确立明确的改革目标；改革必须系统地配套进行；既要注重经济手段、法律手段的运用，又要保留必要的行政管理手段；等等。

二、"均"则懒，懒则"寡"

关于社会主义的性质定位问题，《解放日报》是较早关注的媒体。在党的十三大前后，上海理论界就社会主义的性质问题展开了探讨与研究。其中，如何区分社会主义的性质与共产主义性质、当前的社会主义是否为初级阶段、与高级阶段如何区分、中国式社会主义的特色以及与其他国家的社会主义的区别,是申城学者首先关注和着力阐发的主题。

例如,有学者撰文指出,社会主义社会是一个由初级阶段逐步向高级阶段发展的历史过程。在社会主义社会的初级阶段,难免会带有种种非社会主义因素。看不到这个特定的"历史条件",不把社会主义的初级阶段与高级阶段加以区别,在现阶段想把社会主义社会的各个方面都搞得纯之又纯,这不仅是不切实际的,而且也是有害的。①

那么,社会主义初级阶段到底有何划分标准?1987年6月,上海先后举办了两场专题理论讨论会。有的与会者指出,划分同一社会形态内不同阶段应有三方面标准:一是生产力的性质和发展水平;二是生产关系的成熟程度;三是上层建筑的完善状况。据此,与会者认同我国现阶段属于社会主义初级阶段,并得出这一阶段将是一个长期过程的结论。

如何科学揭示社会主义的本质,是申城学者进一步阐释的重大课题。邓小平曾精辟地指出:贫穷不是社会主义,共产主义更不是。②在此基础上,《解放日报》以多种形式刊登论述指出,平均主义或两极分化,都不是社会主义,社会主义生产力的发展不应该太慢。学习外国的先进经验不能生搬硬套;社会主义必须发展民主、发展法制;搞好物质文明是重要保障,加强精神文明是深厚文化基础。

唐嘉文、施芝鸿在《耻于贫穷 勇于致富》中直言,多年来,我们

---

① 俞吾金:《略论精神文明建设的历史条件》,《解放日报》1986年12月3日。
② 《邓小平论有中国特色的社会主义》,《解放日报》1984年8月24日。

总是以"穷棒子"引为自豪,以为越穷越光荣。这是从根本上违背马列主义基本原理,也不符合共产党立党宗旨的。我们共产党的天职就是要带领群众治穷致富。越穷越革命是对的,但如果越革命越穷,那还要共产党干什么?我们应当带领群众像送瘟神那样,治穷送穷,而不应该一个劲地"颂穷",为贫穷高唱赞美诗。

在"治穷送穷"的同时,《解放日报》也进一步将讨论引向深入,提出"患寡也要患均":如果不分复杂劳动与简单劳动,不分熟练工与非熟练工,也不分勤与懒,优与劣,工资奖金都平均发给,这种"均",却是另一种不平等,也是不符合社会主义分配原则的。只有坚持按劳分配的原则,不回避分配上应有的差距,允许一部分人先富起来,才能对大多数人具有鼓舞作用,才能奖勤惩懒,走向共同富裕。分配上的"均",只会助长懒汉思想,挫伤勤快者的积极性,其结果必然是生产搞不好,生活难改善。"均"则懒,懒则"寡",而社会财富的"寡",是发展社会主义最大的"患"。①

三、"一个中心、两个基本点"

党的十三大确立"以经济建设为中心,坚持四项基本原则,坚持改革开放"的基本路线。

从图2可以看出,1979—1989年,"一个中心、两个基本点"的三个核心概念,在《解放日报》上的宣传频率呈现一个渐次走高的趋势。其

---

① 聊客:《患寡也要患均》,《解放日报》1984年10月18日。

中，1987年是一个明显的转折点，这与当年召开的党的十三大存在直接联系。

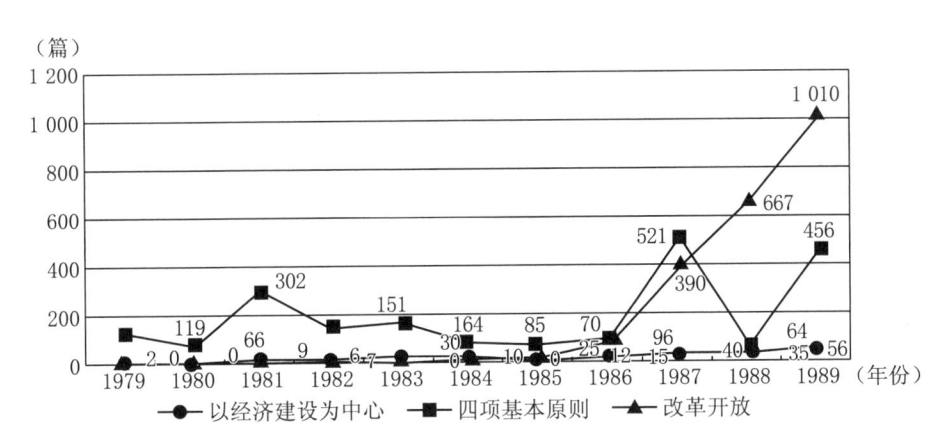

(篇)

图2 "一个中心、两个基本点"主题文章检索数量

资料来源：《解放日报》全文数据库，1979—1989年。

具体来看，早在1979年7月30日，"以经济建设为中心"就在《解放日报》出现。"四项基本原则"的口号于1979年4月3日在《解放日报》头版更早一步露脸。但将"无产阶级专政"替换为"人民民主专政"的"四项基本原则"，则正式在1981年元旦与读者见面。"改革开放"的概念，直到1984年才正式登上《解放日报》。这可能是由于改革开放是20世纪80年代的主旋律，反倒无须"耳提面命"的缘故吧。

对党的十一届三中全会以来形成的建设有中国特色社会主义理论，上海理论界在全国率先展开了初步总结和系统研究，并取得了突出成果。其中，具有"集大成"意义的著作是李君如1991年6月5日发表于《解放日报》的《邓小平的"中国特色社会主义论"》。该文详尽分析了邓小平关于建设有中国特色社会主义的思想源头及其发展过程，对这一思想的丰富内涵从理论上作出阐述和概括。同时认为，毛泽东思想的科学体系有两个基本构成部分——上篇是新民主主义论；下篇是中国特色社会主义论，邓小平同志为写好这个"下篇"，作出了杰出的贡献。

文中指出，邓小平提出的"中国特色社会主义论"，是一个全新的构想，是基于中国实际的科学社会主义发展新观念，表面上看是制度的改革，实际上更是一种观念上的革命。它有着独特的观念与制度、创新性的发展道路，是由多重形态综合重构而成的、全新的科学社会主义新形态。这种模式与苏联模式、中国过去的极"左"或极"右"社会主义观念有着本质区别，与资本主义自由思潮的"激进改革"完全相对立。它是在尊重中国传统、基于中国现实的基础上，创新发展起来的具有开放性、时代性的新观念，是一种围绕与推进现代化生产力的发展为中心，以建立文明、民主、富强为目的的全新的社会主义观念。

文章强调，我国探索与开辟出来的"中国特色社会主义"，是一条创新发展的社会主义道路。为此，邓小平进一步提出了实现创新社会主义体制心目标的三条道路或途径：第一，解放思想观念，以中国实际为基础，走创新发展的社会主义道路；第二，进行改革与开放，转换社会机制，创新搞活社会主义的发展道路；第三，改善党的领导，稳定发展社会主义道路。

这篇文章，就是后来被中宣部评为"五个一工程"的优秀论文——《邓小平的"中国特色社会主义论"》。它的发表，推动了上海成为邓小平理论研究的前沿重镇，也开启了邓小平理论研究的新局面。

第四节　改革开放取得突破性进展阶段的理论传播

一、"社会主义向何处去"

20世纪80年代末90年代初，苏东解体对世界社会主义运动带来沉重打击。此时，"当代中国向何处去""社会主义向何处去"的历史命题，摆在了中国共产党人的面前。

从1989年下半年开始，极"左"思潮再度涌起。"左"倾论者提出了一个来势汹汹的质问：改革开放战略，是社会主义的，还是资本主义的？

党内外的动摇与质疑，使邓小平深感忧心。1991年1月28日到2月18日，邓小平第四次到上海过春节。他频频外出参观视察，并发表了一系列谈话，再一次肯定深化改革、进一步扩大开放的决心与信念。

时任解放日报社党委书记的周瑞金看到相关谈话材料后颇有感触：邓小平在谈话一开始就强调，改革开放还要讲几十年，开放不坚决不行，还要进一步扩大开放，"三资"企业只要有利于经济发展，就不用害怕，不开放，社会主义建设很难发展起来。[①]周瑞金敏锐地意识到：这是对改革开放的肯定，是推进开放的最新思想，《解放日报》有责任担负起宣传重任。

---

① 周瑞金：《"皇甫平"二三事》，《前线》2012年第6期。

1991年2月15日—4月12日，在《解放日报》头版中的重要位置，署名"皇甫平"的评论员连续发表了4篇时评。文章主题鲜明、文风犀利，深入阐述了邓小平改革开放新思想的核心内涵，引起了巨大的舆论反响，形成了推进改革开放的舆论先导。

第一篇评论在《解放日报》头版亮相的当天，正好是农历正月初一。题目为《做改革开放的"带头羊"》。文章强调，1991年是改革年，"何以解忧，唯有改革"，要形成深化改革、扩大开放的新的全民共识。

第二篇《改革开放要有新思路》，于3月2日刊登。文章先是对有关深化改革的讨论内容进行梳理，提出了一系列新的思路。例如，有北京的经济学家提出了突出"机制转换"的新思路；浦东的同志提出"三个先行"的扩大开放新思路。文章认为，这些新思路反映了人们对更深层次改革开放的探索和思考。

文章进而强调，要防止"新的思想僵滞"。要清醒认识到社会主义经济与市场的发展与资本主义的有着本质的区别；利用外资不能与自力更生相对立；深化改革不能与治理整顿相对立；不能把持续稳定发展经济、不急于求成与紧迫感对立起来。

第三篇评论郑重强调要抛弃任何保守、僵滞和封闭的观念，扩大开放意识还要进一步增强。同时提出，担心上海变成"冒险家的乐园"是没有必要的，"对于不符合我国国情、败坏我国社会风气的东西……坚决不开口子"。

收尾之作聚焦于社会主义建设人才的培养问题。文章强调，要深化改革、扩大开放，开创现代化建设新局面，必须不失时机地培养、选择和任用一大批德才兼备的优秀人才。

所谓德，就是革命化，就是指有坚定马克思主义信仰和忠诚于马克思主义原则的立场，坚持中国特色社会主义道路的信念；以强烈的事业心与责任心，坚决拥护与坚定贯彻党在新时期的基本路线；廉洁奉公，严守法纪，求实为民；做坚持民主集中制原则的模范。

所谓才，就是必须有真才实学，有适应更高层次的现代化建设所需要的知识、才干、智慧与能力，尤其是有开创新局面的实绩。

原计划还有第五篇，就"姓社姓资"问题进行阐述。文章思路大致包括：第一，两种制度之间的学习与借鉴，是社会发展中的正常现象。第二，对于社会主义的体制和运行机制问题，过去一直在探索中。资本主义社会中的先进东西，完全可以拿来为我们中国的社会主义所用。第三，不该动不动就用"姓社姓资"来指责、否定他人。可令人感到遗憾的是，由于周瑞金的工作调动，此篇文章未能面世。①

这四篇文章发表后，"上海、北京和其他省市反响热烈。可是不久，责难和批评随之而来"。由此开始了一场关于"姓社姓资"的争论。②

1991年7月4日，刘国光主持召开中国社会科学院关于"当前经济领域若干重要理论问题"座谈会。与会经济学家大力支持"皇甫平"的观点。吴敬琏、卫兴华、戴园晨等人，还就当时社会上最为敏感的"姓社姓资"问题进行了热烈的讨论和坦诚的交流，表明了不与批评者苟同的意见与看法。

---

① 陶建杰：《"皇甫平"事件：新的思想解放运动的序幕》，《新闻爱好者》2007年第5期。

② 金维新：《批评者已经造成声势 被批者一直保持沉默——去年舆论界一场"争论"之我见》，《新闻记者》1992年第9期。

但是，真正一锤定音的还是邓小平。1992年春，邓小平发表了著名的"南方谈话"。针对在姓"资"姓"社"问题上的抽象争论，他明确指出：对姓"资"还是姓"社"问题的判断，应以是否有利于社会主义生产力的发展、是否有利于国家综合国力的提升、是否有利于人民生活水平的提高等为标准。①

邓小平对"三个有利于"还作了进一步解释：社会主义与资本主义的本质区别，不在计划多还是市场多。社会主义有计划经济，资本主义也有；同样地，资本主义有市场经济，社会主义也有。计划和市场不过是发展手段而已。②

"南方谈话"的发表，驱散了人们心中的思想迷雾，令人感觉一下子豁然开朗。"皇甫平"系列文章的发表，从某种程度上说促使人们更加清楚地了解"南方谈话"的大背景和针对性，更深切地领会了"改革开放迈开步子"的紧迫性。

如同《实践是检验真理的唯一标准》那样，"皇甫平"系列文章在新的历史起点上揭开了又一轮思想解放运动的序幕，有力地推动了中国马克思主义的发展与传播。

二、系统性解读市场经济

1992年10月，党的十四大在北京召开。大会根据邓小平关于计划与市场的精辟论断，认真总结党的十一届三中全会以来14年的实践经验，

---

①② 《邓小平文选》第3卷，人民出版社1993年版，第372、373页。

明确了经济体制改革的目标是建设社会主义市场经济。①

此前,理论界在触及"市场经济"这个概念时,不仅怀疑社会主义能否与市场经济衔接,还有对社会主义是否足以制约市场经济的失衡乃至失灵的疑虑。这种疑虑不仅是理论上的,更是实践上的。

在上海,1992年城市经济增速首次超过全国平均速度。面对新的发展契机和中央新的要求,上海的理论工作者认真学习邓小平建设有中国特色社会主义理论,并联系实际,积极研究新时期市场经济建设和改革开放的现实问题。《解放日报》为配合在上海率先建立社会主义市场经济运行机制目标,以多种形式推出解读和建议,对许多重要问题作了较为深入的研讨。

在"新论"版的学者访谈录中,记者与中青年经济学家王战展开对话。②

在如何划清社会主义市场经济与有计划商品经济的区别问题上,先明确"社会主义市场经济既是有计划商品经济的发展,更是重大突破"。具体而言,从认识论角度看,有计划商品经济是先计划、后市场,计划决定市场调节的幅度;而社会主义市场经济中,市场信号在资源配置中可以起到基础性作用。在宏观调控上,前者是实物分解型调控、个量调控、供给调控;后者是价值型调控、总量调控与以需求导向为主的结构性调控。从结果来看,前者既打破了中央高度集中的指令性经济,充分

---

① 《坚持伟大理论 夺取更大胜利——热烈祝贺党的十四大胜利闭幕》,《人民日报》1992年10月19日。
② 金维新:《上海如何率先建立社会主义市场经济新体制——中青年经济学家王战访谈录》,《解放日报》1993年2月10日。

发展了商品交换，但又易造成诸侯经济；后者将推动形成以流域性全国性经济中心城市为依托的全国统一市场体系。

在社会主义市场经济体制应该采取何种模式问题上，借鉴国际上的做法和经验，上海似可以建立"双层竞争"的市场模式。这里的"双层"，一层是大企业，一层是中小企业。即在大企业中实施垄断性竞争规则，在中小企业间推行充分竞争规则。政府仅对大企业实行产业政策导向，中小企业完全面向市场。除了少数自然垄断性企业外，在具有规模经济效益的产业部门可由几家大企业之间进行垄断竞争，不允许一家"独占"。

在上海如何率先建立社会主义市场经济体制的问题上，可采取的对策概括地说就是"一点三线"。"一点"是建立一种动力机制；"三线"是指政府、市场、企业三个方面的改革。

王战认为，只要劳动力可以流动，市场机制本身就可以解决简单劳动力的动力机制和压力机制。为此，上海要发挥"中心"与"龙头"功能，必须集聚大规模的各类人才，调动他们创造财富的潜力。但是，上海最大的优势是人才，最大的问题也是人才。因此，必须对解决人才的动力机制问题有一个系统的对策。比如，在政府和教育等机构，实行"减员不减工资总额"的变通办法。这个变通办法今后可与公务员制度衔接。又如，实行利润余额二八分成制，厂长或经理得二、职工得八；经销人员中实行销售成本承包制，超额完成销售额按销售成本比例提取收益。

就政府机构改革而言，要有立有破，重要的是尽快形成中观调控机制，包括保持物价总水平相对稳定的总量调控以及产业结构导向的中观调控。就市场改革而言，要紧紧扣住要素市场化这一环，带动市场中介组织充分发育和社会保障社会化。就企业改革而言，要在分类搞活的基础上，逐步向现代企业法人制度过渡。

这篇对话，是上海学者对社会主义市场经济的系统性、前瞻性思考。它的推出，掀开了上海理论界学习邓小平建设有中国特色社会主义理论的序幕。

三、邓小平理论研究网络化

仅以《解放日报》为例，从1993年1—8月，《解放日报》开辟"学习邓小平理论"专栏，连续推出10篇重点文章。到了年底，随着《邓小平文选》第三卷出版发行，《解放日报》趁热打铁又接连开辟"认真学习《邓小平文选》第三卷"专栏。在11—12月一口气推出了14篇专稿。可见，"学习邓小平理论"是贯穿《解放日报》全年的重大主题。

最具代表性的是1993年年中《解放日报》理论部与上海社联科研处联合召开的"邓小平建设有中国特色社会主义理论研讨会"。20多位中青年学者集聚一堂，畅谈学习体会，代表了这一时期申城理论界的研究水准。[①]

首先，邓小平的理论是对马克思主义的继承和发展。武克全认为，在当代社会主义运动处于低潮时期，邓小平更多地把注意力放在研究和解决当前中国所面临的具体问题上，把继承和发展马克思主义建立在中

[①] 《邓小平的理论是当代中国的马克思主义》，《解放日报》1993年5月19日。

国现实的基础上，大胆抛弃历史条件的不合理束缚，摒弃一切带有空想因素的极端论断，对教条理解马克思主义的方式给予全面否定，对长期以来的错误认识进行更正，这是一个真正马克思主义者的时代精神与勇气。

其次，邓小平的理论开拓了中国社会主义现代化的发展道路。余伟民表示，20世纪的社会主义实践没能解决落后国家的社会主义现代化问题，其根本原因在于，没有分清经典理论与具体实践的差异，试图在排斥资本主义的前提下封闭地发展自己。邓小平清醒地认识到这一关键所在。

再次，邓小平的理论是解放思想、实事求是的典范。程伟礼强调，现代化过程中的机遇问题很重要。中国近代过程中有多次机遇都丧失了，留下了历史的遗憾。邓小平特别强调要抓住历史发展的机遇，这是对历史唯物主义的一个重要贡献。过去我们过于强调历史必然性，躺在社会主义必然战胜资本主义结论上，坐失了良机。这种近乎命定论的倾向给我们的事业带来了很大危害。历史唯物主义有必要在历史机遇问题上补课。

袁秉达介绍，邓小平善于在实践中用新的思维方式，研究新的问题，得出新的结论，找到新的解决方法。"实践"，在他的理论中获得了新的含义。具体可以归纳为：结合型实践，注重社会主义普遍原理与中国当代国情的结合；实验型实践，有利于解放思想，打破束缚；开拓型实践，敢于创新，敢于做前人没有做过的事；适度型实践，反对"一刀切"，既反右也反"左"；参与型实践，在改革开放中，注意唤起全民参与及参与国际竞争。

张道根指出，马克思认为，社会主义从形式上是公有制、按劳分配、计划经济，功能上则是追求资源更优配置，促进社会生产力的发展。形式可以变通，以与功能相适应。

总之，党的十四大以来，越来越多的理论工作者自觉研究邓小平理论，邓小平理论研究基地在上海已形成网络。1993年，上海社会科学院率先成立邓小平理论研究中心。紧接着，上海市社联、复旦大学、华东师范大学等也相继成立邓小平理论研究机构。其间，上海还成立了全市性的邓小平理论研究会。

以此为平台，上海理论工作者取得了一批有较高质量的研究成果。其中，《邓小平的"中国特色社会主义论"》《邓小平的管理思想和领导艺术》《贯穿新一卷〈邓小平文选〉的四个"搞清楚"》《社会主义市场经济的伦理辩护》《试论当代中国的民族精神》等文章，分别获中宣部"五个一工程"好文章奖；"邓小平理论与实践研究丛书"第一辑入选中宣部"五个一工程"好书奖。[①]

1995年5月，《邓小平同志建设有中国特色社会主义理论学习纲要》的发行，助推全国范围掀起学习邓小平理论的高潮。从此，邓小平理论进入高校政治理论学习的内容中。[②]

1997年，党的十五大会议上，"邓小平理论"写入党章，正式成为

[①] 洪梅芬：《上海学习邓小平建设有中国特色社会主义理论引向深入》，《解放日报》1997年8月10日。

[②] 王战、潘世伟主编：《改革再出发　凝聚成共识——全国社会科学院系统中国特色社会主义理论体系研究中心纪念邓小平同志诞辰110周年学术研讨会文集》，上海社会科学院出版社2014年版，第188页。

党的指导思想。1999年3月,在全国人大第九届二次会议上,邓小平理论写入宪法,成为指导国家发展的思想纲领。

第五节 "三个代表"重要思想的理论传播

每一时代的理论思维,都是一种历史的产物。第三代中央领导集体认识到中国马克思主义的发展必须适应时代的要求,同时应不断创新,做到与时俱进,才能与世界发展新形势、时代新变化紧密结合,在实践中坚持、发展与不断丰富马克思主义理论[1]。

20世纪90年代,我们党历经革命、建设和改革,已经从"革命党"转变成长期执政的政党。党员队伍的大幅扩大,一大批文化水平高、业务能力强、知识素养好、有眼光、有魄力的年轻干部走上领导岗位。新老交替的干部队伍,为我党注入了新鲜血液;年轻干部适应能力强,接受新事物快,也使党员队伍充满了活力。不过,由于前期理论教育等的缺失,也使得年轻干部的理论素养存在不同程度的缺乏,实践经验不够丰富。同时,由于长期执政,再加上一段时间内党风建设跟不上时代发展的要求,法律意识与群众观点淡薄,使得部分党员甚至是高级干部的官僚主义作风非常严重,在"糖衣炮弹"的诱惑下,陷入了违法乱纪腐败的泥潭,给党的形象造成严重伤害[2]。

---

[1] 江泽民:《论有中国特色社会主义》,中央文献出版社2002年版,第12页。
[2] 陈洪玲、韩毅:《马克思主义时代化与"三个代表"重要思想的实践》,《理论学刊》2012年第2期。

面对新的国情、党情,"什么是社会主义,怎样建设社会主义"成为一个亟待进一步厘清的时代课题。在这种情况下,以江泽民为核心的中国共产党人,创立了"三个代表"思想。同时,对"建设什么样的党,怎样建设党"进行了创造性的回答,书写了中国特色社会主义理论的一个新篇章。

一、"一场不停步的接力跑"

《江泽民文选》第二卷的开卷篇,是党的十五大报告;结束篇则是关于正确引导青少年健康成长的讲话。这一卷文选,反映了以江泽民为核心的第三代中央领导集体继续丰富和发展邓小平理论,逐步形成"三个代表"重要思想的过程。[①]

1997 年 9 月 18 日党的十五大胜利闭幕。国庆节当天,《解放日报》"新论"版正式开辟"研读十五大报告"栏目。截至 1998 年春天,共推出理论名家、资深学者和党政领导撰写的 13 篇专稿。(见表 3)

表 3 "研读十五大报告"专稿检索情况

刊登日期	10 月 1 日	10 月 8 日	10 月 15 日	10 月 22 日	10 月 29 日
作 者	金冲及	李君如	高尚全	金炳华	陈伯庚
题 目	《三次历史性巨变和三位伟大人物》	《坚持党在社会主义初级阶段的基本路线和基本纲领》	《公有制实现形式应当多样化》	《邓小平理论——马克思主义在中国发展的新阶段》	《混合所有制是公有制实现形式的创新》

---

① 北京市邓小平理论和"三个代表"重要思想研究中心:《〈江泽民文选〉:创立"三个代表"重要思想历史过程的生动记录》,《中国特色社会主义》2006 年第 6 期。

续表

刊登日期	11月5日	11月19日	11月26日	12月3日	12月31日
作　者	石　久	励永庆 等	丁荣生	魏礼群	林尚立
题　目	《经济体制改革要有新的突破》	《完整准确地理解社会主义初级阶段理论》	《立足基本国情研究新情况》	《大力调整和优化经济结构》	《依法治国是党实现社会主义初级阶段基本纲领的重要保证》
刊登日期	1月13日	2月3日	2月10日		
作　者	桑玉成 等	孙路一	叶公琦		
题　目	《按照市场经济的要求积极推进政府机构改革》	《面向新世纪，建设一支高素质的干部队伍》	《积极推进社会主义民主与法制建设》		

资料来源：《解放日报》全文数据库，1997—1998年。

首篇刊登金冲及撰写的《三次历史性巨变和三位伟大人物》。文章开宗明义地指出，党的十五大"指明了我们前进的方向"。

文章指出，20世纪行将结束之际，把此时的中国与20世纪初的中国相比，变化可谓翻天覆地：20世纪初的中国，贫穷落后、民不聊生、政府腐败、任人宰割、国家濒临灭亡，奄奄一息；20世纪末的中国，社会稳定、人民当家作主、物质与文化生活水平不断提高，在国际社会上受到尊重，国家的未来充满了希望。这一切都是在党的带领下，一代又一代的中国人民历经三次历史性的巨大改变，经过顽强奋斗所取得的。党的十五大报告对此作出了客观评价，这个时期中国先后产生了三位伟大人物——孙中山、毛泽东、邓小平。

金冲及感慨，历史在不断前进，在漫长的时间里，翻天覆地的变化必须有正确的引路人来领导。只有共产党的领导，民族才能获得独立和解放，才能开创中国特色的社会主义发展道路，也正是中国共产党带领人民实现了民族振兴和国家富强。这是中国人民用一个世纪的时间得出的结论。

在党的十五大报告中，江泽民指出，"要全面认识公有制经济的含义"，"公有制实现形式可以而且应当多样化"。《解放日报》在系列研读稿中，结合上海国有经济"偏重"的实际情况，组织了多篇分析公有制形式创新的文章。梳理这几篇文章，可以概括为以下几个基本观点：

首先，公有制经济包含混合所有制中的国有经济及集体经济成分。

其次，随着社会经济的发展，经济关系更为复杂，单一的资本主体组织已经不能适应社会化生产发展的需要，已经对生产力发展造成阻碍。

再次，企业股份制改革的好处非常明显：一是对资金筹集有利，分散的个别资本，通过参股或投资凝聚为拥有巨额的社会资本股东。目前，社会资本的操作还需要为国有企业的直接融资开拓新途径。二是有利于社会资金的融入，能够迫使政企分开和所有权与经营权分离。三是有利于强化企业的自我约束机制。

最后，国有制并不等同于公有制。对于一个国家来说，国家经济的主体必须坚持以公有制为主体，国有经济与集体经济是两种属性有所不同的经济形式，没有高低贵贱之分。集体经济是我国形式最为广泛的一种经济形式。由国家和集体控股，有利于公有资本扩大支配权和支配范围，增强公有制主体的作用。

还有学者提出："建立在公有资本参股甚至控股的基础上的股份制，同资本主义条件下的私有制为基础的股份制有原则区别。股份制这种资本组织形式,运行得更好,对完善和发展公有制、实现向发达社会主义的过渡必将产生极为深远的影响。"①

党的十五大报告还深刻阐述了什么是社会主义初级阶段。对此,《解放日报》适时推出专题文章,提醒要深入研究各种思想理论动态、澄清相关的种种疑惑,进一步统一全党思想。②例如,有人对社会主义初级阶段缺乏了解,经常在定位或定性上发生偏离;有的过高估计中国的发展程度,对初级阶段建设社会主义的长期性、复杂性、艰巨性缺乏思想准备;有的用老眼光来看待中国社会的发展,夸大存在的矛盾和问题,怀疑是不是已经偏离了社会主义方向;有的被各种矛盾和问题所困扰或被西方价值观念所迷惑,社会主义的理想和信念发生了动摇。文章认为,产生这些疑惑的根本原因,归根到底还是对中国现在社会的性质和发展阶段、对中国的基本国情缺乏深刻理解,对什么是初级阶段以及在这一特定阶段如何建设社会主义没有完全搞清楚。因此,一定要坚持以邓小平理论为指导,坚定地认同中国发展的大趋势,对"超越阶段论"等错误主张必须坚决抛弃。

二、科学把握"先进性"

2000年2月,江泽民在广东考察时正式提出"三个代表"。2001年的"七一"讲话中,"三个代表"重要思想体系正式形成。到党的十六

---

① 陈伯庚:《混合所有制是公有制实现形式的创新》,《解放日报》1997年10月29日。
② 丁荣生:《立足基本国情研究新情况》,《解放日报》1997年11月26日。

大，"三个代表"重要思想最终被确立为党的指导思想。其间，《科学对待马克思主义》《论宗教问题》《领导干部要牢固树立正确的权力观》等文章，具有深厚的理论价值。相关命题，还引发了许多学者的关注与阐发。

以"三个代表"为关键词搜索，2000年、2001年和2002年，《解放日报》"新论"版分别刊登了专稿30篇、53篇、69篇，整体呈现上升趋势，反映了"三个代表"重要思想的影响力日益扩展。

当时，准确把握"三个代表"的科学内涵，是理论工作者重点关注的课题。

上海生产力学会的专家学者认为，要深刻理解江泽民提出的"三个代表"重要思想，必须先弄明白什么是先进生产力。当代先进生产力的特征可以概括为：首先，具有创新性特征。知识经济时代的到来，知识爆炸、知识集成成为发展经济的核心动力。同时，科学技术的发展，出现了许多全新的特点。最大的一点就是，单因素的积累逐渐转向多因素，并发生质变，进而同时在多点同时发生质变；改变以往硬件质变为主的状态，向硬、软件同时质变转变；整体质变取代了单要素质，由此种种新形式质变的转变，加速了生产力发展，生产力出现了新的发展特征。其次，产业具有渗透性特征。三大产业逐渐一体化，生产、流通、消费三大过程趋向一体化，因此也模糊了产业界线。再次，信息科技的迅猛发展下，信息、网络、数字构成了一个全新的虚拟世界。对虚拟世界的解释，冲击着人们对真实世界的认识。[1]

---

[1] 《如何理解先进生产力》，《解放日报》2001年7月15日。

还有学者认为,要始终代表着中国先进生产力的发展要求,必须凝神聚气地搞好经济建设,把坚持"三个有利于"作为判别改革发展是非得失的根本标准;改革不适合生产力发展的生产关系和上层建筑,进一步实现对外开放;切实把发展经济的重点转变到依靠高科技和提高劳动者素质的轨道上来。[1]

什么样的文化才算先进文化呢?大致可从以下三方面加以界定:应当能够促进或适应社会经济发展;必须具有兼容性;必须具有内生发展机制。此外,还要有包括学术自由、科学精神和知识产权等要素在内的发展机制。[2]

正如社会生产力具有多层次性那样,文化也具有先进、落后、腐朽三个层次。对此,有人建议我们要采取"繁荣""改造""抵制"的不同态度。同时,文化的发展具有潜移默化等特点,不能采用简单的行政手段区分和解决不同文化之间的胜负优劣。先进文化只能通过增强"感召力",才能将亿万人民团结在中国特色社会主义的伟大旗帜下。[3]

如何才能真正代表最广大人民群众的根本利益?经济增长是一个基础条件,但仅有这一点还是不够的,还需要创造人民公平参与经济增长、分享经济增长成果的机会。换句话说,必须尽快做到共同富裕。

要达到全体人民共同富裕的目标,传统的平均主义分配方式和西方国家经常采用的政府转移支付手段,作用其实相当有限。结合中国实际,

---

[1] 陈章亮:《深入理解"三个代表"的科学内涵》,《解放日报》2000年5月14日。
[2] 华民:《"三个代表":应对时代转型的战略思想》,《解放日报》2001年4月16日。
[3] 郝铁川:《富有创造力的马克思主义纲领性文献》,《解放日报》2001年7月15日。

应当采取发展教育尤其是高等教育、加快工业化与城市化步伐等措施。①

此外，还有学者注意到，改革开放以来，我国的社会阶层结构也在发生变化，人们的职业、身份变动频繁。但只要是通过诚实的劳动和认真的工作，合法经营，推动着社会生产力的发展，这样的人理所当然地应该是中国特色社会主义的建设者。②要适应这种变化，马克思主义政党就应当从"出身论""成分论"的思想桎梏中解放出来，真正注重人的思想政治状况和现实表现，实事求是地把握和指导党员队伍的发展壮大。

阐释了相关核心内涵后，并不意味着"三个代表"重要思想传播的结束。2002年9月19日、24日，《解放日报》编辑部相继向社会发出征集理论问题的"消息"。"消息"写道：在迎接党的十六大的日子里，全国正在兴起学习"三个代表"重要思想的新高潮。在学习过程中，广大干部群众进一步认识和领会了"三个代表"重要思想的深刻内涵，同时对世界大变动、社会大发展中出现的热点、难点问题，十分关心。为了使我们的理论宣传更加贴近时代，贴近社会，贴近干部群众的思想实际，增强理论宣传的说服力，特向读者征集有关问题。举凡社会生活、党的建设、思想工作等方面的热点、难点问题，都可以向我们提出来，我们将选择其中具有典型意义的问题，约请专家学者或有关领导给予解答。

在一个月时间内，大量的读者给《解放日报》编辑部来信。这些问题涉及理论学习难点、实际工作困惑，但更多地是当时受到普遍关注的社会热点问题。11月5日，"新论"版上专门刊登了一组文章，对读者的

---

① 华民：《"三个代表"：应对时代转型的战略思想》，《解放日报》2001年4月16日。
② 程伟礼：《贯彻"三个代表"的三大价值目标》，《解放日报》2002年4月21日。

疑问予以解答。

有读者问:"发展"内涵是什么?如何理解?经济增长与经济发展是一回事吗?

学者给出的分析是:经济增长意味着整个社会的国民财富在增加,就是我们平常所说的人均生产总值得到提高、国内生产总值同步增加。如果社会商品和服务都在增加,则说明经济获得稳步增长。经济发展的内涵含义非常广泛。经济的量变积累,将促使经济从量变转向质变,最终推动经济发展。经济发展不仅包含着经济增长,同时还包含了社会经济生活质量的提高与经济结构的变化。结构的变化,其最重要、也是最直接的两个变化是:农业经济在国内生产总值中的比重下降,工业生产总值在比重上升;在社会总人口中,城市居民比例得到提升。具体来看,经济增长与社会生活质量提高的内容主要包括:社会技术进步的步伐加快、社会人口的整体素质不断提高、社会就业较为充分、社会分配关系合理、生态环境不断改善、社会福利不断增进。

还有读者问:"三个代表"重要思想的精神实质如何理解?反腐败斗争中的"长期性""艰巨性"如何把握?

来自纪委的专家回答:无论是体制、机制建设,还是社会道德的建立与个人素养的形成,都要经历过漫长的发展过程。因此,对它的改变就需要付出不懈努力,做好长期斗争的思想准备。例如,建立公职人员财产申报制度,有助于对公权力的监督检查。但是,财产申报制度的实施,必须与公职人员财产状况公开一起,审查或核查等手段都只是配套服务中的一部分。只有当整个社会的人普遍把财产存于金融机构,通过金融的内部网络,并在国家的监管下以非现金方式实现流通,才有可能对其实行全面监督。否则，即便制度建立起来，也难以真正发挥作用。我国是发展中国家，这样的条件是需要经过长期的发展逐渐建立起来的。

第六节　科学发展观的理论传播

2003年2月，一场突如其来的"非典"疫情肆虐神州大地。中央在领导人民群众战胜这场疫情的同时，也深化了对于"城乡差别、地区差别，以及经济与社会发展不协调"这些问题的认识。同年4月，胡锦涛在广东考察时发表了重要讲话，强调要"坚持全面的发展观"。2003年夏秋之际，胡锦涛在江西考察时又进一步提出：要牢固树立协调发展、全面发展、可持续发展的科学发展观。

2003年10月，党的十六届三中全会强调，要坚持以人为本，树立全面、协调、可持续的发展观，促进经济社会和人的全面发展。2007年的党的十七大将科学发展观正式列入党章，同时对全体党员提出了学习新党章的要求，即在全面认识与把握科学发展观的科学内涵和精神实质的基础上，在日常工作中自觉贯彻科学发展观，并将其落实到各个方面。

对于科学发展观，《解放日报》在报道和解读中给予了极大的热情。以"科学发展"为关键词，检索2002—2012年的数据库，可以看到较高的报道频率，2004年后表现得尤为明显。（见图3）

学者们普遍肯定，科学发展观反映了我们党对当前我国发展过程中

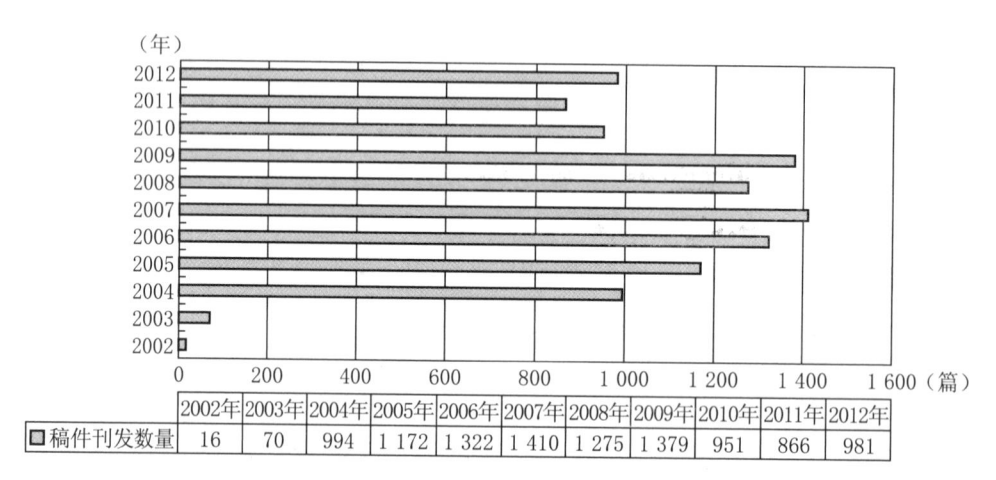

年份	2002年	2003年	2004年	2005年	2006年	2007年	2008年	2009年	2010年	2011年	2012年
稿件刊发数量	16	70	994	1 172	1 322	1 410	1 275	1 379	951	866	981

资料来源：《解放日报》全文数据库，1997—1998年。

图3 "科学发展"关键词文章检索数量

存在的矛盾的深刻认识。它在发展模式选择上有力地回应了实践和认识领域中"市场神圣论""增长决定论""发展代价论""中国威胁论"等论调，对社会主义与市场经济如何结合提出了明确的政策主张。但在具体的研究领域，不同学者也有不同的阐发和思考。

一、什么是发展

《解放日报》在宣传、解读和阐发科学发展观的过程中，敏锐地关注到了邓小平发展思想的传承性与发展性的一面，并结合新时期我国经济社会发展不足与不当等问题，剖析了全面、协调、可持续的深刻含义。

有学者分析提出，马克思主义的发展理论认为，社会发展的最终目的是人的全面发展，其中人与自然和谐相处是可持续发展的保障。这一解说明确了科学发展观的理论基础。①有观点提出，社会的制度改革任务刚刚开始，经济发展不会自动推进社会发展，这是发达国家在发展过程中得出的两条重要经验和教训。②

2007年2月19日，"新论"版推出上海社会科学院专稿指出，"科学发展观"与邓小平发展思想一脉相承。它是对中国改革和现代化事业所面临挑战与机遇的积极回应，开始反思仅仅以经济指标来衡量社会发展的历史阶段。

在党的十六届三中全会报告中，对改革开放以来的25年发展经验做出了总结，对科学发展观做了深刻阐述。对此，有学者在《解放日报》上撰文予以系统解释，提出了统筹区域发展、城乡发展、经济社会发展、国内发展和对外开放、人与自然和谐发展等观点。③

民生福利是发展的重要内涵。有人注意到，进入21世纪以来，"发展不足"的问题得到缓解，但提高了的生产力尚不足有效满足人民的生活需要。有鉴于此，有必要注重民生和公共福利的提高。它在一定程度上是对片面追求GDP发展观的一种纠正。④

还有观点提出，许多国家劳动力的65%—80%集中在自由职业、中小微企业；如果担心失业危及社会稳定的话，那么一条重要的发展之策就是发展个体工商户、微型企业和中小企业。⑤

---

① 刘世军、计海庆：《马克思主义发展观的新自觉》，《解放日报》2005年12月19日。
② 刘瑞：《准确把握中国经济发展的阶段性特征》，《解放日报》2005年10月6日。
③ 冯之浚：《落实科学发展观的重大战略》，《解放日报》2004年12月20日。
④ 任远：《改善民生需要树立正确的"四观"》，《解放日报》2007年10月24日。
⑤ 周天勇：《政策联动，迈出科学发展实质步伐》，《解放日报》2005年12月6日。

二、什么是"人本"

科学发展观第一次用"以人为本"来表述我们党的发展理念。但是，由于这个口号历史上曾为不同阶级、集团主张过。因此，在对"以人为本"的内涵理解上，相关认知还存在一些误区。这里面，有两种倾向需要引起注意：一种是把以人为本泛化，离开中国最大多数人；另一种是把含义窄化，简单地把以人为本仅仅理解为"为了谁"的问题。[①]

梳理《解放日报》刊登的学者论述，可以发现一个共同强调的重点，即科学发展观坚持以人为本，主要是针对传统发展观重物不重人而提出的。

早期"发展"的中心是"物"，围绕GDP展开，对物质生产以及服务总量的提高尤为重视，积累物质资本就成为实现这个目标的唯一途径，于是就出现了大规模扩大投资以促增长的局面。而事实上，以"人"为中心的发展战略要求通过扩大人类尚未发挥出来的才能而发展其潜力。[②]

坦率地讲，在我国的发展中，由于主客观因素的制约，重物不重人的倾向一定程度上广泛存在。同时，从短期的发展来看，经济增长独立于人类发展，有时会发生矛盾。例如，资金有限时，政府就会面临着促进增产，或发展教育的二选一的选答题，这常常会发生分歧。

但从长期来看，经济增长与人类发展是一个互补、互助的关系。一

[①] 庞元正：《如何理解以人为本的科学内涵》，《解放日报》2006年3月13日。
[②] 胡鞍钢：《一种"以人为本"的新发展观》，《解放日报》2003年7月21日。

方面，经济增长主要反映为商品和劳务的增长、衣食住行质量提高、医疗卫生水平的提升。这是社会发展所需的资源。另一方面，社会发展提升了人的技能、知识素养，增强了社会的保障能力，这些因素反过来会促进经济的持续增长。这种有机联系，与社会财富公正分配、公共服务均等化获取的实现程度，有着内在的一致性。

此外，广泛实施人力资源开发战略，也是新形势下缩小地区差距的优先战略，以及推动科学发展的内在要求。

还有学者从"以人为本"与加强党的执政能力建设的内在统一角度出发，提出"以人为本"的个层面：一是理想层面，即以解放全人类为目标，实现人的自由发展；二是现实层面，即坚持立党为公、执政为民，代表我国最广大人民的根本和长远利益。①

三、什么是和谐

在社会主义和谐社会的解读上，《解放日报》展开了形式多样的努力。其中，通过读者提问的方式，邀请专家学者进行解读，包括《和谐是不是彼此"无差别"》《"和谐"是否就是告别"斗争"》《构建和谐社会就是"花钱买太平"吗》《和谐文化等同于先进文化吗》《改革会不会干扰社会和谐》。相关问题和论述，抓准了"和谐"概念的本质和时代特性，达到了较好的传播效果。

有学者提出，社会主义和谐社会的和谐，是基于市场经济基础之上

---

① 陈章亮：《人民利益高于一切》，《解放日报》2004年12月6日。

的和谐，其建立的基础就是市场差异带来的"和谐"。社会主义和谐社会的架构，不是简单地拉平社会差异，而是在承认与尊重差异的基础上，在追求个体不同个性、不同群体特长的发挥过程中，实现自我价值和目标。①

为了保持差异与和谐之间"必要的张力"，需要以制度性安排来予以调节。例如，从横向看，社会公平的建立，包括社会经济利益公平、社会政治权益公平、公民个体享有平等使用社会公共产品的权利；从纵向看，社会公平包括机会享有公平、起点享有公平、竞争过程公平、检测结果公平。实现分配结果的公平的基础是经济体制改革。事实上，政治、教育、医疗卫生、社会保障等体制改革的成功，才是确保机会公平、起点公平、过程公平的保障。构建社会主义和谐社会，必须将隐藏的社会体制弊端予以革除，这样才能端正因果联系，相互配合、根据事物的轻重缓急需要，推进改革的进行。②

有学者认为，变革导致的利益矛盾和冲突是难以避免的。无视或者掩饰解决不了问题，反倒可能出现矛盾激化，甚至引发社会危机。建议用有效的制度安排来容纳和规范利益表达，推进社会的组织化进程，并完善公正的政策体系，尤其要引入社会援助、疏导等手段。③

此外，还有理论工作者找到了一个"从转型社会走向和谐社会"的研究视野。文章的核心观点是，当前我国社会发展的显著特点就是，在

---

① 顾骏：《差异与和谐的必要张力》，《解放日报》2014年11月15日。
② 庞元正：《奏响和谐新曲——论探索构建社会主义和谐社会的新路径》，《解放日报》2005年2月25日。
③ 何精华：《和谐社会进程中的利益协调》，《解放日报》2005年9月5日。

社会转型的过程中,逐渐实现社会和谐。发展中的变化尤其在社会群体、组织的表现非常突出,社会结构、社会价值等方面的变化更加明显。第一,社会结构在发展中逐渐发生分化,并重新培育新的社会体制;第二,社会组织的分化促使社会功能进行新的拓展;第三,社会群体分化是为了更好协调社会利益;第四,社会价值的变迁促进了社会伦理道德的重建。

而要推进这一现代化转型,必然要求全社会的参与,以及人们的活力与自主创新力被激发出来;从"单位人"到"社会人"的变迁中,必然要求重建新的社会联系和组织活动方式,需要培育大量新的社会组织和社区组织。[1]

四、什么是核心价值

在"科学发展观"与"社会主义和谐社会"两大主题之外,《解放日报》还对两大主题做了深入的阐述和积极的宣传。

有学者研究认为,之所以要整合重构核心价值体系,其目的是为了引导价值回归,促进新理念的融合与统一,形成一个为全社会所共享和共同接纳的新的核心价值体系,这就是新时代的社会主义核心观。回归,就是要回归到社会主义的本来实质上;融合,就是要真正打破各种界限,形成全社会普遍共享的观念。[2]

---

[1] 徐中振:《从转型社会走向和谐社会》,《解放日报》2005年4月11日。
[2] 周健:《着力构造和谐社会思想引擎》,《解放日报》2007年5月1日。

有学者提醒，当前的中国特色社会主义建设，应特别注意与其他所谓的社会主义称谓区分开来。例如，民主社会主义脱胎于早期社会主义运动，诞生于西方发达社会，其基本内涵与定义都与中国特色社会主义的含义相去甚远。民主社会主义，不是简单的"民主+社会主义"。这是意识形态问题，而不是数据命题。它实则上是资本主义的改良产品。由于中国没有经历资本主义社会的发展过程，中国的资本主义发展并没有形成系统，因此，我们也就不存在改良资本主义的问题。同时，将我们与经济水准远高于中国、资源条件比中国优越的国家进行比较，无疑是不负责任的。强行为中国发展树立"范本"，更不是唯物主义的客观态度，我们应当警惕这种新的洋教条说教。①

总之，在科学发展观的理论传播中，《解放日报》积极传递中国马克思主义的最新成果，积极传递发展、和谐的信心和理念，并在核心概念的解析与传播上发挥了独特作用。

第七节　习近平新时代中国特色社会主义思想的理论传播

2012年11月8日，中国共产党第十八次全国代表大会在北京召开。大会选举了新一届中共中央领导层，包括中央委员会委员、中央候补委员、中央纪律检查委员会委员。在之后召开的中央委员会上，习近平同

---

① 孙力：《毫不动摇地坚持和发展中国特色社会主义》，《解放日报》2007年7月13日。

志当选为中央委员会总书记。①

　　站在新的历史起点上，以习近平同志为核心的党中央科学把握当今世界和当代中国的发展大势，顺应实践要求和人民愿望，推出一系列重大战略举措，出台一系列重大方针政策，推进一系列重大工作，解决了许多长期想解决而没有解决的难题，办成了许多过去想办而没有办成的大事，进一步坚定了中国特色社会主义道路自信、理论自信、制度自信、文化自信，增强了全党全军全国各族人民全面建成小康社会、实现中华民族伟大复兴中国梦的信心和底气。

　　特别是，以习近平同志为主要代表的中国共产党人，顺应时代发展，从理论和实践结合上系统回答了新时代坚持和发展什么样的中国特色社会主义、怎样坚持和发展中国特色社会主义这个重大时代课题，创立了习近平新时代中国特色社会主义思想。

　　习近平新时代中国特色社会主义思想是对马克思列宁主义、毛泽东思想、邓小平理论、"三个代表"重要思想、科学发展观的继承和发展，是马克思主义中国化最新成果，是党和人民实践经验和集体智慧的结晶，是中国特色社会主义理论体系的重要组成部分，是全党全国人民为实现中华民族伟大复兴而奋斗的行动指南，必须长期坚持并不断发展。②在习近平新时代中国特色社会主义思想指导下，中国共产党领导全国各族人民，统揽伟大斗争、伟大工程、伟大事业、伟大梦想，推动中国特色社

---

① 《党的十八届一中全会产生中央领导机构　习近平任中共中央总书记中央军委主席》，《人民日报》2012年11月16日。

② 《中国共产党章程》，《人民日报》2017年10月29日。

会主义进入了新时代。

一、中国梦是个什么样的梦

党的十八大以来，中国梦以其清新的理念和亲和的风格，激起了亿万国人的共鸣，迅速成为当代中国马克思主义传播领域的一大热词。由《光明日报》理论部、中国人民大学书报资料中心和《学术月刊》编辑部主办并评选的 2013 年度中国十大学术热点，就把"民族复兴与中国梦研究"列为首位。

在经济社会发展关键时期，中国梦生动形象地表达了中国人的共同理想追求，有助于形成和凝聚新的共识。而面对"中国崛起"和"中国威胁"相互交织的国际舆论环境，中国梦又有助于向世界说明中国的理想和价值，塑造崛起中的新型大国形象。可以说，作为一种价值引领的中国梦，是当代中国理论自信和实践自觉的最新提炼和表达，为坚持和发展中国特色社会主义注入了强大的新能量和新活力。

一开始，外界对中国梦存在一些误解。例如，以为中国梦就是中国的梦。受西方思潮影响，一些人有意无意地把人民与国家对立起来。一些外媒更是把中国梦翻译为 China's Dream（中国的梦），而非 Chinese Dream（中国人的梦），甚至认为中国梦的实现是以牺牲民众利益为代价的。还如，猜测中国梦就是要恢复汉唐盛世，甚至复活朝贡体系。这种误解，会助长一些人乘机将中国梦与"中国威胁论"画上等号。

其实，中国梦的提出，表明中国对内要改变单纯以经济建设为中心的局面，以务实的理想主义坚定走中国特色社会主义道路的信心和决心，对外要致力于推进国际关系民主化，实现东西方大包容、南北大均衡，实现人类共同体的世界梦。

中国梦始于伟大复兴，是对中国人民丰富理想的高度提炼与概括。广义上，它集国家梦、民族梦、人民梦三位一体，是一个有机的统一体，与国家富强、民族振兴、人民幸福相对应，体现了"国"与"家"的命运共同体意识。狭义上，它指的是两个"一百年"的目标。

(一) 中国梦是万众一心的共同理想

梦想，寄托着人们最美好的愿望。国家的梦想，更是与每一个公民的切身利益息息相关。但是，如果梦想只是停留在现象中，而不是转化为努力的动力，最终可能止步于尝试。[①] 梦想只有成为清晰的思想意识和坚定的理想信念，成为人民的思想共识和具体行动，才能付诸行动，成为变革的力量。

在当代中国，中国梦的具体实现形式是：在全民族的共同努力下，把我国建设成为富强民主文明和谐美丽的社会主义现代化强国。这是中华民族共同的理想与愿望，寄托着集体记忆和昂扬斗志。

(二) 中国梦是人民的梦

中国梦的精神实质是国家富强、民族振兴、人民幸福。这不是简单的口号，而是党和政府对人民的庄严承诺，是掷地有声的使命担当。它把中国的历史、现实和未来融为一体，即凝聚着历代志士仁人的梦想，又反映了当代中国的追求。它是每一个中国人的梦。一句"国家好，民

---

① 王包泉、张加才、袁本文主编：《形势与政策简论》（第4版），清华大学出版社2015年版，第123页。

族好，大家才会好"，抓住了"家国梦"这个最大公约数。当个人的梦与国家梦想、民族梦想相结合，并达至统一时，个体之梦就与国家、民族相依相成、相互促进。国家不强、民族不兴，人民哪有幸福可言；国家强、民族兴，则人民安居乐业。这是人民最大的福祉，是真正的"太平盛世"。它需要人民来实现。人民是历史的创造者，是社会财富的创造者，是社会变革的决定力量。我们必须发扬主人翁精神，在中国特色社会主义伟大事业中贡献自己的力量。

（三）中国梦植根于中国

它不是美国梦的翻版。由于中美两国的历史、地理、人文环境、价值观念等方面的差异，中国梦和美国梦各有特点，最明显的在于价值观念的差异。美国梦的核心是通过个人奋斗实现所谓自由、民主，个人主义是其灵魂。中国梦的核心是实现集体或整体的价值，个人梦想是共同理想的具体表现和组成部分。

如何才能真正实现中国梦呢？郑必坚在《解放日报》的访谈中表示，必须做到"知""行"统一。梦想的实现，需要众志成城、凝聚力量，才能在追梦的道路上攻坚克难。还有观点认为，中国梦的实现，需要以中国道路来做支撑，以中国特色社会主义理论为指导，以中国特色社会主义制度为保障。最重要的是，只有获得最广大人民群众的认可与支持，才能万众一心、披荆斩棘、应对各种挑战。[1]同时，坚定不移地改革开放，是中国梦不可或缺的要素；树立和落实社会主义核心价值，方能真正稳固中国梦。同时，加强党的执政能力建设，是实现中国梦的核心与

---

[1] 辛向阳：《实现中国梦要坚持"五有"》，《北京日报》2013年4月15日。

关键。

2013年10月26日,李君如在上海市马克思主义论坛上的一篇演讲见诸《解放日报》。文中,就中国梦涉及的几个基本问题,谈了一些研究上的心得体会。[①]

演讲一开始强调,民族复兴之梦,是一种具有广泛性的民族追求。还记得,在上海举办世博会期间,曾经讲到1910年一位出生在现今上海市青浦区的32岁青年作家陆士谔创作了一部小说叫作《新中国》。主人公陆云翔在醉梦中与妻子李友琴游览100年后在上海举办的"万国博览会"。这件事反映的就是当年中国人的中国梦。

1932年11月,在全国享有盛誉的《东方杂志》发起过一场主题为"于1933年新年大家做一回好梦"的征文活动,征求两个问题的答案:(1)梦想中的未来中国是怎样?(2)个人生活中有什么梦想?由此引发了一场前所未有的征"梦"活动。此后,1933年出版的《东方杂志》头两期以大篇幅刊出了144人的"梦想",其中包括柳亚子、巴金、邹韬奋、郁达夫、老舍、林语堂、梁漱溟等大批尽人皆知的知识分子。作为20世纪30年代思想文化界领军人物的鲁迅没有参加这次征文,但当他看到专栏后,写下了一篇题为《听说梦》的杂文:"他们不是说,而是做,梦着将来,而致力于达到这样一种将来的现在。"这说明,中国梦确实是"几代中国人的夙愿"。

但是,人们也注意到,并非所有的梦想都是合理的、正确的。毛泽东曾对中国革命中出现的种种空想类型的中国梦作过深刻的批判:

---

① 李君如:《中国梦与马克思主义中国化》,《解放日报》2013年10月26日。

一是不问政治的"幼稚的梦"。自从中国在1840年鸦片战争中战败，对于怎么改变中国积年形成的落后挨打的局面，一代又一代爱国志士提出了"实业救国""科学救国""教育救国"等各种各样的民族救亡和振兴的设想，有的还义无反顾地付诸行动。但是，实践使他们处处碰壁。

毛泽东在党的七大上指出："在一个半殖民地的、半封建的、分裂的中国里，要想发展工业，建设国防，福利人民，求得国家的富强，多少年来多少人做过这种梦，但是一概幻灭了。许多好心的教育家、科学家和学生们，他们埋头于自己的工作或学习，不问政治，自以为可以所学为国家服务，结果也化成了梦，一概幻灭了。这是好消息，这种幼稚的梦的幻灭，正是中国富强的起点。"

二是"学西方的迷梦"。长期以来，我们许多人以西方列强为参照物，设计和提出种种改变国家落后命运的设想，以为中国的前途就在"向西方学习"中。毛泽东是这样描述当年的这些情景：只要是西方的新道理，什么书也看。向日本、英国、美国、法国、德国派遣留学生之多，达到了惊人的程度。国内废科举，兴学校，好像雨后春笋，努力学习西方。学了这些新学的人们，在很长的时期内产生了一种信心，认为这些可以救中国。但实际情况是，"中国人向西方学得很不少，但是行不通，理想总是不能实现。多次奋斗，包括辛亥革命那样全国规模的运动，都失败了。国家的情况一天比一天坏，环境迫使人们活不下去。怀疑产生了，增长了，发展了"。特别是，"很奇怪，为什么先生老是侵略学生呢？"帝国主义的侵略，打破了中国人学西方的迷梦。因此，一味向西方学习的梦，是一种"迷梦"，而不是我们要的中国梦。

三是资本主义救中国的"梦呓"。在民族复兴的历史进程中，始终有一个声音：发展资本主义，走资本主义道路，是中国改变贫穷落后面貌的出路。一直到中国革命胜利的曙光已经出现在我们面前的时候，还有人主张走所谓的"第三条道路"。这种"第三条道路"，认为中国可以在经济上实行计划经济，在政治上应该实行西方的民主政治。然而，辛亥革命的失败告诉人们，资本主义不能救中国；抗日战争胜利后两种命运的决战又告诉人们，"第三条道路"走不通。毛泽东在《新民主主义论》中指出，现在的世界潮流决定了，要在中国反帝反封建胜利之后，再建立资产阶级专政的资本主义社会，岂非是完全的梦呓？

四是"左"倾的"纯主观的想头"。在中国这样一个曾经以小资产阶级人口占多数的国家，在革命的低潮和高潮中都会出现"左"的倾向甚至思潮。在大革命失败后，我们党内出现了混淆民主革命与社会主义革命的"一次革命论"；在抗日战争中出现了"举政治革命与社会革命毕其功于一役"的观点；在解放战争时期又出现了由封建经济直接发展到社会主义经济，中间不经过新民主主义经济的民粹主义。这些"左"的观点，充满了理想主义色彩，都希望中国快一点发展到社会主义。但是，由于它们脱离了中国的基本国情，违背了社会发展的客观规律，给党的事业带来了损失。毛泽东对此十分警惕，并在《新民主主义论》中指出，这是"纯主观的想头"，是"空想"。他强调："只有经过民主主义，才能到达社会主义，这是马克思主义的天经地义。"

毛泽东的这些论述深刻地揭示，任何脱离中国实际的梦想，都是无法实现的空想。李君如认为，习近平总书记提出的中国梦，是马克思主义所揭示的符合人类社会发展规律的"进步人类梦想"与中国实际相结合的中国梦。中国梦的提出，是用目标来凝聚人心、动员人民、组织队伍。它以生动形象的语言，反映了近代以来在中国社会内部涌动着并紧密结合在一起的爱国主义和社会主义这两大进步思潮的要求，凝结着近代以来中国志士仁人的理想、当代中国的追求和未来中国的走向，是连接中国的历史、现实和未来的民族复兴之梦。从中可以体会出，中国梦的提出，本身就是对马克思主义中国化经验的应用。

实现中华民族伟大复兴，是不是要恢复过去的疆域版图？石仲泉认为，中华民族的伟大复兴，不是要恢复古代中国鼎盛时期的疆域版图。历史过去几百年，疆域沿革变化很大。我国遵守通行的国际法律法规，不可能去改变现在各国的疆域。①当然，我们也决不容许别的国家无理挑衅。对于我们国家的神圣领土和领海，我们将坚决捍卫，一寸也不能丢。

石仲泉指出，我们讲的实现中华民族伟大复兴，是要使中华民族跻身于世界先进民族行列，为人类作出贡献的份额尽量增大。比如科技水平，当代中国科技的总体水平肯定比古代中国要高出许多，但是当代中国科技的总体水平与当代世界发达国家科技的总体水平相比却落后许多，因而对人类贡献的份额比起古代中国来小了许多。实现中华民族的伟大复兴，就是要像当代发达国家那样对人类的贡献占很大份额。这就是说，我们所讲的实现中华民族的伟大复兴，主要是在对人类文明的贡献率的意义上讲的。这是它的要义。当然，要像古代中国盛世那样达到一半以上，也不一定现实。但与我国人口占世界人口的比率大体相当，乃至超过一些，还是有可能的。既然如此，实现中华民族伟大复兴，就不仅仅

---

① 石仲泉：《中国共产党与民族复兴中国梦》，《解放日报》2013年7月1日。

是复兴历史盛世,更重要的,或者更准确地说,是超越历史盛世。

二、为什么要以人民为中心

党的十八大以来,基于对国情世情党情的深刻认识,以及对共产党执政规律、社会主义建设规律和人类社会发展规律的深化认识,以习近平同志为核心的党中央形成了一系列治国理政新理念新思想新战略。其中,2016年1月18日,习近平总书记完整阐述的践行"以人民为中心的发展思想",尤为值得关注。

虽然在不同时期,党的思想理论体系有不同表述,但以人民为中心的思想始终未变。毛泽东提出"人民群众是历史的创造者",群众路线成为毛泽东思想"活的灵魂"的三个基本方面之一。邓小平根据人民要发展的强烈愿望,提出了"以经济建设为中心"等党在社会主义初级阶段的基本路线,明确提出加快改革开放和经济发展,目的都是满足人民日益增长的物质文化需要。江泽民强调,中国共产党要始终代表中国最广大人民的根本利益。胡锦涛提出以人为本的科学发展观,重申全心全意为人民服务是党的根本宗旨,党的一切奋斗和工作都是为了造福人民。党的十八大以来,习近平总书记明确提出"以人民为中心的发展思想"。可以说,中国特色社会主义现代化每一次社会实践的重大进步,必然伴随党的理论的发展,而人民是贯穿这些思想理论的一条"红线"。

清华大学国情研究院院长胡鞍钢,作为专家咨询委员会委员,参与了国家"十一五""十二五""十三五"规划的起草工作。他认为,"以人民为中心的发展思想"超越二元对立,实现了国家利益和人民利益的高度统一。①

那么，如何正确认识习近平总书记提出的"以人民为中心的发展思想"的新内涵？

第一，发展的目的是为了实现人的全面发展。这是中国共产党区别于其他政党最重要的理念。我们党提出的发展，落脚于人的全面发展。它既包括经济、社会、政治、文化、生态文明"五位一体"全面发展，也包括每个具体的人的全面发展。

第二，发展的实质是人民的现代化，而不仅仅是物质的现代化。人的现代化本质上是13亿中国人的人力资本投资，即在不同年龄阶段，通过人力资本投资来促进人的全面发展，服务于人生命全周期的物质、精神、社会、文化等要素的现代化跃迁。因此，在发展的过程中，我们要将人作为出发点、落脚点和核心点。

第三，发展的主体是人民，发展的本质是人民实现自由的扩展。在这一过程中，任何人的发展都需要他人发展的帮助，任何人的发展本身也会对他人发展产生外溢性，从而形成彼此之间发展的互补性和关联性。这使得发展不只是个人的自由发展、全面发展，还要有与他人的分享发展、共同发展。这种"发展共同体"，不仅是13亿中国人构成的利益共同体，还可能超越国家和群体之间的壁垒，形成将更多的人联系在一起的人类命运共同体。

第四，发展的根本动力是调动人民的积极性、创造性。过去，我们强调比较多的是调动人民的积极性；现在，还应该更多强调人民的创造

---

① 胡鞍钢：《"以人民为中心的发展"为何值得关注》，《解放日报》2017年6月20日。

性。国家治理现代化的最终目标，正是不断调动人民的积极性，不断解放人民的生产力、创新力、创造力。我们要把人民目标与国家目标相结合、人民利益与国家利益相结，实现理念相容、目标相容、动机相容、行动相容。

第五，以人民为中心的发展必须坚持党的领导。1949年之前的中国，是一盘散沙的中国。如何解决"一盘散沙、四分五裂、一大二弱"的问题？毛泽东强调，我们应当把全中国绝大多数人组织在政治、军事、经济、文化及其他各种组织里，克服旧中国散漫无组织的状态，用伟大的人民群众的集体力量，拥护人民政府和人民解放军，建设独立民主和平统一富强的新中国。今天，我们可以看到，实现国家利益和人民利益的高度统一，正是中国共产党不断取得成功的重要经验。它超越了一般的国家与社会、国家与人民二元对立的理论。

胡鞍钢认为，习近平总书记"以人民为中心的发展思想"，既集大成，又自成体系；既解决当前突出的问题，又着眼于大局有利于长远。它针对当前我国发展面临的突出问题和挑战提出战略指引，集中反映了我们党对经济社会规律认识的深化，是我国发展理论的又一次重大创新，也是关系到我国乃至全球发展的一场深刻思想改革。它是我们党治国理政之魂，也是构建人类命运共同体之魂。它既丰富了中国特色社会主义理论体系的内涵，又为世界发展提供了"中国思想"。

还有学者强调，坚持以人民为中心的发展思想，就必须把人民利益至上视为核心价值追求。在部署经济工作、制定经济政策、推动经济发展时，把真正增进人民福祉、促进人的全面发展，以及朝着共同富裕方向稳步前进，作为经济发展的目标导向，进而使全体人民在发展中有更多获得感。为此，在谋划改革方案和政策时，要关注群众多方面、多层次需求，创新方式方法，多用善用会用多予少取、放活普惠的办法推进改革，谋民生之利、解民生之忧。①

同时，一个社会是不是真的发展进步，关键在于人民的幸福感、获得感有没有真正提升。这里面，人民是我们党工作的最高裁决者和最终评判者。如果自诩高明、脱离了人民，或者凌驾于人民之上，就必将被人民所抛弃。这是历史发展的铁律，古今中外概莫能外。

三、如何更好地治国理政

党的十八大以来，以习近平同志为核心的党中央形成了符合客观实际、体现发展规律、顺应人民意愿的治国理政新理念新思想新战略。"治国理政"作为一个政治和学术的"热词"，被赋予了丰富的内涵和意义。

同济大学教授李振认为，治国理政思想是以"中国梦""三大规律""四个全面""五大发展理念""五位一体"等理论和实践命题展现出来的。这些命题和判断无不围绕全面推进"中国特色社会主义制度优越性"展开，是一种历史逻辑、理论逻辑和实践逻辑相互贯通的立场。上海师范大学教授汪青松指出，治国理政思想从中国特色社会主义与民族复兴中国梦的主题上，对什么是社会主义、怎样建设社会主义和实现什么样的民族复兴、怎样实现民族复兴等问题作了回答，架构起坚持发展中国

---

① 王国平、王公龙：《以百姓心为心，担负起执政历史使命》，《解放日报》2016年10月18日。

特色社会主义与实现中华民族伟大复兴中国梦的理论体系,把中国特色社会主义理论提升到了新境界。

《解放日报》党委副书记周智强认为,习近平治国理政思想有着鲜明的文化风格。在战略担当上,担负使命,舍我其谁;在战略情怀上,圆梦中国,志向高远;在战略起点上,直面问题,改革攻坚;在战略智慧上,看管总远,方法先行;在战略思维上,科学缜密,以一当十;在战略基础上,从严治党,固本强基;在战略重点上,反腐倡廉,正风肃纪;在战略表述上,言近旨远,明晰机智;在战略文化上,重视传统,价值引领。①

有权威学者联系社会实践和时代大潮,在《解放日报》上及时梳理提炼了习近平治国理政思想的 8 个显著特点:②

一是以人民为主体。"以人民为主体"是治国理政的基本原则,是习近平治国理政中处理各种复杂问题的出发点和落脚点。这一原则不是一句空话,而是有着具体内容和要求的重要思想,包括要"把群众路线贯彻到治国理政全部活动之中",坚决克服脱离群众的形式主义、官僚主义、享乐主义、奢靡之风;包括"必须充分发挥工人阶级的主力军作用""必须紧紧依靠工人阶级发展中国特色社会主义";也包括要"重视青年、关怀青年、信任青年,对青年一代寄予殷切期望";等等。

二是实干兴邦。务实,是习近平总书记的从政特点。无论是他在福建工作时出版的《摆脱贫困》,还是他在浙江工作时写下的《之江新语》

---

① 《治国理政与马克思主义新境界》,《解放日报》2017 年 3 月 16 日。
② 李君如:《搞活,不能搞乱;治乱,不能治死》,《解放日报》2016 年 3 月 1 日。

中，都可以看到这一鲜明特点。在他担任党的总书记和国家主席后，这一思想作风、工作作风成为他治国理政的风格和特点。如果说论述反映了他的思想，那么党的十八大以来他的行动则进一步体现了实干的治国理政风格。第一步，在党的十八大确定了全面建成小康社会和全面深化改革开放的目标；第二步，在大量调查研究基础上进行决策，并通过党的十八届三中、四中全会制定全面深化改革和全面推进依法治国的目标任务和路线图；第三步，在两次中央全会后立刻给各部委分解任务，形成落实意见；第四步，制定落实改革每一项任务的实施意见，一项一项抓落实；第五步，以创新、协调、绿色、开放、共享发展的新理念提出编制"十三五"规划纲要。因此，无论是改革，还是反腐败，习近平总书记这几年都是雷厉风行地抓、踏踏实实地干，这是大家有目共睹的事实。

三是战略目标和战略举措相协调。为实现党的十八大提出的战略目标，以习近平同志为总书记的党中央采取了一系列重大步骤：其一，思想先行，统一全党和全国人民思想。其二，大力整顿党的作风和干部队伍，雷厉风行而不是姑息迁就地进行反腐败斗争，形成全面从严治党的治党格局和治党思路。其三，在处理内政外交国防和治党治国治军各种复杂问题时，高瞻远瞩、驾驭全局，条分缕析、精心谋划，作出一系列重要决策。习近平总书记在江苏考察调研时提出了全面建成小康社会、全面深化改革、全面推进依法治国、全面从严治党这"四个全面"，并在中央党校举办的省部级主要领导干部专题研讨班上把这"四个全面"定位为党中央的战略布局。这"四个全面"战略布局，是战略目标和战略举措相协调的治国理政战略布局。

四是经济新常态和创新驱动相互促进。在中国这样一个发展中国家治国理政，必须始终坚持以经济建设为中心。经过改革开放 30 多年的快速发展，我国经济结构和增长方式进入周期性调整阶段力。习近平总书记作出了"经济新常态"这一大判断，强调要通过深化改革调结构、稳增长、保民生。同时，他经过深入调研和思考，认为要推动经济持续健康发展关键在创新，提出要用创新驱动取代要素驱动的新思路，把"互联网+"看作创新、创业的无限空间，明确要以同现代化、信息化相联系的创新、创业来破解经济新常态下经济发展遇到的各种复杂问题。诸如此类决策和举措，应该是习近平治国理政思想的重要组成部分。

五是制度现代化和人的能力现代化相结合。在对历史经验总结的基础上，我们进一步认识到，国家建设和治理应该把制度的因素和人的因素结合起来。因为，如果只有制度的变革，而没有人的能力提升，制度的完善和发展、治理体系的现代化都有可能成为一纸空文。在习近平治国理政思想中，始终是把制度现代化与人的现代化，包括人的素质、能力和价值观建设结合起来推进的。这是一个亮点。

六是治国、治党、治军相辅相成。在治国与治党关系上，习近平总书记秉持的理念是"治国必先治党，治党务必从严"。在治党问题上，敢于下"先手棋"，形成强大的震慑力，是习近平治国理政思想的一大特点。治党是治国、治军的"牛鼻子"。党的十八大以来，党中央在党的建设问题上，一手抓思想作风建设，一手抓反腐败斗争，"老虎""苍蝇"一起打，整肃党风党纪。由于治国、治党、治军相辅相成，在从严治党、从严治军中重建国家健康的政治生态，取得了明显的进展。

七是在优秀传统文化和现代化思想相融合中培育全社会核心价值观。

党的问题、军队问题和社会问题相联系。社会问题中,最为深刻的是价值观问题。在改革开放新时代,固守不合时宜的传统文化和传统价值观,没有出路;纵容不合国情的西方价值观,也不是活路。弘扬中华优秀传统文化,学习反映时代进步潮流的现代化思想,并把两者有机结合起来,培育和践行社会主义核心价值观,才是中华文明复兴的希望所在。

八是刚柔相济参与全球治理。党的十八大以来,以习近平为总书记的党中央始终不渝坚持走和平发展道路,以新的形象、新的姿态广交朋友、拓展国际空间。提出"一带一路"战略,建立亚投行和金砖国家开发银行,实施一系列对外开放的新举措,刚柔相济参与全球经济治理,产生了重大的影响。

还有学者梳理了治国理政的实际效果。特别是党的十八大以来,党的领导体制机制进一步完善,党中央总揽全局、协调各方的领导作用得到有效发挥。[①]

一是中央纪律检查委员会、中央书记处、全国人大常委会、国务院、全国政协、最高人民法院、最高人民检察院党组定期向中央政治局、政治局常委会报告工作。这是保证党的全面领导和集中统一领导的重要制度安排。

二是党中央领导小组工作和协调机制更加健全。领导小组广泛存在于党和国家政治运行过程中,发挥着议事、协调等功能,是党政系统常规治理方式之外的重要领导形式,拥有跨部门的协调权力,是党实现对国家和社会全面领导的重要机制。中央政治局常委分别兼任各领导小组

[①] 刘靖北:《如何理解党的全面领导》,《解放日报》2017年11月21日。

组长、副组长。习近平总书记亲自担任中央全面深化改革领导小组、中央财经领导小组等多个领导小组组长，从体制机制上保障了党总揽全局、协调各方，是坚持和加强党的全面领导的又一项重要制度安排。

三是坚持和完善请示报告制度。在井冈山时期，毛泽东坚持每隔一段时间就向党中央报告工作情况，成为执行请示报告制度的典范。写于1928年11月的《井冈山的斗争》一文，就是交给中央的书面报告。1948年9月，党中央在西柏坡召开中央政治局扩大会议，把党内请示报告制度固化下来，成为我们党沿用至今的重要制度。党的十八大以来，习近平总书记强调严格执行请示报告制度，并采取了一系列举措健全和落实请示报告制度。党的十九大后的第一次中央政治局会议，审议了《中共中央政治局关于加强和维护党中央集中统一领导的若干规定》，规定政治局成员要坚持每年向党中央和总书记书面述职。

四是颁布《关于新形势下党内政治生活的若干准则》《中国共产党党内监督条例》《中国共产党地方委员会工作条例》《中国共产党党组工作条例》《中国共产党工作机关条例（试行）》等，使党委（党组）总揽全局、协调各方的领导核心作用制度化水平进一步提高。

五是对部门和企事业单位党委、党组和基层组织的功能定位进行调整。通过建立健全党的领导体制机制，有效协调国家机构之间的关系，有效统筹各领域各方面工作，使政策的制定和执行更加流畅、高效，有效克服了西方国家分权体制下可能出现的相互否决、治理低效的弊端，彰显了中国共产党全面领导的巨大制度优势。

此外，还有学者尝试探讨了习近平治国理政思想的学术研究改进问题，提醒无论从哪个领域、专业、角度进行都应注意把握以下三个维度：

一是加强治国理政思想的整体性研究,尤其要注意结构和逻辑问题。治国理政的内涵有着相当丰富的内容,必须要具备整体性的方法和视野,才能研究活、研究透。二是加强治国理政思想的历史性研究,尤其要注意与中国特色社会主义理论的一致性、连贯性、发展重点研究。今天研究治国理政,必须把它放到历史发展的洪流中去,放到中国改革开放的历史实践中去,用马克思主义强调发展与联系的眼光去分析问题、钻研问题。三是加强治国理政思想的现实性研究,尤其要坚持问题导向,在实践中不断提升和发展理论研究。①

四、"四个全面"能否达成

党的十八大以来,中央从坚持和发展中国特色社会主义全局出发,提出并形成了全面建成小康社会、全面深化改革、全面依法治国、全面从严治党的战略布局。有学者认为,"四个全面"战略布局,是中国特色社会主义一种新的形态,即战略形态。它同作为中国特色社会主义的实践形态、理论形态和制度形态的中国特色社会主义道路、理论体系和制度一起,共同构成中国特色社会主义形态的完整结构。②

如何理解这一战略形态?"四个全面"战略布局包含着丰富的理论性战略理念、价值取向和思想方法论,也具有战略规划、实施意见和执行机制,以及制度性的规范要求等实践性、制度性相关内涵。因此,它既

---

① 王国平:《把握治国理政思想的三个维度》,《解放日报》2017年4月7日。
② 奚洁人:《"四个全面":一种新的战略形态》,《解放日报》2016年4月12日。

不能全部直接列入理论形态的理论体系，也不等同和归结于实践形态的那些操作性举措，又不完全是制度形态的内容。所以，"四个全面"作为战略布局，同时具有理论和实践的品格，以及制度的元素。

从系统论角度来看，"四个全面"战略布局的每一个"全面"，都是内涵丰富的小系统，即目标系统、动力系统、保障系统和领导系统。其中，全面建成小康社会是目标系统，是中国特色社会主义的定向器，对三大形态的发展具有目标引领和导向作用；全面深化改革是动力系统，是中国特色社会主义的发动机，对三大形态的发展具有内生性的推动和促进作用；全面依法治国是保障系统，是中国特色社会主义的稳定器，对三大形态的发展具有法治规范和法律保障作用；全面从严治党是制导系统，是中国特色社会主义的领导核心和火车头，对三大形态的发展具有政治定轨和全程调控作用。

"四个全面"战略布局，贯穿着马克思主义唯物辩证的思想方法论，充分体现了习近平总书记富有个性的治国理政的大格局、大智慧。

一是坚持"全面而不面面俱到"的战略思维。"四个全面"首先强调"全面"，但全面之中要突出战略重点，要抓住关键性局部，切忌平铺直叙、面面俱到、平均使力。比如，习近平总书记在主持起草全面深化改革决定过程中，就强调过不"十全大补"、不面面俱到。坚持全面从严治党，要求突出"抓住关键少数"，开展群众路线教育实践活动，加强党的作风建设，聚焦突出问题，贯彻"伤其十指，不如断其一指"的战略思维方法等。

二是坚持目标导向和问题导向相统一的创新思维。"四个全面"首先强调和围绕全面建成小康社会的战略目标，用中国梦弘扬中国精神、凝聚中国力量、激发中国智慧，以发挥战略目标的动力牵引和凝聚人心作用。同时，每一个"全面"都具有很强的现实针对性，是对当前我国经济社会发展中存在的突出问题、改革攻坚和加快转变经济发展方式面临的难点问题、干部群众普遍关注的热点问题的积极回应。

三是坚持加强顶层设计和摸着石头过河相统一的辩证思维。战略布局的确立，需要加强宏观思考和顶层设计；战略目标的实现和战略举措的实施，需要坚持摸着石头过河的实践探索精神。"改革开放是前无古人的崭新事业，必须坚持正确的方法论"；"要加强宏观思考和顶层设计，更加注重改革的系统性、整体性、协同性，同时也要继续鼓励大胆试验、大胆突破。"摸着石头过河是富有中国特色、符合中国国情的改革方法，是从实践中获得的真知。因此，各级领导干部既要当改革的促进派，又要当改革的实干家。

那么，"四个全面"战略布局要解决的具体问题包括什么？2015年9月8日，《求是》杂志社社长李捷在《解放日报》发表了题为《践行"四个全面"，要过好"四关"》的文章，予以深入解读：

全面建成小康社会，关键是要顶住经济下行压力，培育新的增长点，实现全面发展、绿色发展、协调发展、统筹发展、有效益可持续的发展；关键是要解决"产能相对过剩问题""三农问题""摆脱贫困问题""社会治理问题""环境治理问题""生产和出行安全问题"。

全面深化改革，要遵循内在的发展逻辑，这就是经济发展新常态。要突出一个核心关系，就是更好发挥市场在资源配置中的决定性作用和更好发挥政府作用。

全面依法治国，有一个立脚点，就是坚持党的领导、人民当家作主、依法治国的有机统一。这里有两个关键问题，一是解决好权大还是法大的问题，把权力关进制度和法治的笼子里；二是解决好政府与社会的关系，法无授权不可为，法定职责必须为。

全面从严治党，有一个两头抓、都要从严从实的问题。一头是抓全党，即要抓住理想信念和作风建设这个关键，补足"钙"，切实树立为民务实清廉的优良作风，坚定不移打好反对"四风"的攻坚战、持久战。另一头是抓"关键少数"，切实落实主体责任，切实反对腐败，切实贯彻八项规定，切实贯彻民主集中制，切实贯彻"三严三实"，营造良好政治生态，使领导干部对党忠诚、个人干净、敢于担当。

李捷还进一步指出，"四个全面"战略布局围绕坚持和发展中国特色社会主义、实现中华民族伟大复兴这个主题主线，集中到一点，就是要做好21世纪中国特色社会主义和21世纪中国的马克思主义这篇既一脉相承又与时俱进的大文章。为此，必须继续过好四个关口：市场经济关、民主政治关、利益调整关、国家治理关。

第一，过好市场经济关，做好社会主义市场经济的完善与发展这篇大文章。当年，资本主义发达国家在过市场经济关的时候，走的是资本主义生产方式、资本主义制度同市场经济结合的道路。这对它们是轻车熟路，因为资本主义生产方式就是商品生产和流通高度市场化、高度社会化的产物。尽管如此，它们也经历了好几次经济危机和社会危机，才建立起高度发达的国内统一市场和世界市场，才实现了区域一体化。如今，过好市场经济关这个问题，客观地摆在我们面前，关键看我们如何应对。我们的国情、社会制度、历史文化传统、发展道路，都决定了不能走西方国家的市场化道路，而必须坚定不移地做好完善和发展社会主义市场经济这篇大文章。

第二，过好民主政治关，做好社会主义民主政治的完善与发展这篇大文章。当年，资本主义发达国家在过民主政治关的时候，走的是多党竞选、三权分立、代议制即资本主义民主政治发展道路。这对它们也是轻车熟路，因为这些政治工具正是处于上升时期的资产阶级对付封建专制或封建王权的有效手段，由此形成了近代以来资本主义国家的政治传统。然而，资本主义民主在当今也遇到了前所未有的挑战。美国政治学家弗朗西斯·福山在《美国利益》双月刊上发表题为《美国政治制度的衰败》的文章，认为美国政治文化的三个主要结构性特征当前都出了问题。一是相对于其他自由民主国家而言，司法和立法部门（也包括两大政党所发挥的作用）在美国政府中的影响力过大；二是利益集团和游说团体的影响力在增加，这不仅扭曲了民主进程，也侵蚀了政府有效运作的能力；三是由于联邦政府管理结构在意识形态上出现两极分化，美国的制衡制度也就变成了否决制。所有这些引发了一场代议制度危机。对我们国家来说，要过好民主政治关，当然不能照搬西方政治模式，而必须坚定不移地做好完善和发展社会主义民主政治这篇大文章。

第三，过好利益调整关，做好构建中华民族利益共同体这篇大文章。在现代化过程中，必然会涉及利益调整问题。西方发达国家，受其垄断资本主义私有制的根本局限，采取的手段主要是平衡利益格局。我们发挥中国特色社会主义制度优越性，则可以通过改革的办法、统筹兼顾的办法，来构建根本利益一致大前提下的利益关系新格局。

党的十一届三中全会以来，改革开放过程中，每出台一次大的体制机制改革，都会涉及利益格局调整，都会由利益格局调整而产生推动改革、深化改革的内生动力。但是，任何事物都有其两重性。利益格局调整，在利好之外，也逐渐积累了一些负面的东西，这就是某些利益的碎片化，造成公共资源和国有资产的流失，形成一些行业、部门、企业的利益固化的藩篱。当前一个突出问题、显著特点，就是利益格局的多元化、多样化、复杂化，影响到我国经济政治文化社会建设的各个方面，影响到意识形态建设与治理、民族宗教问题等各个方面，造成了在几乎所有问题上，都提出了要处理好一致性和多样性关系的问题，即处理好一元与多样的关系问题。这是我们这个时代的显著特征。

进一步推进全面深化改革，就是要通过加强改革的系统性、整体性、协同性，打破利益固化的藩篱，建立既体现国家整体利益、人民根本利益，又充分调动各方面积极性，让一切劳动、知识、技术、管理、资本的活力竞相迸发，让一切创造社会财富的源泉充分涌动，让发展成果更多更公平惠及全体人民的新型利益格局。总之，是要构建体现社会公平正义和逐步实现共同富裕的中国特色社会主义新型利益格局，使国家梦、民族梦、人民梦同个人梦真正融合为一体。这样，才会有全民族的共同利益基础，才会贯穿大团结大联合的主题，也才会在此基础上形成全民族的最大共识和最大公约数。

第四，过好国家治理关，做好中国特色社会主义制度完善与发展这篇大文章。纵观世界各国，各有各的治理体系，各有各的国家制度。这些治理体系和国家制度，都是经过数十年甚至上百年的时间，才最终稳定下来，完备起来。就是到现在，也还需要不断进行调整和改革。没有一成不变的国家治理体系，也没有放之四海而皆准的国家治理模式，更没有一个统一不变的国家治理体系的现代化标准。

全面深化改革的总目标,是完善和发展中国特色社会主义制度,推进国家治理体系和治理能力现代化,为中国长远发展奠定更好的制度基础。这就说明,当前我们已经把国家治理问题放在统揽全局的核心地位,将社会主义制度文明建设提上了国家重大议事日程。坚定不移地做好完善和发展中国特色社会主义制度这篇大文章,就一定能够在国家治理体系现代化问题上占领制高点,拥有这方面的国际话语权。

还有专家提出,"四个全面"是对三大规律认识的深化,即对共产党执政规律认识的深化(治党要"全"、治党要"快"、治党要"准"、治党要"严"),对社会主义建设规律认识的深化(深化了对社会主义发展布局的规律性认识、对社会主义改革的规律性认识、对社会主义法治建设的规律性认识、对社会主义现代化的规律性认识),以及对人类社会发展规律认识的深化(遵循市场经济发展的一般规律、遵循现代法治国家建设的一般规律)。①

梳理《解放日报》近5年来的样本可以发现,在"四个全面"战略布局中,有关"全面深化改革"和"全面从严治党"的主题词出现的频率更多。前者共检索到143次词条,后者共检索到75次。

在《面向未来唯有坚持全面深化改革》一文中,作者胡伟开门见山地提出,回头路是走不通的,唯一的出路是继续前行。必须认识到,中国目前存在的一些矛盾和问题,并不是改革开放的逻辑结果,而恰恰是改革开放还不够所带来的。如果回到过去封闭僵化的老路,不但不能解决现在所面临的矛盾和问题,还会引发更多的社会冲突和震荡。面向未

---

① 王公龙:《"四个全面":对三大规律认识的深化》,《解放日报》2015年7月21日。

来，我们的道路只有一条，那就是以勇于自我革命的气魄、坚忍不拔的毅力继续推进改革，不为任何风险所惧，不被任何干扰所惑，敢于涉深水区、啃硬骨头，敢于向积存多年的顽瘴痼疾开刀，敢于触及深层次利益关系和矛盾，坚决冲破思想观念束缚，坚决破除利益固化藩篱，坚决清除妨碍社会生产力发展的体制机制障碍，勇于变革、勇于创新，永不僵化、永不停滞，义无反顾、勇往直前地不断把改革开放推向前进。

胡伟认为，从改革开放到全面深化改革，是我们从改革的1.0版向2.0版的升级。对此，要具有更大的决心、更高的目标、更好的方法来全面深化改革。

所谓更大的决心，就在于执政者要以壮士断腕的勇气和决心革自己的命，这是现阶段全面深化改革的关键。必须正视的是，我国的改革开放已近40年，全面深化改革也近3年，如果依然不能取得突破，就会动摇民众对改革的信心。信心一旦动摇，各种混乱思想、错误认识、模糊观点就会大行其道，扰乱视听。这也是一个时期以来改革开放没有20世纪80年代那样的公信力的一个重要原因。有些人之所以对改革开放不满，是因为多年来我们存在的很多问题和弊端都没有通过改革加以有效地解决，甚至有些积弊还愈演愈烈，利益固化不断加剧，让人们误以为这都是改革开放带来的。因此，如何以更大的决心推进改革并改到位，是当前能够高举改革开放的旗帜、坚持全面深化改革不动摇的关键。

所谓更高的目标，其中一个重要的内涵变化是有了新的目标定位，即完善和发展中国特色社会主义制度，推进国家治理体系和治理能力现代化。这是对改革的目标有了更高层次的要求，把我国制度现代化提上了重要的议事日程，着眼于我国的制度体系更加成熟和定型。这一目标定位，是全面深化改革的旗帜和亮点。为此，必须大力推进各项制度改革和制度创新，提升我国的制度软实力，为实现"两个一百年"奋斗目标和中华民族伟大复兴中国梦奠定坚实的制度基础。

所谓更好的方法，就是为了实现上述新的目标定位，不仅要切实推进经济体制、政治体制、文化体制、社会体制、生态文明体制、党建制度等各个方面的改革，而且还要对各项改革措施加以系统集成，加强改革的系统性、整体性、协同性。因此，仅仅靠"摸着石头过河"已经不够了，必须加强顶层设计，使两者能够有机统一。顶层设计不是零敲碎打，不能像过去那样头痛医头脚痛医脚，而是要从制度设计和政策设计入手，抓住主要矛盾，并由此带动对于其他矛盾的解决，做到总揽全局，协调各方，统筹兼顾，提纲挈领。其中，特别重要的是要加强制度建设，发挥制度自身所具有的根本性、全局性、稳定性和长期性的特点，努力使我国的各项制度更加成熟和定型。

而在"治国必先治党，治党务必从严"这一主题上，有观点坦言："治党务必从严"。这个问题从道理上讲，也是谁都明白的。应该讲，我们党对于面临的考验，是有预见的，是清醒的。但是，预见不等于能够阻止问题的发生，清醒不等于已经找到问题解决的办法。究竟怎么解决这个关系到党和国家前途命运的老问题、大问题、难问题，是历史和时代交给以习近平同志为核心的党中央的一个重大课题。

这个问题上，学者们感觉以习近平同志为核心的党中央已经走上正轨。一是落实从严治党责任；二是坚持思想建党和制度治党紧密结合；三是严肃党内政治生活；四是坚持从严管理干部；五是持续深入改进作风；六是严明党的纪律；七是发挥人民监督作用；八是深入把握从严治党规律。同时，强调全面推进从严治党的目的是"两个集中"，即使从严治党的一切努力都集中到增强党自我净化、自我完善、自我革新、自我提高能力上来，集中到提高党的领导能力和执政能力、保持和发展党的先进性和纯洁性上来。

还有学者呼吁，从更大的视野来看全面从严治党的意义。北京联合大学教授韩强认为，全面从严治党是党的建设总体布局在新形势下的发展。党的建设总体布局是党的建设更有根本性或者说是宏观性架构的东西，全面从严治党是对策性的。同时，两者还各有侧重。党的建设总体布局侧重的是长远的总体架构，而全面从严治党侧重的是近期的对策，或者说是中近期的对策。另外，党的建设总体布局和全面从严治党都是实现党的建设目标的重要途径，两者具有目标上的一致性。

还有学者提出了全面从严治党要增强"四个意识"的观点。[①]全面从严治党，要增强政治意识。在党的政治纪律、组织纪律、廉洁纪律、群众纪律、工作纪律和生活纪律中，政治纪律处于首位，是打头、管总的，政治纪律是纲，要抓住这个纲把严肃其他纪律带起来。全面从严治党，要增强大局意识。党内决不允许有不受党纪国法约束甚至凌驾于党章和党组织之上的特殊党员，要按规矩办事，不是个人有主见、有个性就要说了算；决不能搞封建依附那一套，不允许搞团团伙伙、帮帮派派，不允许搞利益集团、进行利益交换。全面从严治党，要增强核心意识。党政军民学，东西南北中，党是领导一切的。全面从严治党，要增强看齐意识。看齐意识就是全党要经常、主动地在思想上政治上行动上向以习

[①] 丁晓强：《全面从严治党要增强"四个意识"》，《解放日报》2016年6月17日。

近平同志为核心的党中央看齐，向党的理论和路线方针政策看齐。

不少学者赞同，党中央和全党有一个坚强的核心，是我们党成熟的重要标志，也是我们党的重要经验。

就党的十八大以来的实践而言，习近平总书记是全党拥护、人民爱戴、当之无愧的核心。因此，党的十八届六中全会确立习近平总书记在党中央和全党的领导核心地位，党的十九大把习近平同志的核心地位写进党章。这绝不是一般的问题和个人的事，而是党中央领导集体更加成熟的重要体现，是对我们党宝贵传统的继承，是维护党中央权威、维护党的团结和集中统一领导的迫切需要和根本保证，对于保证党和国家事业兴旺发达、长治久安具有十分重大而深远的意义。[①]

五、"四个自信"底气何来

为深入学习领会习近平总书记关于"四个自信"的重要论述精神，上海市中国特色社会主义理论体系研究中心连续举办了多场专题理论研讨会，分别聚焦道路自信、理论自信、制度自信、文化自信。《解放日报》从中选出一些精彩文章，陆续在"理论版"刊登，既传播了当代中国马克思主义的最新理论观点，又反过来刺激了学术界、理论界乃至思想界对相关话题的深入研讨。

（一）道路自信

在"道路自信与民族复兴"专题研讨会后，《解放日报》刊发了4位

[①] 刘靖北：《如何理解党的全面领导》，《解放日报》2017年11月21日。

学者的文章，其中包括权衡的《中国何以走出不同的发展道路》和周建勇的《中国共产党靠啥成为"担纲者"》。①

权衡在文章中指出，第二次世界大战以来，许多发展中国家根据传统发展经济学的单一发展模式，力图实现经济发展和现代化。但与此同时，有的出现了"发展停滞"问题，有的依旧陷入"贫困陷阱"，有的则出现了"有增长无发展"等现象。如何实现发展，仍是许多国家面临的核心问题、关键问题。这些问题使得许多发展经济学家不得不反思和创新理论框架。在这样的背景下，中国发展经验和独特的发展道路、发展轨迹，为丰富和创新传统发展经济学提供了重要的实践基础和理论来源。

一是独特的制造业发展道路。立足人口大国的要素比较优势，以制造业的开放发展，奠定和平发展的物质基础，极大地丰富和创新了发展经济学的传统工业化理论。

二是独特的城市化道路。立足城乡二元结构的历史事实，通过促进大规模人口城乡流动和农村内部就地转移并存的方式，极大地丰富和创新了发展经济学传统的城市化理论与人口流动模式。

三是独特的市场化转型。立足计划经济体制的历史基础和强势政府的经验，充分发挥市场配置资源的决定性作用并更好地发挥政府作用。通过建立一个有效的市场经济模式，提升城市化和工业化资源配置效率，极大地提升了发展经济学关于市场机制单一论的传统认识和观点。

四是独特的对外开放发展道路。顺应经济全球化趋势，积极参与国际分工，注重开放与创新融合发展，在推动全球化的过程中分享发展红

---

① 《坚定道路自信　实现民族复兴》，《解放日报》2017年6月6日。

利，为发挥全球化机制促进发展中国家的经济发展提供了重要经验。

五是独特的技术创新和技术赶超。充分发挥技术引进与自主创新的双重作用，形成技术赶超优势和"弯道超车"的发展模式，有助于丰富并推动关于发展中国家经济增长理论与赶超型增长理论的创新。

六是独特的减贫战略和扶贫经验。立足发展不平衡的实践，充分发挥区域合作与帮扶发展的优势，通过技术扶贫、资金扶贫、教育扶贫以及跨地区"结对子"帮扶机制、"精准扶贫"机制等，形成了许多具有中国特色的扶贫战略和减贫经验。它不仅为世界减贫事业作出巨大贡献，而且为创新传统减贫理论提供了重要启发。

由此，中国的发展道路、发展经验，不仅极大地提升了中国经济的国际地位和影响力，而且丰富和创新了传统的发展经济学的分析框架、内容体系，开辟了经济现代化新路径。中国特色的发展经济学不仅具有重要的中国特色和现实意义，而且必将具有广泛的世界意义和未来影响。

周建勇从政治发展道路的角度，进一步强调了道路自信的重要意义。他说：对于一个国家、一个政党来说，道路问题是最根本的问题。选错了路，无异于缘木求鱼；走错了路，就如同南辕北辙；学错了路，就成了邯郸学步。1840年以来，在实现民族独立、国家富强的过程中，无论满清王朝还是军绅政权，无论小资产阶级、民族资产阶级还是大资产阶级，都未能找到一条正确的道路。面临类似的困境，为何历史与人民最终选择了中国共产党？中国共产党为什么能成为民族复兴的"担纲者"？这取决于其特殊的政治品格。一是具有强烈的责任担当，无愧于中华民族伟大复兴的中流砥柱；二是具有坚定的理想信念，确保中国特色社会主义的前进方向；三是具有严明的纪律规矩，保证党始终是中国特色社会主义事业的坚强领导核心;四是具有成熟的理论体系,指导中国特色社会主义的实践形态。

还有学者认为,某种程度上,中国道路的本质可以表述为"一体、两翼、四目标",即中国共产党领导(一体)下的马克思主义普遍原理和中国国情(两翼)相结合,通向国家富强、民族振兴、人民幸福直至实现共产主义的道路(四目标)。由此,中国道路不仅仅是中国走向现代化的特有发展路径,而且有必要置于全球视野中加以认识和理解。

在理论意义上,中国道路填补了发展理论的空白,创立了一种不同于西方理论范式的政府与市场关系。传统上,西方市场经济的产生,是王权、封建贵族和新兴资产阶级三股势力博弈对抗的结果。在法制契约的强力约束下,市场经济从一开始就只承担着"竞争—效率"的单一功能。反观中国,我们的市场经济是政府体制转型的内生变量。它主要承担两大功能:一是作为市场经济天然存在的经济功能,"竞争—效率"范式同样适用于此;二是强调国家对稀缺资源的集结、整合、调度的作用。这种功能满足了后发国家实现经济赶超的需要。从逻辑上看,政府重构是重心,有效市场与有为政府的结合是基本手段。这种独特的市场经济模式支撑着中国经济的发展奇迹。

在实践意义上,中国道路顺应了中国乃至全球各国利益共享、互惠共赢的基本要求,为世界经济发展作出了巨大贡献。一是中国向世界提供了一支成本较低、训练有素的劳动力队伍,成为推动世界经济持续增长的源泉;二是外国资本的大规模流入,推动了中国的快速发展,也赢得了投资回报;三是中国发展引致的全球减贫效应,以及在此基础上形成的低通胀效应、稳定效应和福利共享效应,对世界发展带来显著的促进作用；四是中国参与全球治理的力量越来越强，推动全球发展的角色意识和担当意识加速提升。这充分表明，中国道路不是独自富强的道路，而是携手发展的道路。

有学者提出，学术界、舆论界对中国道路的讨论还推动了国外学者对中国特色社会主义的思考。这些思考不再单单停留于中国道路的本身，而是逐渐将中国的发展对世界的影响联系起来。[①]

首先，中国道路重新解读了西方的发展理念，证明人类文明发展道路的多样性。按照左翼理论家阿里吉的总结，中国发展道路的成功，可能有3个积极后果：中国重组当今由西方主导的国家等级体系，东亚领先的时代或许带来国际上更大的平等；中国或许比欧美更少军事色彩，更多和平倾向；中国道路开创了建立在市场交换基础上更加平等、更加人道的东亚发展道路。中国特色社会主义的成功，打破了西方现代化模式的垄断地位。

其次，中国带动了发展中国家的发展，推动世界经济格局积极变化。未来学家奈斯比特分析，在世界经济格局视野下，当前新兴国家在经济发展过程中呈现两大特征：试图减少对发达国家的依赖，推进新兴经济体之间的合作；在与中国展开多方面合作的同时，寻求更为独立自主的发展方式融入世界经济格局。这意味着，发展中国家将逐步摆脱西方世界在政治和经济上的话语霸权，在世界舞台上获得更多的独立自主。

作为世界上最大的发展中国家，中国能够在帮助其他发展中国家表

[①] 方松华、马丽雅：《中国道路，打破西方模式垄断》，《解放日报》2016年9月20日。

达意见方面扮演重要角色。这让过去"南北经济不对等交换关系"出现根本性变化，推动着生产活动重心向非西方世界转移，加速了全球财富与权力的重新分配。

随着中国经济的发展，难免涉足西方固有的势力范围。近年来，西方学者关于"中国威胁论"的片面鼓吹就是一个例证。但与此同时，一些西方学者也开始对自身发展模式进行反思，比较中国的"精英领导制度"与"西方民主选举制度"的优劣。美国专栏作家布鲁克斯就坦言，中国的崛起不仅仅是一个经济事件，也是一个文化事件。也许在将来，和谐集体的理念能和自由主义的美国梦一样引人入胜。

特别是，国际金融危机引发了人们对社会主义制度和资本主义制度以及两种不同发展模式的思考。一些西方观察家认为，中国的政治体制有引导社会追求长期目标的优势，这是陷入短视、民粹与分裂的西方民主所欠缺的。

基于种种分析，有学者强调，中国的发展不是西方国家现代化道路的简单复制，而是吸取人类文明成果并结合自身国情的独特创新。"模仿创新＋集成创新＋本土创新"是其成功的一大方法保障。由此可见，中国式成功不会只具有个案意义，而可以激励其他后发国家跟进。[①]

（二）理论自信

在理论自信方面，有学者提出了衡量马克思主义发展的境界之新，至少要有三个方面的标准，即：能不能为解决中国现代化建设中遇到的重大理论和实践问题提供理论支撑和现实警示力，能不能提高对社会历

[①] 胡晓鹏：《中国式成功不会只是个案》，《解放日报》2017年6月6日。

史现象的解释力和有效性，创新成果在公众当中是不是拥有广泛的影响力和认同度。其中，理论创新是最重要的。①

中纪委驻文化部纪检组原组长李洪峰指出，理论优势始终是我们党的核心优势、核心领导力、核心竞争力。必须高度重视理论的作用。党的十八大以来，习近平总书记适应新的需要，在领导人民推进治国理政新的伟大实践中，形成了系统完整的科学思想体系，推动马克思主义中国化实现新的历史性飞跃。

李洪峰说："国家要强大，经济实力和综合国力要强大，思想文化尤其要强大。世界历史证明，文化强大是国家强大的根本标志之一。一个文化弱国不可能成为世界强国。谁创造了领先世界的文化和原创性、经典性、源泉性的思想理论，谁就必然走在世界前列，谁就可能成为世界强国。国际竞争，是包括经济实力、国防实力、科技实力的综合国力的竞争，也是争夺文化、道义制高点的国家文化软实力的竞争，是思想理论的先进性、彻底性的竞争。马克思主义、中国化马克思主义这篇大道理之所以成为我们党始终念兹在兹、须臾不可离开的伟大法宝，我们党之所以信仰马克思主义，就是因为它是迄今为止人类认识世界、改造世界的最先进的认识成果、最伟大的思想武器；就是因为它是被实践所充分证明了的真理、是开放的与时俱进的科学思想体系；就是因为它源于实践又能指导实践，它的整个世界观不是教义，而是方法、是工具，它管用、能够解决问题。这也是我们党始终高举马克思主义伟大旗帜、始

---

① 《治国理政与马克思主义新境界》，《解放日报》2017年3月16日。

终提倡学习马克思主义的根本意义之所在。"①

有学者进一步提出，强调理论自信并不是否定变革创新，增强战略定力更不是固步自封。新实践呼唤新理论，新理论催生新定力。增强理论自信和战略定力，最重要的是坚持马克思主义这个理论武器，并以此正确认识人类社会发展规律、世界和中国发展大势、中国特色和国际惯例，正确看待成就和困难，始终保持理论自信，不为任何风险所惧，不为任何干扰所困。②

在《站起来到强起来，离不开理论创新》一文中，黄力之归纳认为，正是在站起来、富起来、强起来的实践进程中，理论自信逐渐形成。

中华民族"站起来"的问题缘起于1840年的鸦片战争。自那时起，西方列强从政治、经济、文化诸方面对中国进行掠夺和蹂躏。中国人开始意识到所谓"旧学之不足恃"的问题，即中国传统的学术和理论已经不可能指导我们走出困境，必须要有新的思想和理念才能拯救民族。在比较中西方的文化、理论差异之后，一些人最初选择了来自西方的先进思想，主要集中于科学和民主的思想。这当然是一次理论创新，但当时中国与西方并不只是简单的师生关系，还有被压迫民族与压迫者的关系。我们显然不能接受其中殖民主义、帝国主义的因素。在这个时候，俄国的一声炮响送来了马克思主义。马克思主义对于传统中国来说，当然是一个全新的思想体系。它不仅包含欧洲思想中的所有先进因素，而且代表了被压迫阶级、被压迫民族的利益，一下子成为解决中国"站起来"

---

① 李洪峰：《迎接党的十九大的重要思想政治准备》，《解放日报》2017年9月30日。
② 李国娟：《有理论自信才会有底气生定力》，《解放日报》2017年9月19日。

问题的思想武器。

把马克思主义看作理论自信的基本内涵，还需要解决一个中间环节，那就是马克思主义与中国本土传统文化的关系。毛泽东给出的解决方案是，马克思主义必须和我国的具体特点相结合，并通过一定的民族形式才能实现。离开中国特点来谈马克思主义，只是抽象的、空洞的马克思主义。

在此基础上，马克思主义理论体系必然是开放的。实践不会停止，这种开放也不会停止。当然，开放的马克思主义理论体系最终还是要吸收理论家、思想家的思想成果。只是这一成果必须经过实践检验，而不是主观随意的。

黄力之指出，通过在"道"而不是"经"的意义上解决马克思主义与中国之关系问题，我们就有了强大的理论自信。当新的历史阶段到来时，我们就能够保持和发扬马克思主义政党与时俱进的理论品格，以理论创新满足新的实践所提出的要求。

与此相呼应，《解放日报》于2016年5月24日刊文呼吁"破一破言必称希腊的思维方式"。核心论点包括：（1）在资本主导的全球化时代，西方资本主义的资本扩张不仅以实体力量作为动力因，而且还以观念的扩张，即文化软实力，作为动力因。这里面，哲学社会科学话语权的争夺，成为意识形态交锋的"马前卒"。（2）中国特色学术话语体系，不能跟在西方倡导的价值观念后面做"应声虫"，不能为其价值观念彰显出来的抽象性所束缚，而要对西方价值观念的现实基础、形成机制及其本质进行深入解剖，还原真实面目。（3）构建中国特色哲学社会科学并不意味着搞"原教旨主义"。要在立足中国实践、秉承中国立场的前提下，与西方哲学社会科学进行交流对话，有理、有据地阐释中国特色社会主义价值观念的合理性、合法性。①

（三）制度自信

2017年8月8日，《解放日报》推出了三篇专稿，对此主题予以探讨。在《认清中国的"新制度文明"优势》一文中，专家提出一个认清"新制度文明"优势的话题。

第一，认清这一新制度文明的优势，需认清中国特色社会主义政治制度超强的政治动员能力。这种能力表现为超强的组织动员能力和社会有序化、组织化的能力，表现为对全社会创造精神的焕发与尊重，表现为对生产力跨越式发展的巨大推动。同时，要认清中国特色社会主义政治制度有效的政治整合能力和包容性。这种有效的政治整合，既包含不同利益群体的整合，又包含不同价值观、不同文化风俗、不同语言和宗教信仰的政治文化整合。

第二，认清这一新制度文明的优势，需认清人民代表大会制度相对于"议会制""两院制"等所具有的优越性。它集中体现为找到了政治与行政、民主与集中、效率与公正的平衡点。人民代表大会制度是"议行合一"的政治制度，其原则是民主集中制，其优势也正在于此。

第三，认清这一新制度文明的优势，需认清中国共产党领导的多党合作和政治协商制度，相对于"两党"或"多党"轮流制所具有的优越性。它集中体现为找到了制度变迁和政治可持续发展的平衡点。中国共产党领导的多党合作和政治协商制度，是加强各阶层团结、促进各党派

---

① 范宝舟：《破一破"言必称希腊"的思维方式》，《解放日报》2016年5月24日。

政治合作、保持社会和谐稳定的现代政党制度，是对资产阶级"两党"或"多党"轮流执政制的超越。

第四，认清这一新制度文明的优势，需认清单一制基础上的民族区域自治制、特别行政区制度相对于联邦制所具有独特优势。它集中体现为找到了中央集权的大一统格局与地方自主多样化的平衡点。我国实行单一制基础上的民族区域自治制度，在中央与地方的关系上，强调发挥两个积极性，既强调中央的权威性、统一性，又给地方根据各自实际发挥积极性以充分空间；在处理民族关系上，强调少数民族自治，实行民族区域自治制度，把政治因素和经济因素相结合、民族因素和区域因素相结合、历史传统因素和现实发展因素相结合，既有利于少数民族地区人民当家作主，又有利于维护国家统一和长治久安，是我们党和各族人民的一个伟大创造。

第五，认清这一新制度文明的优势，需认清与社会主义市场经济体制相对应的社会主义协商民主及其运行机制。中国特色社会主义政治制度的功能优势，突出表现为超强的协商能力。通过协商民主，使我国政治制度的政治社会化、利益表达、利益整合、规则制定、分配调节、秩序维护、公共服务、促进社会文明等功能得以充分发挥。

在《探寻"散沙"汇聚成合力的奥秘》一文中，作者强调：鞋子合不合脚，自己穿了才知道；制度是不是管用，是不是深入人心，最终要靠事实来说话，要由人民来评判。人民对制度拥有多大的自信，归根到底不是取决于对人民的教化，而是取决于制度本身的生命力。而制度的生命力又总是取决于制度满足人民需要的程度。

中国共产党赋予制度以生命力的全部奥秘就在于坚持人民立场，把党性和人民性统一起来。具体就是，把分散性的民众聚合为政治性的人民，把人民的政治性与政党的阶级性关联起来，在政党与人民之间建立起政治共同体；把最广大人民的根本利益与党全心全意为人民服务的宗旨关联起来，在政党与人民之间建立起利益共同体；把革命的愿景与党的纲领（包括最高纲领与最低纲领）关联起来，在政党与人民之间建立起命运共同体。

坚持人民立场，就是毫不动摇地坚持社会主义基本政治制度、经济制度和分配制度，发挥它们对整个政策体系的支撑与引导作用。坚持人民立场，中国特色社会主义制度就能获得源源不断的生命力，就能不断吸纳人民的首创精神，就能光明磊落地开展制度的自我调适与修正，就能为民族复兴提供更加有效的制度保障。

（四）文化自信

习近平总书记指出，文化自信是更基础、更广泛、更深厚的自信。那么，我们最大的文化自信源自哪里？

文化自信的内涵结构可分为两大块，即古代的优秀传统文化和20世纪形成至今的中国现代先进文化。前者以孔子开创的儒家思想为引领，后者以马克思主义为指导，由此决定了两者在文化自信结构中的地位是不一样的。简单来看，马克思主义中国化是最大的文化自信，马克思主义中国化这一文化要素在整个文化自信结构中具有支配性地位。

面对肆虐已久的"全盘西化"思维模式，我们应该增强对中国传统优秀文化的自信，挖掘并发扬传统文化中的优良品质。但是，在弘扬优秀传统文化时，绝对不能割裂文化自信的完整结构，不能混淆不同文化的核心价值，更不能试图全盘复古，让姓"孔"不姓"马"的错误主张泛滥,从而动摇我们对马克思主义、社会主义先进文化的自信。①

还有学者提醒,文化自信不是文化自满,更不是文化自恋或文化自闭,而是建立在科学精神基础上的自信。②

首先,文化自信要体现在对自身的辩证认识上。文化是一团活火,只有不断革故鼎新,才能充满活力和动能。中国共产党率先以辩证的方法分析和认识自身文化,剔除落后于时代的糟粕,吸收当代人类文明的先进成果,创造与时代伟大斗争相适应的精神产品,才让我们从僵化沉闷的文化窠臼中走出,才让中华文化翻开了新篇章。

其次,文化自信要体现在敢于和善于吸收其他文化优秀成果上。中外历史表明,开放中发展、交融中前进是文化发展的固有规律。当代中国文化之所以能够出现历史性飞跃,是从"睁开眼睛看世界"开始的。向外寻求救国救民的真理,是中国文化翻开新篇章的重要环节。中国文化重塑的过程,更是马克思主义科学理论在中国"接活"的进程。

当今中国的思想文化之所以能够站在时代前列,与始终坚持对外开放的方针紧紧联系在一起。从人权、法治、治理、可持续发展等理念和内涵的充实演变,就可以看到中国对当代人类文化成果的吸取、弘扬与提升。这是自信中的开放,也让我们在开放中更加自信。

再次,文化自信要体现在对现代化的正确引领和强大推动上。我们需要和强调的文化自信,具有鲜明的实践性。它扎根于实践对文化的检验之中。毛泽东思想彻底改变了半封建半殖民地的旧中国,使中华民族

---

① 黄力之:《中国最大的文化自信源自哪里》,《解放日报》2017年10月10日。
② 孙力:《文化自信不是自满和自闭》,《解放日报》2016年12月6日。

的面貌焕然一新，怎么不应该自信？中国特色社会主义理论体系，超越苏联模式，开拓了现代化的中国道路，怎么不应该自信？所以，坚定文化自信，根本不在于就文化自身作演绎推理，而在于用价值观引领社会、化风育人，在于用科学理论破解发展难题。

有学者还试图从宏大叙事落到个体层面来探讨文化自信。鲁绍臣提出，唯物史观的文化自信绝不是孤独个体的孤独表达，也不是停滞在人们脑中的主观反思或判断。它坚持文化反思和文化自觉总是社会的、共同体和历史的。离开了文化共同体的发展，个体的自由和独立就会变得"绕树三匝、无枝可依"。在古今问题上，要避免指向历史的文化虚无主义，也要避免指向现实的虚无主义。前者试图彻底抛弃自身的传统，怀疑一切、批判一切，试图在与传统的激进断裂中获得新生；后者试图在泥古主义、祖宗主义、先辈主义中获得庇护。

集大成的观点是胡键的《树立文化自信，要跳出自负和自卑》一文，其核心要点包括：文化自负导致闭目塞听，以致于在鸦片战争前夕中国没有足够的资源和动力来突破传统的世界图式，从而产生制度性迟钝、制度惰性。文化自卑到一定程度，就会认为"历史文化包袱太沉重"，结果就会走向彻底否定传统文化，最终导致历史虚无主义；对中国传统文化的自信，就是要正确认识传统文化的历史地位和社会功能。历史上，以儒学为核心内容，儒、道、释融于一体的价值体系所构筑起来的传统文化，为中国社会、经济发展提供了源源不断的动力。树立对传统文化的自信，就是要坚持文化的主体性；看到发展中存在某些问题，就怀疑现代化道路的可持续性；看到权力腐败现象，就怀疑社会主义的性质；看到改革过程中出现了收入差距现象，就怀疑改革的真正效力，这都是缺乏对中国道路、理论、制度自信的表现，归根到底是缺乏对当代中国文化的自信。

梳理下来，各方学者在《解放日报》上围绕文化自信的言说，主要的逻辑递进是：首先，对自己的文化要有"自知之明"。其次，关键是树立"三个文化自信"，即对中国传统文化、中国革命文化以及现代化建设实践创造的当代中国文化的自信。再次，今天如何真正确立文化自信？既要善于吸纳传统文化的精华，又要有勇气抛弃文化糟粕；既要用中国话语讲中国好故事、讲中国现代化成功的故事，也要用适当的方式讲清楚中国现代化的复杂性、艰巨性；既要不断在与世界各种文化对话、交流、融合中实现自我革新，也要积极地对外分享，也就是善于"送出去"。

总之，在"四个自信"中，道路自信唯有通过文化自信才表现为充分的自觉。没有先进文化的启示，道路选择就会具有盲目性。而制度自信只有在文化自信的基础上，才能拥有合理性与合法性的充分证明。更不用说，理论自信是文化自信的必然结果。马克思主义中国化的理论产生与发展，无法脱离厚重的中国本土文化。

六、为何要强调"四个伟大"

习近平总书记在"7·26"重要讲话中指出，"我们要进行伟大斗争、建设伟大工程、推进伟大事业、实现伟大梦想，仍然需要保持和发扬马克思主义政党与时俱进的理论品格"；"党要团结带领人民进行伟大斗争、推进伟大事业、实现伟大梦想，必须毫不动摇坚持和完善党的领导，毫不动摇推进党的建设新的伟大工程，把党建设得更加坚强有力"。此次讲话提出的"四个伟大",第一时间受到不少学者的重视。

有学者解读,统揽伟大斗争、伟大工程、伟大事业、伟大梦想,是治国理政的大思路、大手笔和大战略。一方面,"四个伟大"相互关联、相互贯通,以中华民族伟大复兴的中国梦为目标,以中国特色社会主义的伟大事业为基础,以党的建设新的伟大工程为关键,以具有许多新的历史特点的伟大斗争为抓手,环环相扣,层层递进,构成了一个有机统一的整体,是当前和今后党和国家全部工作的总纲。另一方面,要进行伟大斗争、推进伟大事业、实现伟大梦想,坚持和完善党的领导、推进党的建设新的伟大工程是前提。以伟大工程撬动伟大斗争、伟大事业和伟大梦想,让党内政治生活气象更新,自我净化、自我完善、自我革新、自我提高的"四自能力"显著提高,进而为党和国家各项事业发展提供坚强保证。[①]

那么,具体如何推进"四个伟大"?

就伟大斗争而言,面对新形势新挑战,要发扬斗争精神,既敢于斗争,又善于斗争,在事关中国特色社会主义前途命运的大是大非问题上坚定不移,在改革发展稳定工作中敢于碰硬,在全面从严治党上敢于动硬,在维护国家核心利益上敢于针锋相对。

就伟大工程而言,党的十八大以来,以"思想建党为首""制度治党为要""作风管党为严""反腐净党为重"为特征的党建新工程的实施及其显著成效,获得人民的高度赞扬。但是,正如习近平总书记所指出的,我们决不能因此而沾沾自喜、盲目乐观。

[①] 胡伟:《"四个伟大"是治国理政的大手笔》,《解放日报》2017年8月29日。

就伟大事业而言，中国特色社会主义实质上是当代中国的科学社会主义。我们的基本态度是：既不丢老祖宗，又别开生面；不是僵化教条地"照着讲"，也不是另起炉灶地"另外讲"，更不是改旗易帜地"反着讲"，而是继承发展地"接着讲""接着干"。

就伟大梦想而言，我们要突出抓重点、补短板、强弱项，推动经济社会持续健康发展，使全面建成小康社会得到人民认可、经得起历史检验。2020年后，我们还要为实现第二个百年奋斗目标而努力，真正实现中华民族从站起来、富起来到强起来的历史性飞跃。①

此外，还有学者注意到，"四个伟大"这个集成概念的发展演变流程。从具体概念的提出时序来看，党的建设伟大工程、中国特色社会主义伟大事业由来已久；"具有许多历史特点的伟大斗争"是党的十八大报告提出来的；以"伟大梦想"揭示中华民族伟大复兴和社会主义现代化的夙愿，则是习近平总书记在党的十八大后阐述奋斗目标形成的新概念。2016年10月，党的十八届六中全会公报中指出，为更好进行具有许多新的历史特点的伟大斗争、推进党的建设伟大工程、推进中国特色社会主义伟大事业，经受"四大考验"、克服"四种危险"，有必要制定一部新形势下党内政治生活的准则。这里已经很清楚地提到了"三个伟大"的意思，但尚未成为正式的概念，因而当时没有形成理论热点聚焦。在"7·26"重要讲话中，习近平总书记补充加上了"伟大梦想"。由此，"四个伟大"成为明确的概念。②

---

① 程恩富：《"四个伟大"：指明继续前进的方向》，《解放日报》2017年8月15日。
② 齐卫平：《"四个伟大"：进入新时代的责任担当》，《解放日报》2017年11月14日。

可能有人会问：此前已经明确提出了"四个全面"的概念，为什么还要提出"四个伟大"？"四个伟大"与"四个全面"究竟是什么关系？

其实，"四个伟大"与"四个全面"从内容上看有兼合交融，但它们并不是直接对应的概念。一方面，"四个全面"作为战略布局，是党中央对工作部署进行的总体规定，相对而言具体一些；"四个伟大"则是对引领发展作出提纲挈领的方向导航，更显示宏观性。"四个伟大"的提纲挈领，意味着它不仅是党的十八大以来创新实践的经验提炼，而且是引领中国继续砥砺奋进的行动纲领。另一方面，如果把战略布局作为"四个全面"概念的属性界定来认识的话，那"四个伟大"概念属性就可以界定为思考新时代坚持和发展什么样的中国特色社会主义、怎样坚持和发展中国特色社会主义这个时代重大课题的顶层设计。

党的十八大以来，习近平总书记在系列重要讲话中多次提及要注重顶层设计。顶层设计是科学思想方法的实践转化，表现为党中央运用系统和整体思维对治国理政作出的谋划。从顶层设计界定"四个伟大"的概念属性，有助于深刻认识它作为新时代中国特色社会主义行动纲领的全局性、战略性、前瞻性。

七、怎样构建人类命运共同体

2017年9月底，上海市马克思主义研究论坛"中国特色社会主义与人类命运共同体"学术研讨会隆重举行。来自清华大学、中国人民大学、吉林大学、复旦大学、华东师范大学、上海交通大学等全国多所高校和研究机构的200余名专家学者与会。次月，论坛上的部分精彩发言，在

《解放日报》上刊登。

上海交通大学特聘教授王岩认为，从本源上说，人类命运共同体理念的核心价值是超越西方现代化道路、理论和制度，站在全人类命运的角度提出的关于未来世界秩序的一种构想，其本质在于推动道路创新、理论创新和制度创新，建设一个更加美好的世界。华东师范大学教授王建新认为，人类命运共同体理念的提出是对马克思主义理论的创新和完善。

上海交通大学教授胡涵锦提出，人类命运共同体理念需要深化基础理论研究，例如：人类命运共同体属于什么范畴？在什么样的情况下使用这个范畴？从共同体的概念上讲，人类命运共同体有没有共同性、一般性和普遍性？人类命运共同体与利益共同体以及共产主义的远大理想之间的关系是怎样的？

西安科技大学党委副书记樊建武提出，在经济化、全球化、信息化时代，事关全人类发展的重要问题层出不穷。面对这样的"势"，如何实现我们的"愿"？习近平总书记强调，在处理这些国际关系时，必须摒弃过时思维，不能追求你少我多、损人利己，更不能一家通吃；只有顺势而为、因势而动、乘势而上，才是长期可持续发展。同时，也要注意具体发展道路上的和而不同。和而不同是中华民族文化传统的基本精神之一，坚持和而不同的原则，要承认文化间的差异。全世界 2 500 多个民族和宗教，如果只有一种生活方式、一种语言、一种音乐、一种服饰是不可想象的，必须承认差异，在承认差异的基础上尊重差异。

东华大学教授王治东认为，人类命运共同体建构的逻辑不是一蹴而就的，是一个过程，需要经过一代一代人的努力。理念引领行动，方向决定出路。在此过程中应当坚持对话与协商，建设一个持久和平的世界；

坚持共建共享，建设一个普遍安全的世界；坚持合作共赢，建设一个共同繁荣的世界；坚持交流共建，建设一个开放包容的世界；坚持绿色低碳，建设一个清洁美丽的世界，以此增进全人类的共同福祉。

除此之外，还有学者展开了关于人类命运共同体的多维透析。第一个层面是直接的最底层形态，即人类生存的自然地理环境。即便有共同理想、共同价值、共同追求，也需要在地球继续存在下去的时候才有可能。第二个层面是经济、生活方式和生产方式。从古至今，人类经历了自然状态、大工业状态到现在的自然化状态，这样的状态对于人类命运产生了巨大影响，每一个人在不同劳动体系中所得到的感觉、所创造的价值和实现的收益都是不一样的，这就是人类文明进步。第三个层面是社会政治制度。从古至今，人类社会分成不同国家，产生不同主义，产生激烈碰撞，造成人类内部极大的矛盾与冲突，甚至带来战争。第四个层面是社会组织形式。这是涉及所有人的社会治理。第五个层面是文化问题。文化问题既有传统的，又有现代的。当我们讲文化多样性的时候，应当思考如何让中华文化能够在世界文化的百花园中真正站立起来，获得应有的地位和尊重。第六个层面是精神家园。13亿人的共同精神家园在哪里？不同的人可能有不同的宗教信仰、有不同的社会生活，不同要素之间的比例及其组织方式是不一样的，但是，在这个时候精神家园的交集就会非常重要。[1]

在人类命运共同体的建设征程中，中国应该如何积极作为？石建勋提出，中国应该做世界新秩序的贡献者引领者。

---

[1] 欧阳康：《人类命运共同体的时代意义》，《解放日报》2017年10月13日。

一方面，中国发展离不开世界。中国过去 30 多年的快速发展得益于改革开放，得益于"走出去"和"引进来"。从可持续发展与绿色发展的角度看，中国未来的发展也必须立足于开放发展，需要全面融入全球经济体系，充分发挥中国的资本和产能优势，统筹好国内国际两种资源、两个市场，拓展开放发展的新空间。中国要秉持开放包容、合作共赢的新发展观，努力把本国利益同世界各国共同利益结合起来，努力扩大各方共同利益的汇合点，增进人类共同利益。

另一方面，世界繁荣稳定离不开中国。中国在主动融入世界的同时，也为世界经济和社会发展发挥了日益重要的作用。国际金融危机爆发以来，中国经济增长对世界经济增长的贡献率年均在 30% 以上。新形势下，中国发展，就是世界机会。中国转型发展、扩大内需的增长，将成为世界经济增长的主要动力源。未来 5 年，中国每年进口额有望超过 1.6 万亿美元，每年对外投资额有望超过 1 500 亿美元，将成为超过 140 个国家和地区的第一大贸易伙伴；每年出境旅游人次有望超过 1.4 亿，每年出国留学人员有望达到 60 万—80 万人、外国来华留学生将达到 40 万—50 万人；中国城镇化率每增加 1%，大约能带来 7 万亿元的市场需求，将为世界各国提供广阔的市场机遇。

可以预见，未来中国经济增长将主要由战略性新兴产业和现代服务业带动，经济发展方式将向依靠创新驱动的模式转变，这必将有利于进一步推动全球产业结构的优化升级，并给拥有科技和服务业优势的发达经济体带来更多参与、合作的机会。中国将继续奉行互利共赢的开放战略，将自身发展机遇同世界各国分享，欢迎各国搭乘中国发展的"顺风车"。

此外，世界新秩序构建，需要中国引导和"中国方案"。更加民主、公平、有序、合理和更具有包容性、代表性的全球治理结构与治理制度体系，不仅是世界人民的要求，也是中国继续发展、实现中国梦必需的外部环境。新形势下，中国不仅要多参与国际事务，做国际体系的参与者和建设者，而且还要做世界新秩序的贡献者和引领者，引导国际社会共同塑造更加公正合理的国际新秩序，引导国际社会共同维护国际安全。

如何看待人类命运共同体的"不一般"的价值？有学者提出，这个"中国方案"打破了"西方中心"神话。"中国方案"是现代化世界进程多样性的一个样本，具有深远的国际影响和世界意义。[①]

第一，中国作为当今世界最大的发展中国家，用短短60多年时间，减少6.6亿贫困人口，实现了从农业大国到工业大国、从低收入国家到中高收入国家的历史跨越。中国的发展既为世界和平发展提供了稳定性、建设性因素，也为其他发展中国家探索自己的发展道路提供了有益的经验借鉴。

第二，"中国方案"摒弃了传统大国崛起的发展模式，选择了一条与20世纪大国争霸截然不同的和平发展之路，将开创人类和平发展的新纪元。

第三，中国特色社会主义的现代化发展道路，本身就是对世界共产主义运动的有益探索，同时也为其他社会主义国家的改革发展提供了经验。

第四，中国在应对全球性危机、促进社会稳定发展、维护社会公平

---

① 刘昀献：《"中国方案"将怎样影响世界》，《解放日报》2016年9月6日。

正义等方面的经验，对一些深陷债务危机、两极分化、社会持续动荡的国家同样具有重要借鉴意义。

八、如何理解新时代的"新思想"

党的十九大正式提出"习近平新时代中国特色社会主义思想"，并将其确立为党的指导思想。这一重要思想被形象地称为引领新时代的"新思想"。如何理解习近平新时代中国特色社会主义思想的重要性？如何把握这一重要思想的精髓？《解放日报》组织系列专稿予以学习宣传。

怎么理解这一思想的重要性？习近平新时代中国特色社会主义思想，就是马克思主义中国化的最新成果。这一思想的重大意义体现在几个方面：

第一，习近平新时代中国特色社会主义思想，是党的十九大报告的思想灵魂。党的十九大是在我国全面建成小康社会决胜阶段、中国特色社会主义进入新时代的关键时期召开的一次十分重要的大会。其最重大的理论成就，就是习近平新时代中国特色社会主义思想。

第二，习近平新时代中国特色社会主义思想，确立为党的指导思想并写入党章。党的十九大通过党章（修正案），把习近平新时代中国特色社会主义思想写在党的旗帜上，确立为党必须长期坚持的指导思想，实现了党的理论基础和指导思想新的与时俱进。这意味着，全党要把思想和行动统一到习近平新时代中国特色社会主义思想上来，要以习近平新时代中国特色社会主义思想指导我国社会主义现代化建设和党的建设新的伟大工程。

第三，习近平新时代中国特色社会主义思想，是马克思主义中国化新的里程碑。习近平新时代中国特色社会主义思想，是对马克思列宁主义、毛泽东思想、邓小平理论、"三个代表"重要思想、科学发展观的继承和发展，是马克思主义中国化的最新成果，是党和人民实践经验和集体智慧的结晶，是中国特色社会主义理论体系的重要组成部分，是全党全国人民实现中华民族伟大复兴的行动指南。它开辟了马克思主义新境界、中国特色社会主义新境界、治国理政新境界、管党治党新境界，是马克思主义中国化伟大历史进程中新的里程碑。在当代中国，高举习近平新时代中国特色社会主义思想伟大旗帜，就是高举中国特色社会主义伟大旗帜，就是高举马克思主义伟大旗帜。

这一思想形成的历史背景是什么？习近平新时代中国特色社会主义思想是党在十九大上正式确立的，但这并不是说党的十九大才是这一思想的历史起点。

党的十八大以来，以习近平同志为核心的党中央不忘初心、砥砺奋进，有效应对国际国内诸多风险和挑战，取得全方位、开创性历史性成就，党和国家事业发生深层次的、根本性的历史性变革。回顾过去 5 年，成绩来之不易。正是在这个过程中，习近平总书记以政治家、战略家、理论家的非凡政治智慧、顽强意志品质、强烈历史担当，把握时代大势、统筹国际国内大局、顺应人民期待，在领导全党全国推进党和国家事业发展的伟大进程中，从理论和实践的结合上，提出了一系列新理念新思想新战略，提出了一系列紧密联系、相互贯通的新观点、新论断，回答和解决了在新的时代条件下坚持和发展什么样的中国特色社会主义、怎样坚持和发展中国特色社会主义这一重大理论和实践问题，创立和形成了习近平新时代中国特色社会主义思想的科学体系。

如果用更长远的历史眼光来看，在中国共产党领导下，中国走过了从站起来、富起来到强起来，从新中国到新时期到新时代的连绵不断的伟大历史进程，现在正走在强国路上。正如党的十九大报告所指出的，中国特色社会主义进入了新时代，这是我国发展新的历史方位。那么，新时代"新"在哪里？从历史、现实和未来发展的总体趋势上来把握，我理解，新时代最根本的标志就是全面建设社会主义现代化强国提上了党和国家的重要议程。党的十九大报告的所有阐述、所有论断，都是围绕这条主线深入和展开的。

如果说毛泽东是我国革命和社会主义制度的总设计师，邓小平是我国改革开放和社会主义现代化建设的总设计师，那完全可以说习近平是我国全面建设社会主义现代化强国的总设计师。党的十九大报告，就是一张全面建设社会主义现代化强国的宏伟蓝图。从这个意义上说，习近平新时代中国特色社会主义思想本质上就是强国思想，形成于全面建设社会主义现代化强国的宏伟时代背景中。

习近平新时代中国特色社会主义思想的核心要义是什么？理解这一伟大思想的内涵和核心要义，有几方面的内容要把握准：

首先，要深刻理解理论主题，即这一思想从理论和实践结合上系统回答新时代坚持和发展什么样的中国特色社会主义、怎样坚持和发展中国特色社会主义这个根本问题。

其次，要深刻理解主要内涵。具体来看，是根据新时代新征程面临的新形势新任务，阐述了"八个明确"。

再次，要深刻理解新时代坚持和发展中国特色社会主义的十四条基本方略，即：坚持党对一切工作的领导、坚持以人民为中心、坚持全面深化改革、坚持新发展理念、坚持人民当家作主、坚持全面依法治国、坚持社会主义核心价值体系、坚持在发展中保障和改善民生、坚持人与自然和谐共生等。这十四条基本方略是对党的基本纲领、基本经验、基本要求的深度整合与升华，是新时代坚持和发展中国特色社会主义的行动纲领，具有长远指导意义。

最后，要深刻理解习近平新时代中国特色社会主义思想的历史地位和重大意义，等等。

如何学以致用、学以促用？马克思有一句名言：理论一经群众掌握，也会变成物质力量。当前，"新思想"已经确立，下一步就是要更自觉地用这个伟大思想去指导实践、指导各方面的工作，这是非常关键的。对此，既要从整体上进行把握，也要把这一科学体系中的具体内容吃透、悟透。比如，如何认识我国社会主要矛盾发生变化的新特点，并将其运用到实际工作中，就是一个重要内容。

主要矛盾的转化和变化，是党的十九大的一个重大政治判断。对此，一是要认识到我国社会主要矛盾的转化和变化不是根本方向的改变，而是同一方向上实践和认识的进步。二是要认识到我国社会主要矛盾的转化和变化也是历史性变化。从社会主义初级阶段这个最大国情、最大实际出发，很大意义上是从我国社会主要矛盾转化和变化的实际出发，党和国家的一切工作都着眼和立足于这个基点上。可以说，党政干部对人民的美好生活需求要有充分自觉，首先要从认识上理解这个重大政治判断的内涵。

此外，还有几个方面特别值得深刻领会。这包括，要深刻学习领会中国特色社会主义进入新时代的新论断，深刻学习领会分两步走全面建设社会主义现代化强国的新目标，深刻学习领会党的建设的新要求，深刻学习领会贯穿其中的实事求是、群众路线、独立自主的马克思主义立场观点方法，等等。

在新时代的背景下，还要特别强调围绕"一个中心"、做到"三个结合"。"一个中心"，即以党和国家正在做的事情为中心。"三个结合"，即：一是把学习习近平新时代中国特色社会主义思想同学习马克思列宁主义、毛泽东思想、邓小平理论、"三个代表"重要思想、科学发展观紧密结合起来；二是同学习中国特色社会主义文化紧密结合起来；三是同学习现代科学技术紧密结合起来。真正这样做，就会大大提高党的创造力凝聚力战斗力，进而团结带领人民进行伟大斗争、建设伟大工程、推进伟大事业、实现伟大梦想。

李君如在《新思想有何伟大贡献与历史地位》一文中，重点阐释了习近平新时代中国特色社会主义思想的科学内涵、本质特征及其历史地位。

文章提出，理论逻辑从来都是实践逻辑的科学反映。中国共产党的理论创新，是在回答时代和实践提出的重大课题中不断推进、不断发展的。理论创新从来都不是在书斋里提出和完成的，而是在人民伟大的实践中、在党依靠人民解决实践中不断出现的矛盾中提出和完成的。

从"文化大革命"中走出来的中国共产党，在总结历史经验、开辟新时期中形成了邓小平理论；经历国内外政治风波特别是苏东剧变后的中国共产党，在进一步深化对"什么是社会主义、怎样建设社会主义"和"建设什么样的党、怎样建设党"的认识中形成了"三个代表"重要思想；进入 21 世纪快速发展阶段的中国共产党，在回答"实现什么样的发展、怎样发展"过程中形成了科学发展观。

唯物辩证法告诉我们，实践是不断发展的，矛盾是不断解决不断发生的。用马克思主义武装起来的中国共产党人，从来不幻想哪一天没有矛盾、哪一天不需要斗争、哪一天可以高枕无忧，而是敢于"到中流击水"，顺应时代潮流、把握时代潮流，并审时度势引领时代潮流。

党的十八大以来，以习近平同志为主要代表的中国共产党人，面临的是什么问题？党的十九大报告说："国内外形势变化和我国各项事业发展都给我们提出了一个重大时代课题，这就是必须从理论和实践结合上系统回答新时代坚持和发展什么样的中国特色社会主义、怎样坚持和发展中国特色社会主义。"正是围绕这个重大时代课题，顺应时代发展的进步潮流，进行艰辛的理论探索，创立了习近平新时代中国特色社会主义思想。

在马克思主义思想史上，任何一个科学思想理论的本质特征都是体现在其科学内涵及主要内容上的。习近平新时代中国特色社会主义思想也不例外。

关于这一科学思想的科学内涵及其主要内容，党的十九大报告讲了八个"明确"。这八个方面的概括，包括总任务、主要矛盾、总体布局和战略布局、改革、法治、强军、外交、党的领导和党的建设，把党的十八大以来党和人民创造的主要经验以及党的十九大提出的新战略新任务，都概括到了这个科学思想之内。由于这些科学思想的主要提出者和奠基人是习近平同志，所以党的十九大把党的十八大以来理论创新中形成的这一重大理论成果，命名为习近平新时代中国特色社会主义思想。

事实上，习近平总书记在治国理政的时候，一而再、再而三提出了这样一个问题："我是谁，从哪里来，到哪里去？"2014年5月4日，他在同北大师生座谈时说："一个民族、一个国家，必须知道自己是谁，是从哪里来的，要到哪里去，想明白了、想对了，就要坚定不移朝着目标前进。"2015年11月3日，他在同参加第二届"读懂中国"国际会议的外方代表座谈时又一次讲道："我们从哪里来，我们走向何方？中国到了今天，我无时无刻不提醒自己要有这样一种历史感。"他还说："伫立在天安门广场的人民英雄纪念碑有一组浮雕，表现的是1840年鸦片战争到1949年中国革命胜利的全景图。我们一方面缅怀先烈，一方面沿着先烈的足迹向前走。我们提出了中国梦，它的最大公约数就是中华民族伟大复兴。"

在中国共产党领导下，今天我们比历史上任何时期都更接近、更有信心和能力实现中华民族伟大复兴的目标。中国特色社会主义进入新时代，从根本上说意味着近代以来久经磨难的中华民族迎来了从站起来、富起来到强起来的伟大飞跃。让中华民族"强起来"，是新时代的本质特点。一个"强"字，涵盖了中国人自鸦片战争以来梦寐以求的强国梦、强军梦，以及今天中国人要建设文化强国、科技强国、航天强国、网络强国、交通强国、质量强国等一系列民族复兴的梦想。

此外，还有学者聚焦了"新思想"的新飞跃，认为着眼于新时代推进中国特色社会主义现代化事业的发展和实现中华民族伟大复兴的历史使命，构建起具有鲜明特点的科学理论体系。[①]

[①] 王公龙：《新思想实现了怎样的新飞跃》，《解放日报》2017年11月28日。

第二章 《解放日报》的传播历程

一般来说，马克思主义中国化有三条路径：一是马克思主义基本原理与中国具体实际相结合；二是马克思主义与中国传统的、现代的优秀文化相结合；三是中国共产党和中国人民在中国社会发展实践中的独创，是中国共产党人的创造性见解。这些综合在一起，构成马克思主义中国化历史性飞跃的基本路径。由此观之，习近平新时代中国特色社会主义思想不是单一路径结合的产物，而是三条路径综合创新的结果，并展现鲜明的21世纪中国化马克思主义的新特征。

第一，习近平新时代中国特色社会主义思想赋予马克思主义以新的时代内涵。从马克思主义哲学角度来看，习近平总书记一再强调树立辩证思维，从纷繁复杂的事物表象中把准脉搏、掌握规律；强调树立战略思维，指出战略定力问题是一个政党、一个国家的根本性问题，中国是一个大国，决不能在方向性、根本性问题上出现颠覆性错误；要观大势、定大局、谋大事，在权衡利弊中作出最为有利的战略抉择；强调树立历史思维，要把历史作为最好的教科书，善于从历史中获取智慧，从历史视野中把握党和国家的光明前景；强调增强底线思维，凡事从坏处准备、努力争取最好的结果；强调坚持问题导向，把认识和化解矛盾、发现和解决问题作为打开工作局面的突破口；强调坚持科学统筹，统筹国内国际两个大局，统筹党和国家事业全局，既注重总体谋划又要以重点突破带动整体推进；等等。这些重要论述从科学的思想方法和工作方法层面赋予马克思主义哲学以新的方法论内涵。

从马克思主义政治经济学角度来看，习近平总书记提出坚持以人民为中心的发展思想，坚持和完善我国社会主义基本经济制度和分配制度，毫不动摇地巩固和发展公有制经济，毫不动摇地鼓励、支持、引导非公有制经济发展,使市场在资源配置中起决定性作用,更好发挥政府作用,等等。这些理论成果是适应当代中国国情和时代特点的政治经济学,开拓了马克思主义政治经济学的新境界。

从科学社会主义理论角度来看,习近平总书记强调中国特色社会主义是社会主义,不是别的什么主义;中国特色社会主义道路是实现社会主义现代化、创造人民美好生活的必由之路;中国特色社会主义理论体系是指导党和人民实现中华民族伟大复兴的正确理论;中国特色社会主义制度是当代中国发展进步的根本制度保障;中国特色社会主义文化是激励全党全国各族人民奋勇前进的强大精神力量;全党要更加自觉地增强道路自信、理论自信、制度自信、文化自信;等等。这些新的论断,书写了科学社会主义在当代中国发展的新篇章。

第二,习近平新时代中国特色社会主义思想中包含诸多马克思主义与中国传统的、现代的优秀文化相结合的新成果。习近平总书记高度重视中华优秀传统文化,并将其作为治国理政的重要思想文化资源。他强调,要以科学的态度对待传统文化,不忘本来才能开辟未来,善于继承才能更好创新,要对传统文化进行创造性转化和创新性发展。要深入挖掘和阐发中华优秀传统文化讲仁爱、重民本、守诚信、崇正义、尚和合、求大同的时代价值。要继续深化社会主义思想道德建设,继承和弘扬我国人民在长期实践中培育和形成的传统美德,在全社会形成崇德向善、见贤思齐、德行天下的浓厚氛围等。要深入挖掘中华优秀传统文化蕴含的思想观念、人文精神、道德规范,结合时代要求继承创新,让中华文化展现出永久魅力和时代风采。这些论述中,既有社会主义的本质规定,也有中华民族优秀传统文化的精髓,是马克思主义与中国优秀文化的有机融合。

第三，习近平新时代中国特色社会主义思想汇集诸多当代中国共产党人原创性理论成果。比如，提出协商民主是实现党的领导的重要方式，是我国社会主义民主政治的特有形式和独特优势；推进国家治理体系和治理能力现代化；树立和落实创新、协调、绿色、开放、共享的新发展理念；我国经济发展进入新常态的理论；推进供给侧结构性改革；树立和践行绿水青山就是金山银山的理念；坚持政治建军、改革强军、科技兴军、依法治军，更加注重聚焦实战，更加注重创新驱动，更加注重体系建设，更加注重集约高效，更加注重军民融合；推动构建人类命运共同体；等等。这些思想来自当代中国共产党人鲜活的实践，是具有原创性的新思想和新观点。

总之，中国特色社会主义已经进入新时代，马克思主义中国化也已实现了新的飞跃。充分认识这一飞跃的理论和实践意义，继续高举中国特色社会主义伟大旗帜，坚持和发展习近平新时代中国特色社会主义思想，无疑有助于推进实现中华民族伟大复兴的历史进程，有助于彰显当代中国马克思主义的强大生命力，有助于为世界和平发展和人类文明进步贡献中国智慧和中国方案。

第八节　不同阶段代表性学者的理论贡献

富有学术气息、思想韵味，是中国现代报纸专副刊的一种格调。它的形成，与学人的积极参与和支持是分不开的。同时，学人在这一思想传播及互动的过程中，不断发现新的现象、问题，并展开更深、更广的思辨，也实现了个人研究领域和深度的扩展。

在近代中国，《京报》主笔邵飘萍的一个基本办报思想就是实现新闻报纸与学术团体的结合。他在《七种周刊在新闻学上之理由》中写道，学术团体和新闻报纸的结合，"一方可以发表研究之兴趣，一方可以增加报纸之声誉"，所谓"交易而退，各得其所"，结果为"互助互利"。

为培植文化的根基、提高学术研究风气，北平《经世日报》聘请各大学学者、专家多人撰著论文。这些特约撰述人有：毛子水、邱椿、高享、汤用彤、郑天挺、王桐龄、姚从吾、陆志韦、冯至、郑华炽、王文萱、胡适、陶元珍、冯友兰、邓恭三、左宗仑、陈垣、张怀、杨振声、蓝文征、沈从文、陈雪屏、张佛泉、傅孟真、顾颉刚、沈兼士、陈岱崧等。

《大公报》"星期论文"从1934年1月起，一直出版至1949年5月，从未间断。"星期论文"第一篇刊登了胡适的《报纸文字应该完全用白话》。此后，《大公报》共发表"星期论文"750余篇，作者多达200余人。其中，发表15篇以上的有：胡适（19篇）、傅斯年（22篇）、吴景超（15篇）、陈衡哲（17篇）、陶孟和（15篇）、张其昀（34篇）、沙学俊（15篇）、周太玄（15篇）、何承估（16篇）、谷春帆（31篇）、伍启元（16篇）；发表10篇以上的有：丁文江（11篇）、黄炎培（12篇）、费孝通（11篇）、王荒生（11篇）、方显庭（13篇）、陈博生（10篇）。其他比较知名的作者还有蒋廷黻、翁文灏、梁漱溟、张奚若、梁实秋、陈岱孙、陶希圣、潘光旦、蒋百里、郭沫若、陈西滢、钱穆、章乃器、萧公权、顾颉刚、朱光潜、张君劢、竺可桢、茅盾、于右任、邵力子、梁思成、老舍、沈从文，等等。①

"星期论文"的作者队伍以大学教授为主，既有学术名流，又有行业新秀，蔚为一时文风。不久，天津《益世报》、北平《晨报》及上海《申报》《新闻报》都增辟类似专栏，为南北学人发表个人见解，在扩大学术研究、知识传播的影响力方面发挥了极为有益的作用。

1938年5月，中国共产党在延安成立马列学院。在之后的发展中，该学院汇集了越来越多的具有马克思主义理论素养的知识分子，包括张闻天、王学文、杨松、艾思奇、吴亮平、范文澜、柯柏年、何锡麟、王实味、李维汉等。

在党的领导群体提出"马克思主义中国化"的命题和历史任务后，马列学院和延安的广大知识分子及时跟进，积极响应。陈伯达、张如心、张仲实、杨松、艾思奇及和培元等纷纷撰文论证和普及这一命题。和培元的《论新哲学的特性和新哲学的中国化》、陈伯达的《关于马克思学说的若干辩证》、杨松的《关于马列主义中国化的问题》、张如心的《论布尔塞维克的教育家》等文章，还对马克思主义中国化问题进行了详细探讨。其中，艾思奇通过在报刊上发表《怎样研究辩证法唯物论》《社会主义革命与知识分子》《论中国的特殊性》《抗战以来的几种重要哲学思想评述》等多篇文章，更是系统论述了自己的马克思主义中国化观点。

可见，理论传播与学人的互动，是我国宣传领域的一个历史传统。《解放日报》的当代中国马克思主义传播，同样得到了社科界专家学者、学

---

① 程光炜主编：《都市文化与中国现当代文学》，人民文学出版社2005年版，第172—173页。

子以及理论爱好者的热情支持。反过来,有了"新论"等理论专版,他们也多了块"用武之地",多了个实践舞台。众多作者在这里发表成果、交流思想、获取信息、切磋学术。这对上海理论工作者的成长、成熟乃至中国社会科学理论的发展繁荣,无疑是有促进作用的。一些学子(在校大学生、研究生)在"新论"版上首次发表文章,初露头角,如今他们中的不少人已成为术业有专攻的资深专家。"新论"版一定程度上可以说是他们成长的一个起点、成熟的一个台阶。例如,1983年以来,"新论"版刊登了《生活中的时间学》《家庭学断想》《"领导科学"初探》《哲学漫笔》《生活方式散议》《新科学观随笔》等系列文章。由这些"连载"扩充成书并公开出版的就有8本。而邓伟志、沈铭贤、赵鑫珊、金哲与陈燮君、王健刚等当年的中青年学者,由此显露头角,收获了相当高的知名度。[①]

梳理来看,在邓小平理论传播阶段、"三个代表"重要思想传播阶段、科学发展观传播阶段,包括王沪宁、龚育之、夏禹龙、施芝鸿、郑必坚、石仲泉、李君如、郑新立、俞吾金、奚洁人、桑玉成、林尚立、吴晓明、陈学明等名家、大家都在《解放日报》的平台上留下了自己的思想演进轨迹。

一、邓小平理论传播阶段

(一)王沪宁的学术传播与贡献

"《国家主权》是我研究生时代认识的朋友;《比较政治分析》是我在

---

① 金维新:《保持特色 常办常新》,《解放日报》2000年7月7日。

飞越昆仑山脉的飞机上认识的朋友;《行政生态分析》(印刷中)是我在中国社会大变革中认识的朋友;《当代西方政治学分析》是我在东西方文化冲突时在专业领域中认识的朋友。写完书后,就算与朋友告别了,想起来有些伤感。偶尔回想起来,好像有家里高朋满座的感觉。但你不能不向它们挥挥手,去寻找新的朋友。不论怎么说,朋友多的人,会变得善良。"[1]

1988年,33岁的复旦大学副教授王沪宁在《解放日报》上分享了自己写作的感觉。他说:写书有点像爬山,每到一座山峰上都会有新的视野。写完一样什么,就像到了一个新的境地,能够看到更深更远更广大的景色。

事实上,这位当时的青年学者不仅撰写了许多高深的学术著作,而且也密切关注并投身于邓小平理论的传播。1986—1995年,他在《解放日报》"理论专版"上总共发表了7篇署名文章和1篇感想,主题涉及政治体制改革、执政党建设、解放思想、社会生产力、精神文明建设等。

1986年8月27日,《解放日报》"新论"版头条刊登了一篇题为《提高效率与政治体制改革》的文章。作者王沪宁在这篇3 000余字的文章中,开门见山地指出:政治体制必须富有效率,这不仅仅是人们对政治体制的美好愿望,而且是20世纪人类社会日新月异的发展提出的要求。

王沪宁认为,提高政治体制效率是当时我国面临的首要任务之一,因为官僚主义、机构臃肿、人浮于事、程序混乱、权力重叠、素质不高等现象严重阻碍着政治体制提高效率,从而在某种程度上成了社会经济

---

[1] 王沪宁:《写的感觉》,《解放日报》1988年9月3日。

文化发展的羁绊。

如何理解政治体制的效率呢？作者对从当时世界五光十色的政治体制进行比较，提炼出一个"参考系数"，即一个高效化的政治体制应当具有下述特性：（1）能准确评价和观察社会各种活动和关系的走向；（2）具有全面和长远的系统政治过程观念；（3）能自我去除模糊的观念；（4）具有宏观政策的思维框架；（5）处理紧急事态的高强能力；（6）富有创造性和创新能力；（7）具备现实的施政态度；（8）拥有令行禁止的权威；（9）具备完善的阐释政策的能力；（10）具有迅速适应条件变化的能力。

王沪宁表示，改革政治体制，使我国政治体制走向高效化，应该是向这10个方向逼近。目前，则似乎应该在三个方面着手进行：

第一，权限机制。社会主义国家由于特殊的历史、社会条件，形成了独特的权限机制，具体包括党的权力、立法权、行政权和司法权因素。但一段时期以来，第一项权力与后面的三项权力之间，并未解决好权限关系问题。因而，政治体制改革应当解决这个问题，建立一种机制，既保持党的领导，又避免由党政关系不顺而引出的权力掣肘，使党对国务和政务的领导科学化。

同时，应当改革政治体制的垂直和水平权限关系。我国过去的垂直权限关系是高度集权的，偌大个国家，10亿人口，事无巨细均要统一的决策机构决断，势必有碍政治体制的效率，也会妨碍下级机构发挥创造性和创造能力，影响政治体制的灵活性和反应能力。水平权限关系指的是政治体制同一层次的不同机构之间的权限关系。这种权限关系倘若不清，就会造成有的事情大家都插手、有的事情无人过问，办事效率自然不会高。

第二，行为机制。首先，具备一套行之有效的机制，能够保证政治体制自身持续和稳定的新陈代谢，保证最广泛地将社会的优秀人才吸收到政治体制内部来。其次，应建立完备的政治体制的行为规范，即完善法制，通过法律来保证政治体制的行为机制有利于提高政治体制的效率，而不是阻碍它。广角视之，整个社会文化水平的提高也构成政治体制行为机制改善的宏观条件。此项工作，需要我们长期不懈地努力。

第三，技术机制。一个高效化的政治体制，需要一定的组织和设施来保证。一是各级决策机构尤其高层决策机构应当具有先进的辅助机构，如专业的政策分析机构、专业政策顾问、完善的情报和评估班子、第五代计算机系统等；二是各级政治机构应有一定的智囊网络；三是有效的政策宣示系统，如大众传播媒介和政策白皮书等手段，通过政策宣示求得社会认同政治体制的活动，是政治体制高效化的重要条件；四是敏捷的效率核查系统，能及时核查和检验政治体制的效率，反馈给有关部门，随时调节政治体制的效率机制。

王沪宁最后还指出，政治体制追求决策效率和施政效率的过程，除了高效化的直接要求之外，政治体制的高度民主也是不可或缺的。没有政治民主化，没有民主决策、民主议政、民主监督、民主施政，政治体制的高效化也就无从谈起。从这个意义上讲，政治体制改革的这两个层面相辅相成、相互依赖、相互促进，一个层面的发展本身就意味着另一个层面的发展。

党的十三大以后，王沪宁结合文件精神提出了自己对政治体制改革的进一步思考。相关研究成果，于1988年2月3日在《解放日报》第4版头条刊登。

作者提出："政治体制改革的关键首先是党政分开，这是经过长期的社会主义实践和深入的理论探索才得出的看法。经过三十多年的实践和风风雨雨，我们认识了这一点，不能不说是社会主义理论和实践的一个历史性的发展。"

党政分开意味着在新的形势下改善党的领导制度、领导方式和领导作风，意味着党组织要放下过去包揽的许多行政事务，当然也就意味着党组织要放下过去承担的一些政府职能。这样一来，就容易产生一个问题：党政分开究竟是否有利于加强党的领导？

王沪宁认为，对这个问题，可以从两个方面去思考。一方面，从党自身来说，党政分开可以提高党的政治领导水平，使党摆脱行政事务，做到"党要管党"，加强党的建设，提升总揽全局的地位，充分发挥协调、领导作用，使党真正具有监督的职能。这些好处，经过一段时期的实践之后，将日益显示出来。另一方面，从宏观政治体制来看，党政分开有利于政府、企事业单位、群众组织和其他各种社会组织充分发挥积极性，提高活力。它们取得的成就越大越多，越有利于加强党的领导，提高党的威信。

文章最后强调，党政分开的过程，实际上是一个新旧体制交替的过程。在新旧体制交替的过程中，首先应当防止出现"职能"空缺，这样会不利于我们的改革。就此而言，"我们就更应当积极稳妥，促使条件成熟，有计划、有步骤、有把握地实行党政分开"。

1989年夏天，王沪宁在重温五四精神后，提出了一个新政治精神的话题。他较为严谨地判断：我们现有的条件使新政治秩序不可能马上建成，不可能使新政治精神马上制度化。因而，新政治精神和新政治秩序将表现为一个持久作用的过程。不断根据新政治精神的历史取向,不断促进建立新政治秩序的条件的成熟,不断完善新政治秩序,是中国的选择。①

1993年的1月27日,农历正月初五,《解放日报》推出特辑,邀请申城部分理论工作者进行"春节围炉谈",主题强调"三新":新春·新展望·新打算。此时,邓小平"南方谈话"刚好过去了一周年。

社会主义经济发展与政府调控的关系,中央与地方关系的平衡,政治意识形态在现代化过程中的鼎新;冷战后国际关系的基本格局,"软权力"与国际关系的交汇,全球相互依存与国内政治,亚太地区国际关系的走向……是王沪宁新年里研究兴趣所在。

不过,5个多月后,王沪宁拿出了一篇更宏大的专稿:《邓小平的理论:以发展社会生产力为生长点》。该文于7月7日在《解放日报》第10版刊登。

文章打头的不同于一般的报纸理论文章,而是作者的题记:以发展社会生产力为生长点,通俗地说,即以发展社会生产力为基盘,所有其他的逻辑和理论均从这个基盘生长出来,不脱离这个基盘。没有这个基盘,没有这个生长点,便没有整个理论体系的孕育和发展。

正文中,作者梳理提出,邓小平理论的独创性在于,它强调了在社会主义社会中发展生产力的第一性。上层建筑和生产关系应根据推进社会主义社会生产力的发展来设计。理解了这一点,我们才能坚定不移地推进中国的社会主义现代化建设,才能真正理解邓小平所说的:当前最

---

① 王沪宁:《切实有效地弘扬新政治精神》,《解放日报》1989年5月5日。

大的政治是建设社会主义现代化。

当然，在强调大力推进社会生产力发展、建设社会主义物质文明的同时，王沪宁也逐渐意识到精神文明的重要性。1995年2月8日，他在《解放日报》上发出了"精神文明建设是一项社会工程"的观点，"经济发展越是迅速，精神文明建设越要齐头并进。只有物质文明和精神文明平衡发展，现代化建设才能稳定地、合目的地推进"。

为此，王沪宁还给出了5点建议。其中强调，精神文明建设有"软件"的一面，如教育、传播某种价值和观念；也有"硬件"的一面，就是说要有一定的投入。这种投入包括人力、物力和财力的投入，如建立适当的理论研究机构、教学场地、文化场所、艺术中心、信息网络，资助重要的研究计划、图书出版和其他有关精神文明建设的重要事情，等等。

总的来看，王沪宁在《解放日报》发表的学人思考，主题前沿，观点深刻，让人看到了一名青年理论家的风采。但更重要的是，他的真知灼见，对于厘清思想困惑、启发学界研究、丰富治国理政理念，以及推动当代中国马克思主义发展发挥了积极作用。

（二）龚育之的学术传播与贡献

龚育之是著名的中共党史学家，集"三重身份"为一体：既是诸多历史事件的亲历者，也是理论、历史的研究者，同时还是孜孜以求的思索者。

众所周知，亲历历史的人未必就具有研究历史理论的能力，而从事研究的人往往又很难具备亲历者的深切体悟。就算同时具备了上述两个方面要素，要想实现相互之间的互促共进，深入的思考也必不可少。而这三个方面在龚育之身上，同时得到了完美的体现。因此，他写文章总是洋洋洒洒，在叙述事情时娴熟如"庖丁解牛"，阐述道理时深入如"抽丝剥茧"。[①]

1988年新年伊始，《解放日报》推出专版刊登龚育之《新民主主义·过渡时期·社会主义初级阶段》。在近8 000字的论述中，作者主要围绕三个历史阶段，即新民主主义、社会主义过渡时期以及社会主义初级阶段相互间的区别与联系展开深入思考。该文在进一步阐释"三个阶段"理论合理性的过程中，旗帜鲜明地表示：运用马克思主义方法论在划分历史阶段，最根本的依据就是社会主要矛盾的变化。[②]

而在《邓小平南方谈话与中国改革发展新阶段》这篇文章中，龚育之重点加强了对当代中国马克思主义理论成果的相关表述及其关系进行比较研究。其中，"纠正、继承和发展"这一独特解释，是作者关于马克思主义中国化重要理论成果比较研究的基本观点。

例如，在"南方谈话"中，"抓住时机、发展自己"既是重要的提法，也是重要的精神；党的十四大对贯彻这一精神进行了具体的部署，提出"加快改革开放和现代化建设步伐"的基本要求，而且以十四大报告题目的形式出现。在龚育之看来，既然是抓住时机发展自己，那就是发展的步伐要适当加快。这种加快是相对于前期的发展而言的，但还要符合客观实际情况，而不是没有限度、脱离实际的"加快"。显然，并不是说越加越快、越快越好。

---

① 史代罗：《龚育之研究中共历史的心路历程》，《甘肃理论学刊》2011年第6期。
② 龚育之：《新民主主义·过渡时期·社会主义初级阶段》，《解放日报》1988年1月22日。

党的十四届五中全会上，我们党确立了"抓住机遇，深化改革，扩大开放，促进发展，保持稳定"的发展方针。这20字概括全面、内涵丰富，一方面回应了"南方谈话""抓住时机，发展自己"的要求，另一方面恰当地处理了发展、改革以及稳定三者之间的关系。在龚育之看来，这20字方针，从总体上概括了我国新阶段的基本特征。①

再比方说，"文化大革命"结束后的一段时期以来，我们提出了一些新概念，诸如小康社会、中国式现代化等。但是在"文化大革命"刚刚结束的时候，我们沿用的仍然是历史的口号，即到20世纪末实现四个现代化。之所以出现这样的情形，是因为当时我们对国际国内的形势还未能形成正确的认知。这种认识上的局限在党的十一届三中全会之后被彻底打破。龚育之认为在这次会议上，"解放思想、实事求是"的思想路线得到了重新确立，我们对国际国内的形势有了正确的评估，以此为背景，我们的口号发生了改变，强调要在20世纪末实现中国式现代化。强调实现中国式的现代化，是因为我们认识到这种现代化和世界发达国家的现代化相比，还存在较大距离，但是尽管如此，我们已经实现了小康，用GDP来衡量，就是到2000年要实现GDP比1980年翻两番。

龚育之还注重坚持两个方针，一个方针是解放思想、实事求是，另一个方针是百花齐放、百家争鸣。在他看来，学术研究要想走向深化，这两个方针是唯一的道路。1992年4月16日、17日、18日，《解放日报》连续三天刊登龚育之撰写的读邓小平著作的笔记《在有中国特色的社会主义旗帜下》，其中有关社会主义初级阶段、社会主义市场经济的阐

---

① 龚育之：《邓小平南方谈话与中国改革发展新阶段》，《解放日报》1997年2月25日。

述，引发了国内外学界的关注和热议。因为在那时，市场经济问题是一个备受争议的热门问题，"姓资姓社"的对立观点仍有影响。但龚育之指出，问题有争论并不是一件坏事，恰恰通过相互之间的争鸣，才能在不断地讨论实践中形成共识。[1]龚育之还认为，理论界要允许各种不同的意见和见解参与讨论，这样不同意见的持有者就可以相互得到启发，取长补短；在学术研究方面，不同的意见之间的争鸣，有利于深化研究工作。[2]

因为长期从事文献工作，龚育之在研究时形成了自己特有的视角和思维，对于文献的考证，他十分重视；对于历史事件，他也喜欢进行深入的探究。在《七届三中全会·十一届三中全会·十五届三中全会》一文中，龚育之对我们党工作中，农业和农村工作所占的地位进行了考察。在考察中，他从历史发展和经验角度出发，对党的农村政策进行了追溯，以自己的学术研究向农村改革20周年献礼，并立足于此，就十五届三中全会有关农业农村问题的决定，进行了学习和研究。

1950年6月召开的党的七届三中全会，是我们党在中华人民共和国成立后召开的第一次中央全会，这次会议的主要议题就是讨论土地改革问题。土地改革问题在当时是我国农村最重要的问题，就是放在全国层面，也是一个不容忽视的问题。文中梳理了此次全会之后"三农"问题的变革，即土地改革——从地主所有到农民所有、农业合作化——从土地入股到土地公有、人民公社——从"一大二公"到三级所有。

---

[1] 龚育之：《从毛泽东到邓小平（增订新版）》，中共党史出版社2002年版，第113页。
[2] 《怀念龚育之》编辑组：《怀念龚育之》，中央文献出版社2007年版，第113页。

在我们党和国家历史中，党的十一届三中全会具有里程碑式的意义，标示着伟大的历史转折。从那时开始，在中国特色社会主义建设道路上，我们踏上了新时期的新征程，并围绕中国特色社会主义建设，形成了新的理论体系：邓小平理论。而贯穿于其中的就是改革开放。众所周知，我国的改革开始于农村，突破在农村。关于这一时期的农村改革，龚育之进行了总结，指出"包产到户"经历了三个历史发展阶段，先是鼓励试、允许看、不争论，然后到土地公有、家庭经营，再到基本制度、长期稳定的发展脉络。

在这些史料的基础上，作者进一步解读党的十五届三中全会的决定，概括指出了新时期的三个基本制度，即基本经济制度、基本经营制度和基本分配制度。

在龚育之看来，"以劳动所得为主"这个全新提法，跟"以按劳分配为主"相比，内涵更为丰富。这里的所得，特别强调凭借的载体是劳动，而非资本，这就和资本所得有了明确区分。①

2001年6月17日，《解放日报》"新论"版刊登《在党的历史决议基础上前进》。这篇由龚育之撰写的8 000余字大作发表，有着深刻的历史背景。一方面是纪念建党80周年，另一方面是《关于建国以来党的若干历史问题的决议》通过20周年。在此背景下，龚育之针对党的历史和理论的学习、研究，阐明了个人的观点，为学界的学习研究提供了基本的思路：以历史决议为基础，然后继续前行。这些论断现在看来，仍然令

---

① 龚育之：《七届三中全会·十一届三中全会·十五届三中全会》，《解放日报》1998年11月16日。

人觉得充满时代性和现实意义。

文中,作者开门见山地强调,要切实防止在学习研究上,走历史的退路,特别是那些在决议中已经形成的成果要坚决坚持。这里他警惕的后退,实际上包含两层含义。一层含义是淡化"文化大革命"的错误。龚育之认为《决议》明确界定为错误的,无论是实践还是理论,我们都应该正确地面对,而不是淡化和回避。只有实事求是地面对曾经的错误,才能切实地汲取教训、引以为戒,从而避免在以后的发展中再犯类似的错误。①另一层含义是对我国社会主义所取得的成就进行淡化,甚至是否定。正视"文化大革命"的错误固然应该,但是我们也不能无视我国人民在党的领导下所取得的一系列成就。②这些成就在《决议》里已经明确,而且也被历史实践所证明。所以,我们不能盲目地否定,而要恰如其分地尊重它。

"纠正、继承"基础上,龚育之更强调当代中国马克思主义的发展。他说,历史和理论都在向前发展,伴随着这种发展,人们关于历史的认识,也在不断地前进。在这样的宏观背景之下,对于历史决议,是否还有固守的必要,答案当然是肯定的。这至少可以从两个方面得到支持:一是《决议》虽然已经成为历史,但是直到现在,其明确的基本结论仍然牢不可破,具有权威性;二是以坚持《决议》基本结论为基础,对中华人民共和国成立以来的历史过程、经验进行深化和总结,并进一步发展,是时代发展的根本需要。③

龚育之对当代中国马克思主义理论成果以及有关关系问题的梳理、

---

①②③ 龚育之:《在党的历史决议基础上前进》,《解放日报》2001年6月17日。

阐述，不仅在理论界引起广泛共识，在党的十七大报告中也得到验证。例如，关于毛泽东思想与中国特色社会主义之间的关系，党的十七大报告用"一脉相承"和"两个阶段"进行准确概括。关于两者之间的关系问题，在十七大之后的理论界一度成为热议的话题。在分析讨论中，绝大多数学者肯定了龚育之系列文稿的论述。特别是，龚育之在强调尊重决议的基础上，倡导要对其开展科学研究，他的这种学术研究思想，一方面坚持了党性，另一方面也尊重了科学。①

（三）李君如的学术传播与贡献

李君如对改革开发过程中理论问题的关注，始于真理标准问题的大讨论，直到后来进入上海社会科学院哲学所学习，并成为哲学家周抗的助手。从成长到成熟，他一直没有停止过对当代中国马克思主义相关哲学、理论问题的研究。其中，《解放日报》是其展示研究成果的主要平台。

按照中央有关部门的部署要求，1991年全国各地围绕关于社会主义若干问题的纲要展开学习。李君如在后来回忆说，他当时为中共上海市委常委中心组讲课，在讲课的过程中，一方面介绍了国内外研究邓小平理论的有关概况，一方面也阐述了自己研究该理论的一些认识；之后，市委宣传部副部长刘吉向他传达了市委要求：面向宣传系统干部宣讲邓小平中国特色社会主义理论。后来，这个讲稿经过压缩，刊登在了《解放日报》上。②

---

① 王新强：《龚育之与马克思主义中国化理论成果研究》，《中共济南市委党校学报》2013年第2期。

② 李君如：《解放日报与我人生的"两个第一"》，《解放日报》2009年5月18日。

这篇题为《邓小平的"中国特色社会主义论"》的文章见报当天，读者纷纷来电，里面既有肯定的，也不乏质疑之声。该文后来被评为"五个一工程"奖。作者李君如也凭借此文，首次获得了全国性的社会科学成果奖。正是这篇文章，推动他走向了邓小平理论研究的一线。

1992年10月，李君如结合党的十四大精神进一步对邓小平理论展开了系统性、框架性思索。当时，党的十四大报告中在"建设有中国特色的社会主义理论"一词之前，标明"邓小平同志"或"邓小平同志的"，并强调要在这一理论"指导"下总结经验、部署工作、推进实践。李君如认为，这一些提法，标示着邓小平理论已经被我党正式确立为指导性理论，全党与全国人民的思想与行动都要统一到邓小平的理论上来。仅就这一点而言，党的十四大就有历史性的意义。①

邓小平理论不仅是指导性的理论，而且是时代性的精神。我国在社会主义改造基本完成之后不久，就已经觉察到苏联模式社会主义在体制方面存在明显的不足。但是尽管如此，我国的社会主义建设道路探索也历经了坎坷。毛泽东领导的两次尝试——"大跃进"与"文化大革命"，都因指导思想的错误而失败，留下了沉痛的教训。与此同时，特别是在"大跃进"前后的一段时间内，毛泽东也提出了一系列后来被证明是正确的思想。因此，邓小平在党的十一届三中全会以后，针对毛泽东的思想理论，采用了严谨审慎的态度，在坚持其正确思想原则，落实其没有实行的正确设想的同时，坚决纠正其错误观点和理论，并大力开拓其没有开辟的新路。以此为依据，李君如认为，关于邓小平建设有中国特色的

---

① 李君如：《指导性的理论　时代性的精神》，《解放日报》1992年10月25日。

社会主义理论，是在党的十一届三中全会以后逐步形成与发展起来的，但是其基本思路与一系列重要观点早在五六十年代已经萌芽或孕育。所以，邓小平对历史经验进行总结，是其形成这一时代性特征的理论的基础。

就外部条件来看，诸多影响世界各国的国际性事件的发生，带动了时代主题的变化。当今世界的时代主题，已经告别了战争和革命，取而代之的是和平与发展。这两大时代发展主题表明，尽管社会主义国家和资本主义国家存在根本性差异，但并不影响两者之间的合作和交流。应该说，这样的国际环境对我国的发展而言是一个绝佳的机遇。抓住这个机遇，我们就可以共享世界各国文明成果，为未来的发展奠定坚实基础。在此情形下，针对我国原本僵化、封闭的体制，必须实施改革，不断地推动市场以及管理和国际接轨。毫无疑问，市场与管理同国际接轨，有大量未知的风险存在，但是畏难而退，不和国际接轨，将会带来更大的危险。我国历史上的这种教训是深刻的。所以，我们唯一的出路，就是如何在和平、发展的国际大背景下，接轨国际，搞好社会主义建设。李君如认为，邓小平理论是时代的产物，兼具时代性和科学性，由此可见一斑。

历史经验的总结、国际经验的借鉴固然重要，但任何一种总结与借鉴，只有经过实践才能取其精华、弃其糟粕，并付诸实施。更重要的，实践不仅具有现实性，而且具有创造性。李君如指出，尊重实践，尊重人民群众，是中国共产党的传统，也是邓小平的领导风格。他作为改革开放的总设计师，重视群众愿望，关注群众利益，对于群众创造的经验善于提炼和概括，同时还能对时代发展的脉搏进行准确把握，对于前人的思想和理论能进行合理的扬弃，从而在巩固和发展社会主义的过程中，得以将改革不断地推向深入。这种改革的深入，表现在农村向城市的延伸，计划经济向商品经济的演变，物质文明和精神文明同步提升，进而创立了体现鲜明时代特征的中国特色的社会主义理论。

党的十四大以来，伴随着实践的前进，立足于原著，如何对邓小平理论体系进行全面系统地学习和把握，成为李君如的理论思考和传播的着力之处。

第一，理论学习的自身发展，提出了客观要求。党的十四大召开之后，邓小平建设有中国特色社会主义理论，是理论学习的主要内容，大致分为两个发展阶段。在第一阶段，学习的主要内容为两个方面：一个是"南方谈话"，另一个是党的十四大报告的九个概括；在第二阶段，学习的主要内容是《邓小平文选》第三卷，后来增订出版的一二卷也是学习的重要内容。经过该阶段比较系统的学习，人们对邓小平理论的有关思想路线、基本路线、社会主义本质论、"三步走"、两手都要硬以及爱国主义等重点内容，已经实现了重点把握。接下来就是理论体系化的问题，这需要在学习上实实在在地抓落实、抓推进，来不得半点含糊。

第二，实践的发展，提出了必然要求。在党的十四大上，我国正式确立经济体制改革的目标。在实施这项改革的过程中，人们越来越发现经济体制改革是一场深刻的革命，不仅涉及经济基础，还涉及上层建筑中的许多领域，可谓牵一发而动全身，必须打破旧有的体制和利益格局。显然，在这个过程中，会遇到诸多困难，阻力重重。因此，要在总体上做好统筹和协调工作，把改革、发展以及稳定三者之间的关系科学合理地处理好，真正把各种积极的因素调动起来，把作用发挥出来，促进国民经济的健康发展。换言之，针对经济体制实施的改革，是一项系统性工程，情况复杂、任务繁重，必须要抓好统筹，坚持两手抓、两手都要硬，抓物质文明建设，也抓精神文明建设；抓经济建设，也不放松法治建设；抓深化改革，也抓惩治腐败。要做到这些工作统筹兼顾，全面系统地把握邓小平理论科学体系是关键、是基础。

第三，廓清认识，进一步增强党的战斗力和凝聚力，提出了硬性要求。全党在学习邓小平理论的过程中，李君如发现，因为诸多因素的影响，不少同志关于邓小平理论基本观点的认识，还存在这样那样的差异，有的在认识上甚至偏离了正确的方向。学习者观点上的分歧常见的有如下三种情况：一是对于解放思想和实事求是两者的关系问题，在认识上存在不同理解；二是对于市场经济和宏观调控两者的关系问题，在认识上存在不同理解；三是对于社会主义本质和公有制为主体两者的关系问题，在认识上存在不同理解。为何会出现这些理解上的不同，主要原因有两个方面，一是受到利益格局的影响，不同的利益代表者会产生不同的看法；二是认识的肤浅，不够全面，在认识上产生偏差。①

按照党的十四大对邓小平理论九个方面的概括，关于这个理论的逻辑体系，李君如有了更加深刻的理解和把握。李君如指出，邓小平理论体系阐述了九个重大问题，而贯穿于九大问题的，主要是 16 个理论观点。党的十四大报告正是按照这些问题及观点的内在逻辑关系，进行了有关阐述。其中，第一个理论"关于建设社会主义思想路线理论"，主要

---

① 李君如：《在掌握邓小平建设有中国特色社会主义理论的科学体系上下功夫》，《解放日报》1995 年 6 月 10 日。

阐述了解放思想、实事求是的思想路线；第二个理论"关于社会主义本质和社会主义发展道路的理论"，着重回答了什么是社会主义的问题；第三个理论"关于社会主义发展阶段的理论"，主要建立了立论的基础，强调我国还处在社会主义初级阶段；第四到第十六个理论，包含"关于社会主义根本任务的理论""关于社会主义建设发展战略的理论""关于社会主义事业领导核心的理论"等，重点阐述我国怎样立足于当前的基本国情进行社会主义建设问题。①

对一个具有系统性的科学理论体系进行全面的把握，不仅过程复杂，而且任务艰巨。对理论的把握，衡量的标准不是我们记下了多少理论观点，关键在于我们能不能将这些理论观点融会贯通起来，做到全面认识，并且能应用到工作实际中，不在具体的工作中犯认识上片面性的错误。具体来讲，要做到三个方面：一是理解某一个理论观点，既要结合自己的历史经验，也要结合其他理论观点，运用联系的方式，提升认识的全面性。二是理解某一个具体的理论，必须将之放在整个理论体系中认识，把握其特定的位置和作用。比如说"一个中心、两个基本点"，中心和基本点就不是简单的并列关系，而是主辅关系。三是对于理论观点的应用，必须具体问题具体分析。以前在学习、实践中经常容易犯的片面性及主观主义错误，要严格防止。立足于此，李君如提出，必须在"融会贯通"4 个字上下功夫。②

"求实"是"求新"的基础，新而不实，类乎浮浅，为学人所不容；

---

①② 李君如：《在掌握邓小平建设有中国特色社会主义理论的科学体系上下功夫》，《解放日报》1995 年 6 月 10 日。

贴近生活，注重材料，实事求是，是应该倡导的学风，实中出新，新意常浓。在理论思考中，李君如秉持"求深"是"求新"深化方向的理念，不满足于材料的简单归纳分析，不满意于新思潮的一般介绍，致力于出观点、出思想，深中出新，新意更浓。①

实事求是是毛泽东哲学思想的精髓，也是邓小平的哲学思想。据不完全统计，仅在《邓小平文选（1975—1982年）》和《建设有中国特色的社会主义》（增订本）两本书中，邓小平论及实事求是之处就达80余次。正如他在"南方谈话"中说的："相信毛泽东讲的实事求是。"但是，李君如分析认为，关于实事求是哲学思想的论述与应用，邓小平一方面坚持了毛泽东强调的理论联系实际、从实际出发以及对立统一等基本理论观点，另一方面也有许多自身的内涵：

毛泽东思想哲学中的实事求是，体现为一种认识路线或认识论，也就是说他主要是从认识论角度来阐述"实事求是"的；邓小平则更多地把实事求是看作辩证唯物主义与历史唯物主义两个方面的总体概括。从实际情况看，在对社会主义问题进行研究时，从实际出发和从人民群众的利益出发这两个原则，在邓小平那里得到完美的统一。以此为基础，邓小平客观地对待我国现有体制所存在的矛盾，坚持生产力标准和实践标准，通过一系列的"两手抓"，以实事求是为统领，推动辩证唯物主义与历史唯物主义等在我国成为牢不可破的理论基石。

实事求是，在毛泽东那里，主要用于阶级状况与敌我关系的分析；邓小平在社会主义建设时期把辩证唯物主义与历史唯物主义统一在"实

---

① 李君如：《"求实""求深"出新意》，《解放日报》1991年2月6日。

事求是"这一总命题的过程时，把生产力提到了重要的位置。这主要体现在三个方面：一是他强调的实事求是是从我国实际生产力水平出发的。二是他的实事求是中的"求是"主要是探索规律性，而这里的规律性既包含客观的经济发展规律，也包含我国的社会主义现代化建设规律。比方说，他提出的现代发展战略是实施"三步走"，是完全符合我国生产力实际的渐进式的发展战略。三是生产力标准在邓小平那里，也是检验我们开展社会主义实践工作得失的标准。在"南方谈话"中，邓小平强调衡量改革开放是非的主要标准就是"三个有利于"，围绕生产力，将之作为基础与重点来展开实事求是的各项命题。这是邓小平哲学思想的基本特点。

作为一种方法论，实事求是体现的是无产阶级的世界观，所以，毛泽东一直强调社会实践的主体是人民大众，而且是无产阶级领导之下的人民大众。邓小平对毛泽东的思想观点在坚持的基础上进行了进一步延伸，凸显了知识分子在社会实践中的重要作用，他把从事脑力劳动的知识分子划进劳动者的范畴，倡导全党要尊重知识、尊重人才，在全社会营造了重视知识人才的良好风气。邓小平还强调，在社会主义现代化建设的进程中，知识分子发挥了重要作用，是实践的中坚力量，是工人阶级的一部分。

对邓小平哲学思想特点的概括和评论，自然可以仁者见仁，智者见智。有种评论认为，邓小平领导的改革开放的哲学基础是所谓"经济主义和实用主义结合产生的经济实用主义"。对于这种观点，李君如表示难以苟同——邓小平的相关思想和实用主义是不同的。第一，他主张所有的认识都必须符合于实际，实用主义则把经验看作是世界的基础；第二，他强调物质实践是检验真理的唯一标准，实用主义则把主观经验作为真理的标准；第三，他申明实用与效果都必须看其是否有利于物质生产力的发展和人民生活的提高，实用主义则看其是否满足个人的主观欲求。邓小平强调认识与实践的实用性，但绝不是所谓的实用主义。①

随着改革开放的深入，社会上开始出现了急于求成的情绪，以及企图走资本主义化轨道的冲动。这两个方面常常无形地交织在一起，干扰了改革的正常进行。在此情形下，如何对正在深入推进的改革，从深层作一番哲学思考，研究一下它的存在形态、内在本质以及与之相联系的行为方式，对20世纪90年代的经济社会发展是有裨益的。综合李君如对改革问题的看法，可以发现其核心观点包括：

首先，改革具有"自我变革"的性质。我们过去进行的革命，不论是新民主主义革命，还是社会主义改造，变革的对象都是剥削阶级及其建立的社会政治、经济制度，或同剥削有联系的小私有制度。它们具有明显的阶级斗争性质，是党领导人民同剥削阶级之间展开的斗争。现在进行的改革，虽然也是一种变革性的实践，但有着一定的特殊性或个性。这主要是变革的对象或客体发生了根本性的变化，它是党和人民自己创建的社会主义经济体制与政治体制等具体制度，而不是对立阶级建立的经济、政治制度。尽管这些具体制度中存在着来源于封建主义或小生产的深远影响，但是，且不说人们在观念中已经把它同"社会主义"混为

---

① 李君如：《实事求是："中国特色社会主义论"的哲学基础》，《解放日报》1992年9月11日。

一谈，事实上它们也都已经依附在社会主义身上，成为现存的社会主义具体制度的一部分。因此，改革具有社会主义制度自我完善、自我发展的性质，是一种自我变革性质的特殊的社会活动形态。

其次，改革的主体代表的是人民的根本利益，改革的客体中也包含着人民的某些具体利益，改革具有人民内部利益"自我调整"的性质。体制改革，变革的尽管是具体制度，但是没有一种制度不凝结着一定的利益。对于制度与利益的关系，马克思曾有过深刻的论述。我们可以说改革的最终目的是为了使人民的利益得到最大的满足，但改革的进程却不可避免地会使人们的部分利益或部分人们的利益发生得失变动，其原因即在于原有的体制已经包含了利益要求，而且是人们已经得到的利益。我们也可以说改革将使人们得到的利益超过失去的利益，但因为"立"难于"破"，实现这一目的必然有一个过程，其间利益得失变动显得相当复杂。但有一点是可以肯定的，这一切除个别情况外（如非法攫取利益），都属于人民内部自身的利益调整，党不会从中渔利，也不会允许自己的党员和干部从中牟利。在这个意义上，我们应该明确，改革是人民自我利益调整性质的特殊活动形态。

由于在制度与利益的关系中，两者不是互相分割的两回事，而是互相联系的两个层次的问题，因此改革从其过程而言，是社会主义制度的自我完善和发展，即自我变革性质的特殊的社会活动形态；从其深层利益关系而言，是人民自我利益调整的特殊活动形态。其要义即是：它不是通过反对派的力量来实现的变革，而是党领导人民自己实行并一定能实现的变革。

在此理论上，李君如提出了采取"自觉调整"的行为方式推进改革这一观点。要有领导、有秩序地推进改革，维护上层建筑等方面的稳定性，调整好不相适应的各种经济的、政治的、社会的关系，等等。①

而对于有人认为改革就是要唤醒民众，形成压力集团；就是要无视法规，采取激烈行动；就是要示威游行，推翻中国共产党的领导……李君如予以严正批驳。他认为，"以这种种行为方式并不符合改革的本义，完全背离了改革作为自我变革的社会活动形态，是新质要素逐步累积的渐进过程这些本质的规定，只不过是把改革作为推行资本主义化的代名词而已"。

任何事物都是一分为二的，这在改革的问题上也不可避免。当年，毛泽东提出农村包围城市的道路，是正确的。但在这条道路上，就有一个如何克服农民小生产思想的影响问题。毛泽东并不因为有这种负面问题而停止农村包围城市道路的探索，也不因为选择了农村包围城市的道路就忽视党内与革命队伍内的非无产阶级思想的销蚀作用。这就是毛泽东的高明之处。对待改革，正确的态度应该是在坚定不移地走社会主义经济发展与生产力发展的道路，以达到共同富裕，认真并且有效地防止和克服那些负面的影响。例如，怎么样建设社会主义市场经济，怎么样在社会主义市场经济下加强精神文明建设与党的建设，等等。只有这样，才能使我们在认识上与行动上更自由一些，把自觉的理性的认识疆域拓展得更大一些。

李君如强调，由于我们已经进入它（改革）的大门，就不能再倒退，这就是前进的方向问题。党中央强调要克服利己主义、拜金主义等问题，

---

① 李君如：《改革本质的哲学思考》，《解放日报》1990年2月21日。

正是为了更好地建设有中国特色的社会主义。也就是说，我们既不能轻视这些负面问题，也不能因为有这些问题而改弦易辙、改变道路。①

1992年，中国管理科学院上海分院、《解放日报》理论部和《文汇报》理论部联合召开"邓小平科学管理思想学术研讨会"。会上，夏禹龙和李君如作了主题学术报告《邓小平的管理思想与领导艺术》。1992年10月7日，《解放日报》在第1版和第6版全文刊登这篇长达7 000字的文章。

一般认为，马克思主义的基本原理虽具有普遍指导意义，但它的某一些具体原理和结论与东方社会的实际尚有一定距离；十月革命开创的苏联模式曾为许多社会主义国家所仿效，并取得一定成效，但在新的社会条件下日益显露其弊端；1958年后我国作过走自己的社会主义道路的多方面的尝试而屡遭失误；等等。这些历史背景与客观条件，为邓小平提供领导活动与管理实践的特定舞台。邓小平适应这些客观条件的要求，以他鲜明的个性特征，把科学的威力与艺术的魅力有机地、巧妙地结合起来，在领导活动的舞台上，演出一幕幕宏伟瑰丽的活剧。

文章归纳指出，邓小平的管理思想包含丰富的内容，对战略目标的确定明确而坚定，战略实施鲜明而坚决，管理的制度与管理方法严谨且认真，在用人上大胆而细致。具体表现为，在决策思想上，宏伟目标与现实基础相统一，战略实施以实践为基础，原则性结合灵活性，运用科学仲裁方法，思想建设与制度建设相结合的管理原则，同现代化相适应

---

① 李君如：《邓小平的"建设道路"论》，《解放日报》1993年7月21日。

的用人之道。①

而就邓小平的文章来看,其领导风格与领导艺术都建立在科学性的原则上,同样富有鲜明的个性特征,体现了"柔中有刚,绵里藏针"的特点,张扬着创新、务实、敏锐的领导风范。②

1993年1月27日,《解放日报》在第10版推出本市部分理论工作者"春节围炉谈"专版。此时,身为上海社会科学院研究员的李君如表示:为迎接毛泽东诞辰100周年,我们承担的市重点课题《毛泽东思想大系·总论卷》将要定稿。中国特色社会主义思想史课题将进入实质性研究阶段。同时,根据实践的要求,将对"社会主义市场经济与精神文明建设""社会主义市场经济与党的建设",这两大重要课题展开讨论与研究。

果不其然,10个月后,他在《解放日报》上发表了学习邓小平《结束过去,开辟未来》的体会,畅谈自己对中国特色社会主义思想的最新认识。其核心观点包括:邓小平把脱离实际的理论称为"空话",把紧密结合实际的理论叫作"新话";邓小平强调不能要求马克思、列宁承担解决新问题的责任;邓小平认为真正的马克思主义者必须使自己的思想追上并适应飞速发展的形势,不能落后;必须从实际出发解决自己面临的问题,不能空谈;必须勇于开拓和创造未来,不能僵化。③

对于一个马克思主义者来说,所谓"理论创造"的问题,就是在变

---

①② 夏禹龙、李君如:《邓小平的管理思想与领导艺术》,《解放日报》1992年10月7日。

③ 李君如:《理论创造的科学态度》,《解放日报》1993年11月24日。

化的条件下，认识和发展马克思主义的问题。"变化的条件"，一是发展空间的变化，也就是马克思主义应用的国度、实践的环境已经改变；二是时间的变化。邓小平要求我们搞清楚马克思去世以后100年发生了什么变化，要求我们认识到当今世界的主题是和平与发展，就是要我们根据时间条件的变化来认识和发展马克思主义。马克思主义的理论创造，不是生搬硬套的枯燥说教，也不是脱离中国实际的空洞理论，更不是无视世界文明的狭隘经验，而是要从具有具体空间与时间属性的客观实际出发应用与发展马克思主义。邓小平把脱离这种实际的理论称为"空话"，而把紧密结合这种实际的理论叫作"新话"。

新形势下，理论界研究国情、研究世界、研究现代化的学风也逐渐形成。但是在进行这种创造性的研究时，常常发生歧见很大的争论。其中的难点很多，集中起来就是在新的时代条件下怎样对待马克思主义的问题。

当时，有些人因为马克思没有坐过飞机、没有看过电视，就肤浅地认为马克思列宁主义已经过时了；有些人则碰到新问题就迂腐地钻到马克思、列宁的书本里去寻找现成的答案或结论。这两种让马克思、列宁"承担"责任的做法，都是违背马克思主义的。因为他们的共同特点，都把马克思列宁主义看成为是一种教条。

邓小平强调不能要求马克思、恩格斯承担解决新问题的责任，首先是指不能要求马克思、恩格斯提供解决新问题的"现成答案"，拿出正确的答案是我们自己的责任。理论创造的任务已经历史地落到了我们的头上，我们必须有这种时代的使命感和责任感。

邓小平强调不能要求马克思、列宁承担解决新问题的责任，同时是指不能因为存在新问题而从根本上否定马克思列宁主义。在马克思、列宁那里没有关于新时代、新时期各种问题的现成答案，并不等于他们从人类社会发展规律中揭示出来的社会发展的总趋势、基本纲领和基本原理，都失去了现实的指导意义。

邓小平强调不能要求马克思、列宁承担解决新问题的责任，还是指对待马克思主义不能采用教条式的方式，而应提取其实事求是的精髓。学习马克思主义理论，最重要的就是要懂得这一精髓。掌握了这一精髓，就掌握了研究新情况、解决新问题的主动权和"金钥匙"。

李君如认为，马克思主义适应变化的条件进行的思想革新和理论创造，不是在主观界定的封闭体系之外另造一个体系，用别的什么"主义"去取代马克思主义，而是在马克思主义这个开放的体系内部充实具有各国特点与时代特征的新内容、改变不适合新时代要求的旧内容、抛弃因种种历史原因附加于其中的错误的因素、扭曲的观点，使马克思主义从量和质的统一上，并从境界上提升到新的高度。邓小平所创立的中国特色社会主义理论的过程，正是这种创造精神和科学态度的生动体现。[①]

总之，历史上合理的东西，并不意味着将永远合理；历史上错误的东西，也不会永远错下去。人的思想决不能被历史的包袱压得沉重而停滞僵化，而只能在总结历史中乐观地面向未来、开辟未来、走向未来。为了适应改革开放和社会主义现代化建设新阶段的时代需要，让我们学习邓小平这种具有革命乐观主义精神的科学创造态度，把建设有中国特色社会主义理论的研究引向深入。

[①] 李君如：《理论创造的科学态度》，《解放日报》1993年11月24日。

二、"三个代表"重要思想传播阶段

(一) 石仲泉的学术传播与贡献

"一方面,理论不求新,就没有生命力;另一方面,理论方向偏了,同样没有生命力。历史教训颇为不少,应引以为鉴。"1987年2月,石仲泉再给"新论"300期的寄语中说,我们国家正处于大变革时期。为了探索具有中国特色的社会主义建设道路,一要坚持改革和开放,二要坚持四项基本原则。这是不可偏离的两大根本国策,也是神州大地上不可逆转的并行不悖的历史潮流。党报"理论专版"和广大理论工作者要为推进这一巨大的历史潮流,作出应有的贡献。①

20世纪90年代以来,走上领导岗位的大批年轻干部,由于没有经历过去的事情,缺少实际锻炼,也没有系统学习过党史,不了解过去,就很难做好现在的工作,更不要说指导将来的工作。随着历史的延伸,随着党的队伍的不断扩大和新陈代谢,通过党史教育来加强党的建设,成为一项日益显得迫切而重要的工作。

作为耕耘党史领域多年的研究者,石仲泉非常强调"以史鉴今,资政育人"的作用。1996年,他在《解放日报》撰文指出,中国共产党的历史是一座丰富的精神宝藏。中国共产党的领导人历来重视通过党史教育来加强党的建设。党的历史上成功的经验值得吸取,党的历史上失误的教训也值得借鉴。总结经验,吸取教训,无疑有助于增强贯彻执行党

---

① 石仲泉:《望有更多堪称"新论"的文章》,《解放日报》1987年2月11日。

的基本路线的自觉性和坚定性。要胜任领导中国特色社会主义建设的职责，首先必须充分了解中国历史，尤其是中国共产党的发展历史。①

中国共产党的领导人历来重视党史教育对党的建设的重要意义。早在延安时期，毛泽东就指出：对过去那些成功和胜利的案例要深入研究，对胜利的经验要借鉴学习，对失败的教训，要作为前车之覆，后车之鉴。在新的历史时期，以邓小平为核心的第二代中央领导集体多次强调要用历史来教育青年、教育人民和教育党的干部。邓小平指出：了解自己的历史很重要，要懂得些中国历史，这是中国发展的一个精神动力。他所讲的"要懂得些中国历史"，主要指的是中国近现代史、中国革命史和中共党史。以江泽民为核心的第三代中央领导集体，也重视通过党史教育来加强党的建设。江泽民曾经说过："随着历史的不断发展，党史工作的重要性会越来越明显。"他要求各级党委把这作为"党要管党的重要内容"。

特别在落实党的干部队伍建设这个重要任务上，党史教育应当充分发挥参与、配合的作用。一方面，从党的历史发展，包括它的辉煌与艰辛、成功与失误、胜利与挫折的经验教训来说明思想理论、政治路线决定之后，干部是决定性的因素这个党的建设的基本道理；另一方面，对党在各个时期的各条战线、各种岗位上的高素质干部的光辉代表的业绩、品格、风范，包括他们的世界观、人生观和价值观，以及思想方法、政策水平和领导能力都应广为宣传，为正在成长和肩负重任的广大干部树立学习的榜样。过去在这方面做了不少工作，今后还应当加强。包括改

---

① 石仲泉：《党史教育与党的建设》，《解放日报》1996年8月28日。

进形式、扩大领域、拓宽思路,结合重大的党史事件和重要党史人物纪念,使党史教育更加生动活泼,效果更好。

从历史中汲取养分后,石仲泉也注重挖掘当代中国马克思主义的新认识、新观点。他认为,"三个代表"重要思想的新意包括判断工人阶级先锋队性质的主要标准、判断政治上先进和落后的主要标准、提出中国特色社会主义事业建设者的概念、提出深入研究劳动和劳动价值理论的课题,等等。①

石仲泉还从历史角度提出,"三个代表"是与邓小平理论一脉相承的科学思想体系;基于邓小平理论建立起来的"三个代表",是对中国特色社会主义的深刻认识;党的第二代中央领导集体和党的第三代中央领导集体都坚持中国特色社会主义,这条道路是邓小平开辟的,并由以江泽民为核心的第三代中央领导集体发展的。

在强调发展的继承性基础上,石仲泉也看到了"三个代表"重要思想的创造性。例如,强调国有经济起主导作用,主要体现在控制力上,多样化的公有制形式,更能充分反映出社会化生产的规律与组织特点;又如,广泛团结为祖国富强、社会发展贡献力量的人,不把有没有财产、有多少财产视为简单判断政治思想的标准,而要以相关人员的现实表现来判断他们对中国特色社会主义事业的贡献,等等。②

(二)俞吾金的学术传播与贡献

1997年新春伊始,复旦大学哲学系教授俞吾金在报章上发出了在哲

---

① 石仲泉:《马克思主义党建理论的创造性发展》,《解放日报》2001年9月29日。
② 石仲泉:《中国特色社会主义理论的重要发展》,《解放日报》2003年6月24日。

学研究中继续"两条腿走路"的宣言。

他解释,"一条腿"是指对哲学基础理论的反思;"另一条腿"是指对现实生活的关心和思考。随着计划经济向市场经济的转型,各种新的重大的现实问题不断地涌现出来,促使我们对现有的理论框架作出新的检讨。如果对这样的问题熟视无睹,只知道概念来概念去、文本来文本去地演绎哲学,哲学就会失去自己的生命力,蜕化为以烦琐论证为特征的经院哲学。虽然迄今为止我对现实问题还没有什么深入的研究,但却一直是关注着的,也写过一些论文表达自己的看法。在牛年中,我将继续这方面的思考,并将抽出一部分时间来阅读、研究经济学著作和法学著作,深化对现实问题的认识,从而使自己的理论探索更上一层楼。①

这一年的党的十五大会议上,江泽民的报告对公有制经济的含义作了新的解释,从而为经济体制和政治体制改革的深入扫清道路。不少人把此称作"第三次思想解放"。

"从1997年9月到1998年4月,我在美国哈佛大学哲学系做访问学者,其间我一直思考着一个问题:作为理论工作者,我们能为第三次思想解放,为经济体制和政治体制改革的深入做些什么?我的答案是:应当加强对经济哲学、政治哲学、法哲学和文化哲学的研究。所以,目前我正抓住一切时间阅读这些方面的著作,以便对现实问题作出新的思考。"俞吾金在《解放日报》撰文指出,正是改革开放的实践以及在这一实践的过程中出现的新问题、新观念和新思潮,成了自己孜孜不倦进行理论思索的原动

---

① 《牛年有为,牛年大有作为》,《解放日报》1997年2月12日。

力，也使其领悟哲学真谛的思想境界不断地得到提高。①

最早，他关注了"建设有中国特色的社会主义文化"这一话题。在20世纪90年代的特定历史条件下，如何建设好有中国特色的社会主义文化呢？俞吾金认为，有以下四方面的关系要处理好：

第一，要处理好以马克思列宁主义、毛泽东思想为指导与贯彻执行"双百"方针的关系。我国是社会主义国家，是以马克思列宁主义、毛泽东思想作为指导思想的，这是写进我国的宪法的，是我们从事文化建设的根本前提。"学派论"和"指导思想多元论"都是错误的。前者认为马克思列宁主义、毛泽东思想只是诸多文化派别中的一派，是和其他学派"并起并坐"的；后者虽然承认马克思列宁主义、毛泽东思想的指导地位，但主张指导思想多元化，力图用其他思想来"补充"马克思列宁主义、毛泽东思想。这两种论点的共同点是弱化以致反对马克思列宁主义、毛泽东思想的指导地位，我们当然要进行批判。

与此同时，也要防止另一种倾向，即把马克思列宁主义、毛泽东思想与整个人类文化对立起来，以为毋需贯彻"双百"方针就能建设好社会主义新文化。"双百"方针并不是任意制定出来的方针，而是对学术和艺术发展的客观规律的科学的概括，是我们党繁荣社会主义科学文化事业的重要方针。中华人民共和国成立以来的历史教训一再告诉我们，"双百"方针贯彻不好，马列主义难以得到坚持和发展，也不可能出现真正的文化繁荣的局面。

第二，要处理好继承发扬民族优秀传统文化与充分体现社会主义时

---

① 俞吾金：《在改革开放中追求哲学研究的新境界》，《解放日报》1998年9月9日。

代精神的关系。中华民族是有悠久历史和文化的民族，在我们的传统文化中，既有优秀的东西，又有糟粕。对传统文化，我们既不能采取全盘肯定和一味颂扬的态度，又不能采取全盘否定的虚无主义的态度。同时，我们生活在社会主义社会中，正在进行社会主义现代化建设，我们的文化应该反映社会主义的时代精神，这里又有一个如何对待社会主义的时代精神的问题以及如何处理好这两者的关系问题。

那么，什么是社会主义的时代精神？它反映了社会主义社会的平等、团结、友爱、互助新型的人际关系。我们今天的文化首先要反映这种新的时代精神和风貌。从这样的态度出发，去区分传统文化中的精华和糟粕也就容易了。就是说，传统文化中凡是有利于推进社会主义现代化、人民团结社会进步的观念和因素，都是优秀的东西，都是应该继承和发扬的。

第三，要处理好充分吸收世界文化优秀成果与反对盲目崇洋、"全盘西化"的关系。正如我们对本民族的文化不能取虚无主义的态度一样，我们对世界文化也不能取虚无主义的态度。在斯大林时期，连摩尔根的遗传学说、爱因斯坦的相对论、维纳的控制论都遭到了批判。中国当然不能采取这种态度。

毋庸讳言，当我们和国外各种文化思潮进行接触和交流时，会出现这样或那样的问题，但这不应当动摇我们充分吸收世界文化优秀成果的大方向。把人类所创造的一切优秀的文化成果熔铸于有中国特色的社会主义文化中，乃是文化工作者面临的一个重大的、义不容辞的任务。

与此同时，我们也必须坚决反对那种盲目崇洋，主张"全盘西化"的错误倾向。这里十分突出的是如何正确对待西方资本主义文化的问题。凡熟悉近代西方文化发展史的人都会注意到，从19世纪甚至更早的时候起，西方的不少理论家已开始反省、批判资本主义的文化。从20世纪初开始，这种批判的热情更是有增无减，德国历史哲学家斯宾格勒的《西方的没落》就是一个明证。由于在短短20多年的间隔中，西方连续爆发了两次世界大战，特别是法西斯主义的兴起，造成了西方文明的大破坏。因此，西方出现了大量分析、探讨资本主义文化弊病的著作。西方人尚且对自己的文化采取不断反省和批判的做法，我们又有什么理由盲目崇洋、搞全盘西化呢？

第四，要处理好科技文化建设与人文文化建设的关系。要实现国民经济的现代化，就必须实现科学技术的现代化。但同时必须看到，科技文化只考虑合理性的问题，不关涉到对人生价值和生活意义的思考。这后一方面正是人文文化探讨的根本问题。比如，在马路上我们看到过这样的标语："不出交通事故就是最大的经济效益。"这条标语从科技文化的合理性思想看来，是完全正确的，任何交通事故的发生，当然都会带来经济损失；但从人文文化的价值观来看，这条标语至少是片面的，因为一般来说，交通事故带来的最大的损失还不是物的损失，而是最有价值的东西——人的生命的丧失。因此，我们完全可以说，这条标语缺乏人文文化的内涵。我们必须认真地记取西方文化发展的经验教训，协调好科技文化和人文文化的发展，使有中国特色的社会主义文化显示出巨大的优越性。

接下来，俞吾金进一步思考"道德"的话题。他以日常生活乃至理论研究中经常出现的一些不规范的术语为例，阐明了必须从思想上予以清理的观点。[1]

---

[1] 俞吾金：《析关于"道德"的几种说法》，《解放日报》1996年8月22日。

在此基础上，俞吾金结合市场经济的实践，探讨了其与道德、法律建设的关系。随着市场经济的发展，中国社会的结构正在发生重大的变化。传统的、以血缘关系为纽带、以家族总体为本位的社会结构正在转变为以个体为本位、以契约关系为纽带的新的社会结构。传统的伦理已很难规范现代社会生活，作为现代精神核心的应当是法（现代意义上的法）的精神。强调法的精神的重要性，并不等于忽视道德建设的重要性。恰恰相反，在与市场经济相适应的现代文化精神中，法的精神与道德精神的联盟乃是题中应有之义。在中国历史上，秦王朝以法家思想治国，结果很快就垮台了，于是后人就形成了一种根深蒂固的见解，即治理社会只能靠道德。其实，这是一种误解。法虽然是一种外在强制的力量，但在社会管理中却是不可或缺的。在现代社会中，只有把道德与法律紧密地联系起来，才能有效地确保社会生活的健康发展，而在这两者的建设中，关键在于形成一个合理的价值体系。①

随着 21 世纪的到来，科学主义和计算理性的蔓延现象开始受到关注。2001 年元旦，俞吾金在《解放日报》撰文反思人类与 21 世纪的关系，并引用德国哲学家海德格尔的观点：现代技术不再是中性的东西，它所蕴含的计算理性，不仅加速了人对自然的控制，也加速了人的物化，"人已经被连根拔起"，技术的白昼将把人类带入世界的黑夜之中。

他认为，那些把自由等同于科学和技术的人，显然犯了错误。唯有弘扬人文精神，才能遏制科学主义和计算理性的无限蔓延，人才能在技

---

① 俞吾金：《世纪之交的哲学文化问题》，《解放日报》1996 年 5 月 1 日。

术和物主宰一切的世界里重新恢复自己的尊严、权利和自由。①

三、科学发展观传播阶段

在科学发展观传播阶段中，一些知名理论工作者承袭 20 世纪 90 年代"提升经济增长质量"的理论研讨成果，聚焦和谐、民生等关键词的内涵辨析、概念拓展，对 21 世纪社会主义和谐社会建设路径予以系统阐发。

（一）邓伟志的理论传播与贡献

1961 年 2 月 3 日，邓伟志在《解放日报》发表了一篇名为《学会解剖"麻雀"》的文章。40 多年后，他对这篇文章的发表依然感慨万千："现在看来写得有点教条，彼时纯属有感而发，即兴投稿。未料几天后恰逢社会掀起一股调查研究之风，文章引起了很大反响，令我受宠若惊。这是我第一篇比较像样的理论文章。往后与《解放日报》的合作越来越多，文路日渐开阔……"②

秉着"为了认识社会，为了提高一点社会的和谐"理念，邓伟志走出书斋，到 10 年来不下滴雨的沙漠里调查牧民，到蚂蟥上树的哀牢山调查山里人，到雪山上调查少数民族，到贫困地区调查农民生活现状……社会调查给了他心灵上的感动，更给了他思考破解之道的丰富素材。

扎实的理论功底、严谨的治学态度，加上对现实社会的深切了解，

---

① 《你好，21 世纪!》，《解放日报》2001 年 1 月 1 日。
② 邓伟志：《茶香隽永，犹如〈解放日报〉》，《解放日报》2009 年 5 月 10 日。

让邓伟志的思想从感性上升到理性,特别是在探索"社会平衡"的科学对策上实现了突破,并率先提出了"协调发展"的观点和看法。

进入21世纪后,当2003年中央提出科学发展观时,邓伟志"像点到了我的穴位,激活了我的兴奋点,一口气写了好几篇文章";当2004年中央提出"和谐社会"时,他大有"久旱逢甘霖"之感,雀跃三尺,浑身是劲,又写了十几篇阐述和谐社会的文章。①

从这一时期《解放日报》的检索材料看,他重点对和谐、和谐社会、社会矛盾、经济社会协调发展等话题展开深入思考。在此过程中,他始终秉持40多年前的研究习惯,一方面通过扎扎实实的实践调研,掌握大量材料,了解社会实情,另一方面经过对材料进行一番"去粗取精,去伪存真、由此及彼、由表及里"的加工制作,进而使感性认识上升为理性认识,认清事物的各个方面的内部联系,透过现象抓住问题的本质。

首先,在究竟为什么要以人为本的问题上,邓伟志指出:社会的主体是人类,以人为本是天经地义的。但阶级社会,实则只以少部分人为本。这一部分人的"本",建立在大部分人为"末"的基础上。这种本末倒置,破坏生产力,是不能持久的。在新中国,以人为本中的"人",是人民群众;"本",是人民群众的根本利益。②

那么,如何确保实现以人为本的发展?一要共建,二要共享。没有共建,拿什么来共享;没有共享,谁愿意来共建。为此,必须以切实改善民生为重点。邓伟志研读党的十七大报告后提出改善民生的目标包括

---

① 苏应奎:《哭成文章笑成书》,《解放日报》2005年9月9日。
② 《让"打基础、利长远"蔚为风气》,《解放日报》2007年11月9日。

"学有所教、劳有所得、病有所医、老有所养、住有所居"。这五个方面从横向上抓住了人类活动的重点,从纵向上把握住了人类生命历程的重点。①

党的十七大报告在"五有"目标确定后,还讲了分配的原则应处理好效率与公平之间的关系等。邓伟志认为,这不仅有力地回答并纠正了把效率和公平割裂开来、害怕讲公平的种种说法,而且为解决"资高劳低"等指引了前进方向。②

其次,在和谐与矛盾的关系问题上,针对一提到"和谐",有人就会想到天下太平,以为没有矛盾和争端,邓伟志明确表示:和谐社会并不能简单地等同于"无冲突社会"。

从哲学上讲,和谐社会不是"无冲突社会"和没有内部矛盾,而是将内部矛盾对立统一起来,实现"相对中和"。事实上,不管低度和谐的社会,还是高度和谐的社会,既有经济冲突、文化冲突,也有"外来"与"本土"、"精英"与"大众"、"传统"与"现代""后现代"等冲突。

邓伟志认为,有矛盾和冲突并不可怕,可怕的是不会做转化工作。构建和谐社会,关键是驾驭矛盾,不把非对抗性矛盾搞成对抗性矛盾,不把局部矛盾扩大为全局性矛盾。③随之而来的就是社会整合,进而催生社会融合。这就是科学发展的轨迹,它不是循环论,而是波浪式前进。

---

①② 《凝聚在中国特色社会主义旗帜下——上海理论界学习贯彻党的十七大精神座谈会发言摘要》,《解放日报》2007年11月5日。

③ 邓伟志:《和谐社会是否就是天下太平没有矛盾》,《解放日报》2006年7月31日。

在基础上，邓伟志进一步归纳描述了什么是"和谐社会"，即社会资源兼容共生、社会结构合理、行为规范、运筹得当的社会。①

再次，针对"经济—政治"这一传统的二元分析框架，邓伟志提出"三点则稳"的论点。他认为，有了政府、市场，再加上社会组织，社会才会稳定、和谐。其核心观点包括：其一，政府的行政功能与社会自治功能达成互补关系，政府管理力量与社会调节力量形成互动关系；其二，"小政府，大社会"讲了20多年，有些地方政府机构依然臃肿庞大，无非就是社会不够大；其三，我们常讲"倾听群众呼声"，但为什么有时候想听而听不到、听不清，原因就在于社会组织少；其四，政府一要努力培育社会组织的成长，二要充分发挥社会组织的作用②。

在此立论基础上，邓伟志提出了以社会建设推动经济可持续发展的路径。他认为："要把中国的社会建设搞好，关键是要处理好经济与社会的关系。经济与社会是互为前提的，生产的目的是生活。以经济促经济，经济不持续；以社会促经济，则经济可持续。"

而理顺社会结构、搞好社会建设，不仅是全体社会成员的事，而且会成为推动社会和谐与科学发展的加速器，更是凝聚全国人民的力量的强大磁石。③

(二) 其他当代学人的理论传播与贡献

科学发展观的提出和实践，意味着我国经济增长方式的转变。这被视为开创了一个全新的经济发展之路，即经济增长方式逐渐向集约型转

---

① 邓伟志：《和谐社会十五题》，《解放日报》2005年5月8日。
② 邓伟志：《社会组织与政府改革》，《解放日报》2005年9月5日。
③ 邓伟志：《以社会促经济才能可持续发展》，《解放日报》2009年10月4日。

变。不少学者特别是一些经济学界精英，围绕相关主题在《解放日报》撰文解析，提出了不少有新意的深刻见解，给人以启发。

经济增长方式转变的加快，是新阶段国民经济发展的客观要求，也是经济运行健康、快速发展的需要。有学者对我国1979—1993年的GDP增长率变化进行分析后指出，这一时期的经济增长保持着较高的发展速度，但经济运行不够稳定，呈现大起大落。例如，1978年的增长波峰为11.7%，与1981年的波谷4.4%相比，落差高达7.3%；1984年的增长波峰为14.7%，与1986年的波谷8.1%相比，落差为6.6%；1988年的增长波峰为11.3%，与1990年的波谷4.1%相比，落差为7.2%。[1]

从国际发展经验来看，高速增长中的经济之所以会大起大落，与经济增长的方式有密切关系。在特定情况下，粗放型经济依靠高投入，虽然能在短时间内带动经济高速增长，但依靠增加投入和铺新摊子的方式，很容易受各种不利因素的制约，扩张的经济又会很快收缩，造成增长速度快速下跌，尤其是投资的影响最为明显。实证分析显示，1981年与1989年，我国经济的增长率为4.4%，为改革以来的最低，分别为1981年的−10.5%，和1989年的−8.9%；而1992年与1993年是经济增长最快的两年，分别是1992年的13.4%和1993年的14%。同时，固定资产的投资，也节节攀升，增长速度更是达到了1992年的42.6%和1993年的58.6%。20世纪90年代后，这种固定资产的投资对经济增长的主导与波动，就更加明显。

经济运行的持续平稳发展，不能依靠粗放型来实现，粗放型经济也

---

[1] 周振华：《增长方式转变：开创新的经济发展之路》，《解放日报》1995年10月25日。

不可能提高经济运行的质量。从粗放型经济的动态过程来看，其增长方式会在后续产生许多难以克服的困难，最终导致一系列经济结构的失衡。

首先，粗放型经济增长方式是一种高物耗型经济增长，以大量耗费资源为代价的"自杀型"经济模式。资源具有稀缺性与不可再生性的特点，这就要求对资源的使用应注重其经济性。我国本身的自然资源条件就不是很好，再加上这些年来很多重要资源，如耕地、煤炭、有色金属矿等，人均占有量远低于当代世界平均水平。粗放型经济需要耗费大量物耗，才能换来高增长率。这种发展方式违背了经济发展规律，长此下去，物耗投入换不到经济高效增长。由于物耗造成能源浪费、导致原材料供求紧张、产品价格强劲上升，成本也随着迅速上升，企业生产压力巨大。

其次，采用粗放型经济虽然能迅速扩张经济，在短时间内提高经济的增长速度，但是，经济结构却容易被扭曲，最后导致经济失衡。在人为因素的推动下，盲目追求经济增长速度与产值，部门和行业扩张过快，以致其他部门和行业被挤压而无法正常发展，造成产业结构失衡，最终使经济增长不协调。这种结构性的发展瓶颈，成为我国经济发展中的突出问题，这也是我国改革开放初期的历史教训。

再次，粗放型经济是一种数量增长型经济方式，市场适应能力较差。经济全球化的不断深入，国内国际市场结构的变化非常快，社会需求层次也日益细化与提高，数量型经济对品牌质量与品牌形象的忽视，使其无法满足信息化市场背景的发展要求，最终产品滞销、资金被占用、企业被套住，失去发展能力。

综上所述，学者认为，当今经济全球化市场背景下如果采用粗放型经济的话，必将带来一系列重大问题，在市场结构失衡、产品滞销积压的交互作用下，通货膨胀的压力会加大，经济高速增长带来的是通货膨胀的威胁与困扰。

而若不改变这种增长方式，是难以解决这些矛盾和问题的。经济规模与经济总量的不断扩大，更是将粗放型经济的局限性放大，问题将越来越严重。可见，经济发展向集约型转变，是对创新经济的一种探索，也是国民经济良性发展的迫切需要。

那么，经济增长方式如何完成积极转变呢？不少学者指出，正常情况下的经济方式转变，应遵循经济发展的基本要求，有计划、有步骤地逐渐转变，在转变的过程中，要通过科技进步提高生产力，同时提高劳动者的素质，从数量增长转向提高经济效益。集约型经济的增长方式，主要依托综合要素生产率的提高与贡献率的增长，从提高企业竞争力入手，来降低通货膨胀的威胁，实现生态环境的平衡。

周振华认为，调整企业战略思想固然重要，但是，只有通过科学合理的政策措施，才能实现根本性转变。在改革开放之初，调整经济发展战略的问题就已经被提出来，相应的经济效益也得到提高，这项政策实验也取得了一些成效，但是，从总体上来看，效益并不明显。究其原因就是，经济增长方式与经济体制、运行体制之间不协调，在根本性上无法达成一致。

因此，要想顺利转变经济增长方式，就是要加强市场经济体制的建设及运行体制建设，尤其要不断深化改革，加快建立高效的经济增长模式。从某种意义上来讲，"两个转变"的本质，实际上就是一个统一的本体。宏观体制改革为宏观效益体制的建立奠定了基础，合理布局的产业结构、发展协调的区域经理、得到有效保护的环境资源、内外均衡的经济机制，还有市场体系的完善，以及企业改革深化后的微观效益机制，如以市场需要为导向，通过择优劣汰，对存量进行调整，通过提高经济效益来降低投资风险。加大法制建设的投入、实行集约型政策措施、多方配合，制定规划等待多方综合措施管理，保障经济增长方式的顺利转变。

集约型经济的本质内涵，就是通过科技进步以及基本内涵的学习，来提高劳动者的素质，因此，发展科技教育才是真正实现经济战略转变的重点。相比西方先进国家，我国整体科技水平还相对落后，创新能力还有待提高，高新技术开发能力与运用水平还不高，尤其是基础性学科人才的培养与研究，是薄弱环节，直接影响了经济发展速度。同时，整体劳动者素质偏低，高级人才缺乏，大部分劳动者劳动技能单一。可见，我国未来的科技教育任务十分艰巨，劳动者素质培养与提高，已经成为我国未来经济发展中的重要问题，必须真正花大力气落实科技教育。

经济增长方式向集约型转变，是我国经济发展的总体方向，在具体操作中，不同地区、不同行业、不同发展阶段，应根据实际需要，有区别、分步骤地分别实施。作为世界第一人口大国、最大的发展中国家，区域经济发展又极不平衡，经济状况可谓十分复杂。在向集约增长型的转变过程中，又将面临资金不足、技术水平不高、产业结构不均衡、社会总体劳动就业压力大、资源相对不足等种种困难，经济转型可谓任重而道远。同时，如何根据区域经济发展水平以及地区资源优势，选择合适的技术类型与经济类型，国家又将如何针对区域发展特点，制定优惠政策，扶持与推动区域经济发展，这一切，都需要结合政策、资金、技术以及劳动力情况等，进行合理的组合。此外，集约型经济在不同的发展阶段，其所具有的发展含义与发展要求也不同，尺度该如何把握等问题，都考验着中国的经济发展战略。这也是中国经济学界未来的研究重点。

其中，重构经济增长的新平台，成为学者热议的话题。例如，有观点提出，为了实现可持续的高增长、低通胀的局面，我们不能仅限于总需求的调节，也不能只着眼于即期政策效应，而要重构经济增长的新平台：一方面要深层次推进制度创新；另一方面要全面推进技术创新。[①]

还有学者注意到，经济政策的基本取向应是全面提升经济增长质量。这一政策取向将摆脱狭隘的"政策松紧论"的束缚，也将淡化"速度论"的价值判断。按照这一政策取向，经济政策的重点宜放在以下几方面：

第一，以金融稳定为前提。全面提升经济增长质量仍有一个稳中求进的问题，而现阶段经济稳定性主要在于金融稳定。因此，在金融政策方面要采取两手抓的措施：一方面加强外部监督约束，强化自律，并采取切实可行的措施着手解决银行不良资产问题，防范和化解金融风险的显性化；另一方面，疏导社会资金合理流动与配置，适度提高直接融资比重，降低金融产业运行风险。

第二，宏观政策进一步微观化。在经济结构调整过程中，为保持社会稳定和结构调整的顺利进行，要结合实际情况进行政策措施的选择与搭配，更多地采取企业兼并政策、失业救济及再就业政策，以及收入分

[①] 周振华：《我国近阶段的经济运行：重在提升增长质量》，《解放日报》1998年3月10日。

配政策与消费政策等微观化的政策手段。与此同时，财政政策手段要强化，以促进结构调整。

第三，产业科技发展政策要全面细化。产业科技发展政策应为普遍提升产业技术水平和自主创新能力提供全面支援。在财务支援方面，通过研发补助、融资与风险性投资来支援科技活动的发展，特别是主导性新产品开发、传统性工业技术升级、创新技术研究发展等。在人力支援方面，提供训练、人才培育及产学研之间的合作。在技术支援方面，提供技术辅导、技术信息服务、协助技术引进与转移等。在需求支援方面，主要是通过提供委托研究、采购民间开发产品来鼓励创新活动，特别是鼓励私营高科技企业的发展。在环境支援方面，提供各种奖励措施、知识产权的保护以及公平竞争等行为规范，来营造一个良好的科技发展环境。

此外，还有学者提出"驾驭好资本是建设和谐社会的关键"。作者呼吁，不能为了实施和谐社会这一理想，而抛弃市场经济体制和资本原则，同时须正视资本原则的负面效应；在这种情况下，唯一的选择是在实施资本原则与创建和谐社会之间保持一种合理的张力。[①]

四、学人成长与理论传播的互动

学者既是一个个独特的个体，同时也是历史的产物、社会的产物。深入研究一批代表性学人的思维贡献和运行轨迹，不仅有助于推动相关

[①] 陈学明：《驾驭好资本是建设和谐社会的关键》，《解放日报》2006年11月23日。

学科的研究以及总结当代中国马克思主义与学术研究相结合的演进规律，而且还有利于透视和把握马克思主义中国化、大众化的历程，从中亦能有助于揭示马克思主义理论家成长、成熟的基本规律。

在本书的梳理中，可大致发现相关马克思主义理论家成长的三个关键要素，即：接受马克思主义是基础，运用马克思主义是关键，在学术乃至公共领域丰富和发展当代中国马克思主义是成熟标志。这些学人的思维演进过程，就是这样一个螺旋式上升、波浪式前进的过程。

首先，必须真心接受马克思主义，全面把握和准确理解当代中国马克思主义的精神。这不是靠看几本大书就可以解决的。攻读经典是起点、是基础要求，更重要的是在此基础上学会融会贯通、抓住精髓并掌握分析问题的立场和方法。从这个意义上说，真心接受马克思主义绝不是复制或者克隆马克思主义，其关键是不把马克思主义当作"教条"，而要视为"指南针""方向盘"，重在接受掌握"老祖宗"认识、改造世界的科学方法。

其次，主动运用马克思主义。只接受而不知道如何使用马克思主义来解析、解决学理争议和现实问题，充其量只是一个"书呆子"。在当代中国马克思主义传播的过程中，这种所谓"经院哲学"的错误性更容易显现。马克思主义的性质决定了，它既要肩负起解释世界的任务，更要承担起改造世界的使命。马克思主义的信仰者理应"做理论的主人"，而不是在研究后就将其束之高阁。在当代中国马克思主义的传播中，一些优秀学人积极将自己的所思所想通过文字等形式表达出来，既传播了马克思主义基本原理，增进了受众知识，又锻炼了自己的思维能力、学术见识，起到了互促的效果。

再次，丰富、发展马克思主义。对于一名普通的学人来说，能够有效运用马克思主义的基本原理来解决学术问题，在教学和传播过程中不"照本宣科"，就算是可以了。但马克思主义不是封闭的"绝对真理"，而是基于实践运动的、开放的、不断生长的力量。从前文介绍的一些优秀学人情况来看，他们作为真正的马克思主义者、勤奋的当代中国马克思主义传播者，非常注重根据新情况、新问题不断发展乃至创新马克思主义的具体观点、内涵。正如胡绳所说："发展马克思主义，是每一位真诚的马克思主义者所应担负起的任务。"[①] 这既是老一辈马克思主义理论大家的肺腑之言，也是新一批优秀学人身体力行的真实写照。

这三个环节相互依赖、相互作用，既依次递进，又互相包容。前者是后者的基础，后者又是前者的深化和推力，共同构成相互衔接、相互助力的认知链条，最终勾勒出学人成长为马克思主义理论家的线索和轨迹。

---

① 胡绳：《马克思主义与改革开放》，中国社会科学出版社 2000 年版，第 133 页。

第三章　传播特性、效果与规律

重视并办好理论专刊，是我国党报的一个传统、一种特色。1956年11月19日，"新论"版正式与《解放日报》的广大读者、作者见面。它自诩为"哲学、社会科学的园地"，是向科学进军中的"一员小兵"。之所取名"新论"，是因为过去空洞抽象的老调唱得太多，现在要叫老调休息，而代之以具体分析具体问题的新鲜活泼的调子。

当时"新论"版的任务包括：第一，提倡理论研究的健康风气，即面向实际的风气、独立思考的风气、勇于争鸣和勇于修正错误的风气。第二，经常发掘有意义的新问题，提出各种新见解，探寻向科学进军的道路。

作为哲学、社会科学界一个侦察兵，"新论"版跟各种学术期刊是有区别的：如果说学术杂志要求科学研究的成熟果实，"新论"版则只要求"一得之见"。它是学术界和中国马克思主义研究者经常交换不成熟意见、互相启发切磋的漫谈会，是学术研究者散步遐想的地方。如果说学术杂志可以多容纳"巨著"，那么"新论"版则一般要求短小和形式活泼。希望在较小的篇幅内，能够联系现实生活和科学工作中多方面的问题和问题的多方面。

1980年10月22日,中断了一些日子出版的"新论"版重新亮相。它承袭50年代的"新论"精神和气质,并与70年代的"理论与实践"等专版对接,在改革开放伊始复名出版,具有重要的里程碑意义。

这一时期的"新论"版是综合性的文章版。它发表政、经、法、文、史、哲等各方面的理论性文章,包括政论、思想评论、文艺评论、读书笔记。从第1期,到第1 000期,再到第2 000期,"新论"版在《解放日报》的当代中国马克思主义传播中,及时传递和准确解读中央精神和创新理论,力求传递现实性强、联系实际、言之有物且有新见解的观点,真正体现了"文章合为时而著"。同时,跟踪时事热点、社会思潮变动,贯彻百家争鸣的方针,组织发表探索性的观点,开展不同意见的讨论,为增强主流理论和价值的吸引力、说服力持续贡献力量。

第一节 传播特性

一、呼应与阐释并重,理论化和大众化共生

作为"党的喉舌",党报在内容传播上首要的一大功能是对党和国家政治生活领域中的重大决策和方针政策的把握,对中央精神予以理性阐释、对法律政策予以权威解读、对社会和经济现象予以专业化描述。[①]

---

① 董天策:《问题与学理 新闻传播论稿》,中国传媒大学出版社2012年版,第345页。

要对舆论进行正确的引导，紧紧抓住国家的政治前途、人民的根本利益和社会稳定、经济发展的大局等做文章，力求给读者以理论的武装和方向的指导。同时，党报的理论宣传还可以为理论研究提供实践经验、理论资料以及学术资源等。在"理论化"研究的同时，又必须注重"大众化"，必须考虑报纸的可读性，兼顾读者的阅读兴趣，让读者愿意读、喜欢读。

一方面，在当代中国马克思主义传播的过程中，如果没有理论研究与理论探索来提供参考，理论导向就很难做到既通俗易懂，又能以理服人，更无法达到提高理论宣传的层次与质量的要求。对于传播主体来说，理论研究与理论宣传两者之间是一种相互促进的关系。只有建立在思想解放、学术自由基础上的理论宣传，才可能真正对科学繁荣起到促进作用。对不同学科领域的关注以及对最新研究进展的重视，是及时了解最新理论成果、加快新成果应用的主要途径，是传播新思想、普及新观点新知识的最佳方式。

另一方面，巩固和扩大党的执政社会基础，必须使当代中国马克思主义深入人心，并得到人民的接受和认可。作为一种先进的又是高度理论化的思想，当代中国马克思主义要想被中国人民所了解、理解和接受认可，就必须实现大众化，使人民真知、真懂、真爱、真用。

马克思主义理论的本质要求，决定了在传播当代中国马克思主义时的具体实现方式和方法包括两个方面：一是当代中国马克思主义作为科学理论本身的大众化，二是当代中国马克思主义传播方式的大众化。[①]

[①] 王志强、申小蓉：《思想政治教育理论、方法与创新》，中国文史出版社2015年版，第98页。

《解放日报》在当代中国马克思主义的传播过程中，注意对党的创新理论及时进行呼应和阐释，把握时机和条件，研究寻找最佳宣传切入点，及时满足广大读者对新知识的求知需要；既讲求宣传的前瞻性与合适的知识含量，又要注意确保引领的准确性与科学性。

在呼应和阐释领域，《解放日报》最常用的做法是以"学习"为关键词开办专栏，如1983年的"学习《邓小平文选》"、1984年的"学习《中共中央关于经济体制改革的决定》"，一直到2012年的"深入学习领会胡锦涛同志重要讲话精神"。其中，在党的十二大、十三大、十四大、十五大、十六大、十七大、十八大召开的年份里，相关"学习"栏目的发稿篇幅分别是55、8、31、77、59、110、40。而在具体特性上，主要体现为以下几个方面：

（一）"发先声"，将已有经验提炼总结

例如，1978年党的十一届三中全会召开之前，《解放日报》在10月31日刊登了梁绪、信索共同撰写的文章《实践赋予理论新的活力》，为解放思想、实事求是摇旗呐喊。

文章一开始就直言：革命导师总是在实践中不断丰富、发展马克思主义，并且修正某些原理和结论。

例如：1844年，年轻的马克思发表了《论犹太人问题》一文，第一次明确地提出了消灭资本主义生产关系的社会革命思想。但是这个生产关系由谁来消灭、通过什么方式消灭的问题，当时马克思并没有解决。

革命的理论来自革命实践，并在实践中不断发展。1844年以后，欧洲大陆各国阶级斗争进一步激化，继法国里昂工人起义后，德国西里西亚纺织工人又举起了革命旗帜，阶级斗争的实践使马克思看到，要消灭

资本主义生产关系，无产阶级必须要成为统治阶级。1848年马克思在《共产党宣言》这个纲领性文件中，发展了前期社会革命思想，提出"无产阶级必须成为统治阶级"的口号，但是到这时，无产阶级究竟用什么方式完成这一革命任务，马克思仍没有解决。

1871年，巴黎工人阶级发动了举世闻名的武装起义，成立了巴黎公社。巴黎公社的经验，使马克思"终于发现的、可以使劳动在经济上获得解放的政治形式"。同年，马克思在《法兰西内战》一文中，充分肯定了这一经验。随后，在1875年，马克思更是明确地提出了无产阶级革命和无产阶级专政的思想。

又如：1842年，22岁的恩格斯走遍了曼彻斯特、伦敦等许多工业城市，深入到工人群众中去调查研究，经过21个月的详细调查和辛勤走访，1845年写了《英国工人阶级状况》一书。

恩格斯在这本书中，研究和考察了英国工业60年来的发展历史，用大量生动、具体的材料，揭露了英国资本主义发展的问题，指出了生产力的发展，必然加剧贫富对立和阶级矛盾，使社会掀起翻天覆地的革命浪涛。

但是，由于当时英国资本主义还处在发展时期，无产阶级与资产阶级的矛盾尚未尖锐化，同时，年轻的恩格斯对阶级斗争的认识还不成熟，因此在这部著作中，还可发现"德国古典哲学的起源痕迹"。

1848年《共产党宣言》问世后，欧洲各国工人阶级走上了历史舞台，许多国家掀起了惊天动地的革命斗争浪潮，特别是1871年巴黎工人阶级的革命起义，使恩格斯看到，无产阶级的解放，就意味着资产阶级的灭亡，资产阶级根本不可能与无产阶级共同打碎狭小的生产关系；相反，必然要千方百计利用手中的政权反对工人阶级的解放，巴黎公社的失败就是一个典型的例子。于是1892年，恩格斯给此书德文版写"序言"时，纠正了原著作中共同解放的论点，他说：这一观点"有着正确的抽象意义，然而在大多数实践活动中，这一观点不仅无益，甚至起到更坏的作用。有产阶级不仅没有感觉到自己有任何解放需要，相反，还全力反对与阻挠工人阶级进行自我解放，因此，工人阶级到了单独地面对，准备进行社会革命的时候了"。

再如：1917年2月，俄国革命的新风暴，打落了尼古拉二世的皇冠，造成了资产阶级临时政府和工兵代表苏维埃两个政权并存的局面。在苏维埃中，布尔什维克是少数，占统治地位的是孟什维克和社会革命党人的联盟。新的革命形势，要求党制定新的路线和方针。4月4日，列宁作了著名的"四月提纲"报告。在提纲中，列宁提出布尔什维克党在这一时期的任务是：向群众积极说明工兵代表苏维埃是革命政府唯一可能的形式，并要通过积极的工作，揭露孟什维克和社会革命党人的妥协政策，使布尔什维克在苏维埃中取得多数。这是列宁预计到革命可能和平发展的方针。

4月24日，布尔什维克党召开第七次代表会议，通过了列宁的路线和方针。会后党在群众中进行了巨大的工作，收到了很好的效果。但历史的急剧转变来得非常"突然"。7月3日，几十万和平示威的彼得格勒工人、士兵遭到临时政府血腥镇压，接着《真理报》编辑处、书报印刷局等被捣毁，许多布尔什维克报纸被封闭，反动派不仅解除赤卫队武装，屠杀布尔什维克党人，还悍然下令通缉列宁。一时间，白色恐怖笼罩全国。在血淋淋的"七月事变"中，孟什维克和社会革命党人是反革命的帮凶，他们把持的苏维埃成了临时政府的附属品。全部政权已转到临时政府手中，两个政权并存的局面已告终结。列宁及时总结了形势的变化，指出："和平发展的道路已经不可能了。已经开始走上了非和平的、最痛苦的道路。7月下旬到8月初，布尔什维克党秘密召开了第六次党代表大会，确定了武装起义的方针。

文中举出的类似例子还有很多，这里不再一一复述。核心观点归纳起来就是，随着斗争的发展，革命导师总是及时总结新的实践经验，修正某些原理和结论。这也就是马克思主义具有强大生命力的原因所在。实践赋予理论新的活力。否定马克思主义要随着实践的发展而发展，没有用发展观的思想去看待马克思主义原理，而是教条的理解其中的结论，这是对马克思主义理论所包含的生命力的一种扼杀，也是对马克思主义的巨大损害。

类似通过梳理总结历史背后故事的方式，为创新理论诞生"打前站"的文章，还有很多，并且成了《解放日报》当代中国马克思主义传播的一个"看家本领"。

(二) 抓住重点，及时跟进解读

每次中央全会的公报发布后，《解放日报》都会在头版或者理论专版上，推出系列学习贯彻专稿。仅以1982年党的十二大为例，会议结束不久，"新论"版就于9月22日推出解读稿，从事实、前景、理论修养等维度对大会报告予以深入阐析。

什么事实呢？文章认为有两个方面的事实：一是粉碎"四人帮"时我们国家经济、政治状况的事实；二是粉碎"四人帮"后，特别是党的十一届三中全会以来我们党所取得的成就和进步的事实。报告称，"十年内乱给党和国家带来了极其严重的创伤","在经历了十年内乱之后,积累的问题非常之多,应兴应革的事项头绪纷繁"。说的是前一个事实。话虽然不多,内容却很丰富。粉碎"四人帮"时,整个国民经济已被拖到了崩溃的边缘,真是到了山穷水尽的地步,矛盾成堆,问题成山。今天,我们的国家又是什么状况呢?在粉碎"四人帮",特别是党的十一届三中全会以来的短短几年中,我们已经在指导思想,在实际工作运用中,取得了重大的胜利,并完成了伟大的历史转变。对于这一伟大转变,报告举出了7个方面的主要标志,这只是择其重要者而言。其实,每个人在日常生活中都可以具体地感受到这种成就和进步。如有的同志所说,从"店里"（货架上的东西多了）、"房里"（家里的家具和摆设多了）、"碗里"（吃得比过去好了）就能看出来。

  事实是既成的东西,是对历史和当前已经获得的东西的认识。前景是未来的目标,是尚未实现的现实。我们共产党人,不管过去取得多么巨大的成就,都不应因此而满足,而应瞩目于未来。党的十二大在总结过去的基础上,对未来作了规划。提出到20世纪末,力争使全国工农业的年总产值翻两番。这样的发展速度是资本主义国家所做不到的,这是一个振奋人心的远景目标。

  马克思主义者是客观世界的可知论者。这不仅是说我们可以认识已成的事实,而且可以根据已成的事实预测未来,并按照这种预测,制定各种规划去加以实现。关键是这种规划是否按照对事物客观规律的认识,建立在客观可能的基础上的。历史上,在"左"的思想的指导下,我们吃过"高指标"的亏。由于提出的指标超出了现实的可能,不但空耗了财力、物力,也挫伤群众的积极性。有了正反两方面的经验,现在我们党变得更加成熟了。党的十一届三中全会以后,我们党既不向群众提出做不到的要求,也不开空头支票,向群众许诺无法实现的希望,因为作这样的许诺,当希望无法实现时,就会由希望而变成失望。今天我们党在庄严的党代表大会上,向全国人民,向全世界宣布20年的远景规划,是有实现的充分可能的,是经过主观努力完全可以做到的。实现了这个目标,以后的前景一定是更为灿烂的,这不鼓舞了我们信心吗?

文章进一步坦言:有的同志对共产主义失去信心,是由理论的迷误造成的。"十年内乱"中,林彪、"四人帮"打着反修的旗号,鱼目混珠,以假乱真,败坏社会主义的形象和声誉。他们把吃"大锅饭""穷过渡""摧残文化""社会动乱",搞"阶级斗争为纲"之类,都说成是社会主义。有的同志吃了亏,上了当,有的同志还深受其害,他们对这些感到无法理解,于是对科学社会主义也产生了怀疑。像一个吃了假药的人,对好药也不信了。其实,林彪、"四人帮"这一套,完全是对科学社会主义的玷污,查遍马列著作,也找不到任何的根据。打着乱七八糟的假社会主义的牌号,糟蹋科学社会主义的声誉,这样的事并非今日始,历史上就一再发生过。问题是要加强理论修养,去揭穿敌人的这种花招,怎能由此动摇对社会主义的信念呢!

也有少数同志,之所以动摇共产主义的信念,是因为看到我们的社会主义今天还存在一些弊端,主要是粉碎"四人帮"6年来党风、社会风气还没有根本好转。这里也有两种情况:一种人厌恶、仇视各种不正之风,律己很严,洁身自好,决不受各种不正之风的侵袭;也有的人心里对不正之风不满,眼见一时得不到制止,似乎自己不跟着干一点就吃了亏,因而也参与到不正之风中。这里有思想、认识问题,也有理论修养问题。在整个社会的经济基础改变以后，根据社会存在决定社会意识的原理，作为社会上层建筑的意识形态也必然会跟着转变。当然，这需要有个过程，不是短时间就能办到的。但是，有了人民民主专政的国家政权，加强党的政治思想工作，我们的党风、社会风气已经有了好转，今后也必定会进一步的好转。

文章最后强调，不能没有理论的武装，缺乏必要的理论修养，就不会有坚定的共产主义信仰。

（三）结合读者需求，助推理论普及

例如，党的十二大闭幕后，《解放日报》于11月3日专门向读者介绍了学习十二大报告的辅导读物。其中包括：

《怎样学习党的十二大报告》，《红旗》杂志理论编辑室编，红旗出版社出版。该书内容包括：对学习报告总的指导思想的阐述；对报告六个部分的重点内容和观点的分别讲解；对报告中一些比较难懂的观点、名词的解答。

《社会主义现代化建设的纲领》，红旗出版社出版。汇集了《红旗》杂志编辑部约请胡绳、于光远、刘洪等撰写的20篇文章。这些文章，对党的十二大报告的精神实质进行了充分论述，对报告提出的方针任务，从理论和实践的结合上作了论证。

《开创新局面的伟大纲领》，中共中央书记处研究室吴象、林子力、林京耀等撰写，湖南人民出版社出版。全书共17篇文章，包括四个方面的内容：讲解我党历史上的第三次伟大转变；论述今后社会主义经济建设各个方面的任务及相互关系；阐明建设精神文明的内容、意义和方法；讲解党的建设问题。

《十二大报告通俗讲话》，浙江省委宣传部理论教育处、宣传处撰稿，浙江人民出版社出版。全书共分六讲，比较有系统又有重点地阐述了党的十二大报告的基本内容和主要精神。

《学习十二大报告辅导讲话》，四川省委宣传部和四川省社会科学院编写，四川人民出版社出版。本书的"前言"着重论述党的十二大报告的指导思想和要点。其他内容也与报告的六个分述部分紧密相连，并结合本省的特点，进行了通俗讲解。

《全面开创新局面的正确纲领——中小学教师学习十二大报告辅导材料》，湖南省委宣传部理论处、办公室编写，湖南人民出版社出版。该书配合师生们的学习需要，在书末附有"名词解释"和"历次党代会概况"等资料。

《十二大文件经济问题学习问答》，中央党校政治经济学教研室编写，天津人民出版社出版。本书采用问答形式，分70多个题目，简明扼要地讲解了邓小平开幕词和胡耀邦报告有关经济方面的内容。着重从理论上阐述了党的十二大所制定的经济纲领，包括战略目标、战略重点、战略步骤和一系列方针原则。

二、重点推进社会主义初级阶段理论探索

当代中国马克思主义的传播，应当契合中国实际，与马克思主义理论的基本原理相结合，紧扣解决中国问题的这个要求。中国有自己的国情、自己的实际，如果这一点把握不好，那么抽象的理论传播就难以达到效果。因此，当代中国马克思主义传播必须关注特定历史阶段的现状、

问题和挑战，把外域的、抽象化的理论民族化、场域化、具体化，赋予其鲜明的民族形式、典型的中国气派，将中华民族特有的文化基因、价值取向、行为方式以及改革开放的具体实际同马克思主义相结合。只有这样，主流理论才能在中国的土地上、时代的土壤中立足扎根并发挥先导作用。

什么是社会主义？如何建设和发展社会主义？这是社会主义初级阶段理论探索的中心命题。在这方面，邓小平的探索与思考既是求实的，又是理智的；一方面主张"摸着石头过河"，另一方面又及时进行理论概括与升华。为此，《解放日报》于1993年7月刊文予以专门梳理，指出从公开发表的文献来看，邓小平对此至少进行过近10次探讨：

1980年1月16日，邓小平先是区分了建立社会主义制度并不代表就是建设社会主义，又提出"怎么搞社会主义"。他说苏联搞了63年的社会主义也还吹不起牛皮。而我们还缺乏经验，现在才是在认真探索比较好的发展道路。

1985年4月15日，他把社会主义建设的本体论与方法论问题首次联结起来，提出了两个"要搞清楚"。他指出，如果说我们总结出来的经验有很多，那么其中最重要的一条必定是：什么是社会主义，如何建设社会主义。他强调社会主义就是要发展生产力，提高人民的生活水平；建设社会主义一定要遵循实事求是的原则。

1985年8月28日，他尖锐地指出："社会主义是什么，我们并没有完全搞清楚。"要实现共产主义，首先要完成社会主义阶段的发展任务。因此，他在1987年4月26日一次谈话中指出：虽说我们现在是在搞社会主义，不过事实上我们做得还不够格。

1987年4月30日,他指出:坚持社会主义建设的方向,是完全正确的决定,"但什么叫社会主义,怎样建设社会主义,我们是在摸索之中"。从1980年1月说"也许现在我们才认真地探索一条比较好的道路",到这里强调已在"摸索之中",是一个重要的进展。

事实也是如此,从1978年年底决定以经济建设为中心建设社会主义,到1981年6月中央《关于建国以来党的若干历史问题的决议》概括出中国社会主义现代化建设道路的十个"主要点";从1982年党的十二大提出"建设有中国特色的社会主义",到1984年10月提出通过发展社会主义商品经济来建立充满生机的社会主义经济体制,党已经并正在领导人民摸索一条建设与发展社会主义的新路子。

1987年10月召开的党的十三大,确定我国目前尚处在社会主义的初级阶段,并以此为立论,对中国特色社会主义的理论进行了阐述,强调指出这是中国社会主义实践与马克思主义相结合,从而实现"第二次飞跃"的成果。党的十三大报告的重要内容,事先征得过邓小平的意见。

在1990年12月的谈话中,邓小平进一步指出,社会主义与资本主义之间的区别,必须从理论上认识,而不是从计划和市场上去区分。无论是社会主义还是资本主义,都可以有市场调节和计划控制。它不是市场经济资本主义专有的。

在对邓小平有关社会主义初级阶段思想的层层递进梳理基础上,《解放日报》刊文指出,从上述探讨可以看到,过去我们在社会主义建设问题上失误的症结,邓小平认为是两个"没有搞清楚",既没有搞清楚什么叫社会主义(包括什么叫马克思主义),也没有搞清楚怎么建设社会主义。①而党的十一届三中全会以来的全部探索，就是从理论上探索"什么是社会主义，如何建设社会主义"的根本性理论问题。建设中国特色社会主义理论初步回答的，也就是这两个根本的理论问题。

总的来看，由于社会主义初级阶段理论，是对我国社会性质、社会发展的历史阶段、社会经济的总体状况等所作的新概括，《解放日报》在跨越30余年的传播中，事实上不仅仅局限于领导人的思考，也不仅仅关注相关经济和政治话题，而是包容了与这一问题有关的各个方面，如社会主义初级阶段的特殊内涵和性质、主要矛盾和中心任务、商品经济、所有制结构、分配结构、国家的性质和职能及其民主政治、法制建设、文化建设、人民内部矛盾、对外开放、党的基本路线，等等。

例如，一开始就强调"特别是在那些经济不发达的国家，工人阶级取得了政权之后，建设社会主义，初级阶段会长得多。企图很快地完结这一历史阶段的过程，是一种空想"。②接下来明确指出："商品经济与社会主义初级阶段是彼此依存、密不可分的。"③

在社会主义初级阶段收入分配的问题上，认为"社会主义初级阶段在收入分配方面的特征，是按劳分配为主体的多种分配形式同时并存"。④

社会主义初级阶段的民主政治有何特点？1987年12月9日，《解放日报》编辑从《中国法制报》摘编观点予以说明：社会主义初级阶段民主政治有三个基本特征：一是建立起了历史上最先进的政治制度，但实

---

① 李君如：《邓小平的"建设道路"论》，《解放日报》1993年7月21日。
② 马洪：《社会主义初级阶段的基本特征》，《解放日报》1987年10月13日。
③ 袁恩桢、顾光青：《商品经济与社会主义初级阶段》，《解放日报》1987年8月5日。
④ 程文溪：《社会主义初级阶段的收入分配》，《解放日报》1987年9月30日。

行民主的形式还不完备，具体制度也还存在弊端。要逐步解决实质上是最高类型和形式上不完备的矛盾。二是还没有完备的法律保障。三是传统人治机制相结合运行的问题。

在全方位的个案解读后，《解放日报》在20世纪90年代初步总结出系统的社会主义初级阶段理论。

第一，社会主义初级阶段的最根本任务是发展社会生产力。

第二，建立社会主义的市场经济。传统观点认为，市场经济是资本主义固有的特性，是与社会主义不相容的。事实上，在社会主义初级阶段，经济体制改革的目标是建立社会主义市场经济。这既是一个突破，又是一大创新。

第三，坚持四项基本原则是社会主义建设的政治保证；社会主义现代化建设分三步走的战略步骤；物质文明和精神文明建设一起抓；必须坚持和改善党的领导；全国人民共同努力，同心同德，加速实现社会主义现代化事业；等等。

三、提供各种观点讨论平台并主动引导

在30余年的当代中国马克思主义传播，《解放日报》掀起了不少声势浩大的思想讨论浪潮。通过组织专家学者乃至市民各抒己见，既实现了民情民意表达，又催生了思想激荡，并在充分的意见交流中逐步达成共同的思想认知。这种认知，更有代表性，也更有说服力。

其中，1978年关于政治好与业务好关系的讨论、1979年关于如何发扬社会主义民主问题的讨论、1979年关于阶级斗争的争议、1992年关于

90年代上海人的大讨论,具有一定的典型意义和话题延展性。

(一) 关于政治好与业务好关系的讨论

1978年9月12日,《解放日报》"理论与实践"版采纳读者的意见,决定批判林彪、"四人帮"在政治与业务关系上的谬论,开展正确处理政治与业务关系的讨论,并呼吁各条战线的读者踊跃来稿,提出看法。最终,历经3个月,总共刊发相关讨论稿17篇。观点梳理,大致包括几点:

一是政治好了业务一定会好。持这种观点的人认为,人们相互之间比较,政治好不一定就是业务好。有些人政治立场很坚定,但能力较差,业务水平较差;而有的人政治立场很成问题,而在业务上却是"强手"。然而,对于同一个人来说,政治好了业务一定会好起来的。因为明确了工作的目的性,激发了工作热情,便会刻苦钻研,在业务上一定会有显著进步。政治要落实到业务,否则政治好便会是一句空话。从这个意义上说,业务的好或差在一定程度上可以体现出一个人政治态度的好或差。[1]

二是政治好不能代替业务好。持这种观点的人认为,政治和业务是两个不同的概念,具有不同的内容。对一个人来说,政治,也就是"红"的问题,是指思想、立场、觉悟等;业务,也就是"专"的问题,是指改造客观世界的能力,从事某一项工作的知识和本领。事物的性质不一样,实现政治好和业务好的途径也不一样,前者主要靠刻苦改造世界观,后者主要靠努力学习科学文化知识,掌握生产技术,掌握业务工作规律。此外,政治与业务是对立的统一,政治只能统帅业务,却代替不了业务。业务有其自己的规律性,掌握它要有一定的条件,这就因各人情况的不

---

[1] 沈龙明:《政治好了业务一定会好》,《解放日报》1978年9月18日。

同而得到不同的结果了。例如，同样两个人搞设计，文化程度高、经验丰富的，一般要比文化程度低、缺乏经验的强，你能说前者比后者更"红"吗？由此可见，一个人业务的好坏，除了正确的思想指导以外，还受到身体、智力、实践等条件的限制。如果我们对问题不作具体的分析，按"政治好，业务一定好"的逻辑推理，就会得出业务好是政治好的唯一标志的结论，或者误认为政治好了，业务自然会好，这些思想都是不正确的。①

三是业务好不等于政治好。持这种观点的人提醒，政治与业务、政治好与业务好，既有联系，也有区别。如果把两者的联系绝对化，就会陷入形而上学。②

业务好就是政治好。持这种观点的人反驳"业务好不等于政治好"的提法，认为前者抹杀了业务好与政治好的一致性，抽掉了业务好的思想基础，否定了政治好的具体内容。事实上，政治与业务，是"一张皮"，不是"两张皮"，它们之间是辩证统一的关系。从这个意义上说，业务好就是政治好。离开了业务，政治好又表现在哪里，落实在何方？③

政治好与业务好是统一的。针对"政治好就是指思想觉悟高，参加政治活动积极，学习马列、毛主席著作认真"的观点，有人觉得，这种提法并不全面、并不确切。因为它实际上仍然是把政治与业务割裂了开来，而没有将政治同业务联系起来看。事实上，衡量一个人政治上好不好，不仅要看他在提高思想觉悟、参加政治活动、学习马列主义方面是

---

① 冯政治：《政治好不能代替业务好》，《解放日报》1978年10月3日。
② 段文红、石明耀：《业务好不等于政治好》，《解放日报》1978年10月10日。
③ 王兴振、霍学俊、黄沪生：《业务好就是政治好》，《解放日报》1978年10月10日。

否努力、认真，而且还必须看他能不能在政治统帅下搞好业务，把政治落实到业务上去。如果没有后一个方面，光讲前一个方面，那是空洞的，不能算是政治好。政治好是以能够把政治落实到业务为主要标志的，是以业务好为基础的。不能设想一个人政治上是好的，业务上却一窍不通，什么事也不会干、不肯干。事实上，政治好的同志，也一定会刻苦钻研业务，积极肯干，作出一定成绩的。①

在这场讨论中，《解放日报》最后推出《关键是政治必须落实到业务》一文代作小结。文章认为，思想政治工作，是确保经济工作以及技术工作顺利完成的保证。思想政治工作是经济服务的基础，同时又是社会主义建设的灵魂与精神统帅。一方面要反对空头政治家，另一方面要反对迷失方向的实际家。实际上，强调政治要落实到业务，无论是对政治还是对业务，都提出了更高的要求。我们需要的政治，是能够切切实实地保证业务工作的完成，给业务以巨大的动力，帮助解决业务工作中的一些根本问题的政治。②

(二) 就"如何发扬社会主义民主"展开讨论

1979年1月22日，《解放日报》决定在"理论与实践"版上就"如何发扬社会主义民主"展开讨论。为了使讨论内容集中一些，党报编辑建议先围绕发扬民主与党的领导、与安定团结、与"三不主义"的关系以及实际生活中存在的问题展开讨论。

首先，针对一部分青年对民主问题存在糊涂观念，如有人觉得在资

---

① 楚言：《政治好与业务好是统一的》，《解放日报》1978年9月18日。
② 吴方烈：《关键是政治必须落实到业务》，《解放日报》1978年12月4日。

本主义社会"想说啥可以说啥,想做啥可以做啥,想选啥人就可以选啥人",并且把这当作"民主",《解放日报》专门邀请学者撰文回应。

文章指出,比起封建专制制度来,资产阶级民主制无疑是一个巨大的进步。它也在客观上提供了工人阶级日益觉醒的政治条件和历史舞台。但资产阶级民主制,实际上是通过一系列政治法律制度的建立和实施,来确保资产阶级的统治秩序,其实质是维护剥削者对劳动群众的统治,也就是资产阶级专政。

在资产阶级的宪法里几乎都宣布"言论自由""出版自由"。但实际上,在资本主义国家,报纸、杂志和书籍的出版完全是私人经营的事业,资产阶级几乎控制了所有的舆论工具。在不危及资本主义制度的条件下,劳动人民也有某些言论自由,包括批评政府的领导人,但当劳动者的言论使资产阶级感到不顺心时,就要被解雇或解聘。这又哪里是什么"想说啥就可以说啥"呢?

至于资产阶级政党之间经常出现互相攻击、彼此对骂的现象,反映了垄断资本集团之间彼此勾心斗角和争权夺利,反映了他们对劳动人民实行专政和对外政策中的具体做法上的意见分歧。然而,它们的宗旨则是共同的,都是为了加强资产阶级的统治。

文章最后总结指出,资产阶级民主是以"全民民主"的幌子来掩盖阶级民主;资产阶级民主是以形式上的民主来掩盖事实上的不民主;资产阶级的民主,只保障资产阶级,其目的是为了更好实现资产阶级统治。[1]

---

[1] 王松:《怎样看待资产阶级民主》,《解放日报》1979年3月5日。

其次，针对群众民主选举出来的非党同志，能不能担任行政主要领导职务的问题？有些同志认为这样不利于加强党的一元化领导。但《解放日报》刊登的文章对此提出不同意见。

一方面，选举的是企业领导人而不是选举党组织的领导人，被选举者就不应该有党内和党外的界限。是否能担任主要领导职务，也应如此。

另一方面，加强党的领导，固然离不开健全党的各级领导班子，但更离不开把党的路线、方针、政策化为群众的实际行动。党在新时期的路线用一句话来概括，就是加速实现社会主义的现代化。为此，迫切需要把那些业务能力强、管理水平高、工作认真负责、在群众中有威信的同志，选拔到各级领导岗位上来。这样，才能把群众进一步组织起来，调动一切积极因素，为实现四个现代化服务。

当然，不可否认，非党同志担任基层行政主要领导，会遇到一些麻烦，如有些党的会议不能参加、有些党内文件不能阅看，等等。弄得不好，可能会影响一些工作。但是，凡事有利就有弊。而且，上述"麻烦"完全可以通过合理的工作方法得到解决。

还有些同志觉得，非党同志担任基层行政正职，那不是群众领导党员了吗？这其实是把党的领导同工作上的具体分工混淆起来了。党的领导是要加强的，这主要靠党的路线正确和党员发挥模范作用。就具体工作来说，谁担任基层行政领导，应看各人的具体条件。非党的专家、内行，真正符合条件的，应该大胆地提拔到各级行政、技术领导岗位上来。这是实现四个现代化的需要，也是我们党有力量的表现。每一个有觉悟的共产党员，应该比一般群众更自觉地接受非党同志在行政、技术上的领导，积极支持这些同志根据党的路线、方针、政策大胆开展工作。这也是发挥党员模范作用的一个方面。①

再次,针对进一步发扬社会主义民主与宪法的关系问题,明确强调不能离开宪法的基本原则讲民主。我们的宪法有两项基本原则:一项是社会主义原则,另一项是民主原则。这两项基本原则是统一的,是不能割裂开来的。所以,讲民主首先就不能离开社会主义原则。我们发扬民主的目的,是为了激发人民的积极性、创造性,巩固和发展社会主义的经济制度和政治制度。这是根本的目的,是不能偏离和违背的。一切民主自由权的享受和运用,都必须符合这个根本目的。无论是进行集会、出版、结社、游行等活动,还是行使选举、管理等权利,都要考虑到是否有利于社会主义革命和建设事业。因此,如果单纯地追求民主,为民主而民主,甚至置社会主义原则于不顾,那么,这种民主就绝不是无产阶级的东西,而只能是资产阶级的东西。

从我们宪法的民主原则本身来看,它是指最大多数人的最广泛、最实在的人民民主,而不是指少数人的狭隘的个人民主。它是每一个公民(依法律被剥夺民主权利的人除外)都应该能够而且有保障地充分享受到的。所以,我们也就不能离开大多数人的民主去讲民主,更不能用个人或小集团的民主去妨碍或损害广大人民的民主权利。社会上有些人打着"民主"的旗号,随心所欲地提出许多不合理的要求,一旦未能得到满足,就聚众寻事,冲击机关,损坏市容,阻碍交通,吵闹不止,为所欲为,这实际上已越出了"民主"的范畴,是无政府主义的行为,必须批评、制止。

---

① 王文鸾:《尊重选举结果有利于加强党的领导》,《解放日报》1979年2月1日。

此外，我们的宪法还作出了公民必须拥护党和社会主义、爱护和保卫公共财产、遵守劳动纪律和公共秩序、尊重社会公德等项规定，这是保障人民民主权利和社会主义事业所必需的，也是宪法的社会主义原则和民主原则的具体体现。这意味着，在我们的国家里，人民既享受着最广泛的民主，同时又必须用法律来约束自己，违法乱纪者，要受到法律的制裁。这就是民主与集中、自由与纪律的辩证统一。有些人错误地以为凡事"乱一乱就能叫领导坐立不安，冲一冲就能引起社会震动，闹一闹就能闹出一个政策"，干出了破坏社会秩序、搞乱工农业生产、损害群众利益的行为。在他们看来，这样似乎很"民主"。其实，这既是对宪法和法律的践踏，也是对民主的一种破坏。这种"我爱怎么干就怎么干"的极端民主化和无政府主义，完全是要不得的。对于少数以"民主"为名，制造事端，进行破坏捣乱的坏人，必须给予必要的法律制裁。①

最后，针对民主与经济的关系问题，强调民主要求人人参加国家管理，然而人人参加管理的条件却是不能一下子具备的，因此，民主是个过程。离开物质保障的民主权利是空的。因此，要进一步发扬民主，除了不断地对广大干部群众进行民主思想和民主传统的教育，并从政治制度上民主化外，最根本的还在于加快四个现代化的步伐。

事实上，民主对于经济可以起到重要的反作用，这包括发扬得好的促进作用，不发扬和发扬不够的延缓作用以及错误理解发扬民主而产生的破坏作用。社会主义民主不发扬，各种积极因素就调动不起来，社会主义建设就不可能实现高速度。因此，经济的发展为民主的发扬准备了

---

① 志林：《不能离开宪法的基本原则讲民主》，《解放日报》1979年2月26日。

物质条件和精神条件，民主的发扬又反过来服务于经济的发展，成为发展经济的一种推动力。我们要尊重历史的辩证法，决不要把发扬民主和发展经济截然对立起来，决不要离开发展经济去讲发扬民主，更不能在"发扬民主"的口号下去干违反经济发展从而也玷污社会主义民主的事情。①

(三) 关于阶级斗争的争议

这场话题讨论从1979年2月一直延续到1980年1月底，其核心争议是：剥削阶级消灭以后，人民内部是否存在阶级斗争？

讨论的一方认为，现阶段人民内部还有阶级斗争问题。理由是：第一，如果不是从定义，而是从实际出发，就会认识到我国现阶段的阶级斗争是一种特殊的阶级斗争，更多的是人民内部矛盾，少量为敌我矛盾。第二，人民内部的阶级斗争的实质和内容，主要体现为对剥削阶级的意识形态上的斗争。而重大刑事犯罪只是敌我矛盾中的一小部分，青少年之所以犯罪，主要根源在于受剥削阶级的腐蚀，在意识形态上发生了错误认识，因此是人民内部矛盾。第三，极少数干部中严重存在的特权、官僚主义等，也是剥削阶级意识形态在人民内部的反映，同他们的斗争，也具有阶级斗争的性质。第四，有些思想行为属于剥削阶级的范畴，是同无产阶级的思想行为根本对立的，并且会造成直接损害人民根本利益的后果，这种思想行为尽管没有发展到敌我矛盾，但仍然属于阶级斗争。例如，贪污盗窃、投机倒把、闹事和扰乱社会秩序等等，就是人民内部的阶级斗争。②

---

① 群胜：《发扬民主与发展经济》，《解放日报》1979年4月9日。

② 黄京尧、唐逸佐：《剥削阶级消灭以后，人民内部仍有阶级斗争》，《解放日报》1979年11月5日。

另一方提出，剥削阶级消灭以后，我国人民内部不再存在阶级斗争。理由是：第一，阶级斗争是指两个利益根本对立的社会集团之间的斗争。在现阶段，劳动人民包括工人、农民和知识分子之间，其根本利益是一致的，所以，劳动人民内部不存在阶级斗争。第二，阶级斗争和阶级斗争的反映有严格的区别，在劳动人民内部存在着剥削阶级的政治思想的影响，这是阶级斗争在人民内部的反映，不是阶级斗争本身。第三，国家政治生活中的专制主义、官僚主义、特权思想、家长作风等，除极少数已经转化为敌我矛盾的以外，一般说，这只是剥削阶级的政治思想在人民内部的影响和反映，而不是阶级斗争。[①]

围绕这一争议，不同人还从多个角度进行探析。如何理解阶级的含义？有学者认为，阶级同时具有政治性与思想性区别。列宁对阶级的定义是，阶级的最基本特征就是同时具有经济关系和所有制关系，但这两种关系不是阶级特征的全部。首先，一个阶级的产生，必定是在一定的经济基础之上，其具体表现必然通过政治关系以及思想关系体现出来。假如把阶级看作一个经济范畴，或者是一个经济实体，则将它的政治性、思想性给否定掉，也就是否认它的社会范畴属性，那么，党作为阶级的一部分就无法理解，阶级的主义也无从解释，阶级理论和阶级的世界观，就无从谈起。

另一类学者的观点认为，所谓阶级，就是一个经济实体，属于经济范畴。他们认为，首先，列宁对阶级的定义，四个不同都与经济领域相关，但是不包括政治范畴和思想领域；其次，在特定生产关系中，阶级

[①] 雁隽、遨达：《"人民内部仍有阶级斗争"质疑》，《解放日报》1979年12月5日。

作为承担者，其产生的根源以及存在的基础都是以经济为中心，其划分也是以经济为标准；再次，阶级与阶级斗争，分属两个不同的概念。阶级斗争是指不同阶级之间、表现在经济方面之外的一种特殊关系，有阶级斗争就有政治性与思想性的存在，而阶级属于经济范畴，两者性质不同。

还有人进一步思考剥削阶级怎样才算被消灭？一种观点认为，阶级不仅属于经济范畴，同时也具有广泛的社会范畴，因此，消灭剥削阶级，必然要经历复杂的社会过程。从大体上来划分，可以分为三个步骤：一是先决性步骤，无产阶级通过斗争夺取政权，进而推翻剥削阶级，最终消灭剥削阶级；二是决定性步骤，从剥削阶级手中夺取生产资料，变更社会所有制；三是镇压、消灭、改造剥削阶级圈养的社会力量。三个步骤完成后，一个剥削阶级也已经不完整了，基本上也算是被消灭了。这种观点认为，在1956年，我国就基本完成了阶级的三大改造，剥削阶级可以算已经被消灭。

另一种观点认为，阶级属于经济范畴，标志剥削阶级被消灭的具体表现是，剥削制度彻底消灭。只要消灭了剥削制度，剥削阶级也就无法以阶级的形象出现，也就算被消灭。这种观点认为，我国在1956年完成了三大改造，剥削制度被消灭，因此剥削阶级也算被消灭。[①]

（四）关于"九十年代上海人"的讨论

在10余年的改革开放后，广东走到上海前面去了。在市场的激烈竞

[①] 范吉雨：《有关阶级和阶级斗争问题的不同观点综述》，《解放日报》1979年12月5日。

争中，上海产品的"第一"地位，受到了严重挑战。沿海地区兄弟省市经济的迅速崛起，更增加了上海的紧迫感。抓住机遇，开发浦东，振兴上海，把上海经济搞上去，这时代的使命落在上海人民的肩上，又增加了上海人的责任感。

1991年12月11日，《解放日报》在一版头条发表了一封读者来信，尖锐地提出上海人已经落后了，不能再落后了！随文配发的"编者按"表示，希望展开关于"九十年代上海人"的讨论。①消息一经传播，许多读者打电话给编辑部，认为问题提得及时。同时，以极大的热情参加了这场全市性的大讨论，中心议题是：上海为什么落后？怎样树立90年代上海人新形象？许多原先只在私下议论的话题公之于报端：为什么上海人办事老慢三拍？为什么总是缺少创造性，胆子偏小，步伐偏慢，不愿承担风险？为什么人们老说上海人精明而成事不足？②

有人坦言，改革开放以来，有相当长一段时间，上海人相对地显得落后，各种市民思维方式上的弱点暴露得比较明显。如何破解？体制的变更必然引起观念的震荡和更新。只有加速打破旧体制，从计划经济的老轨道向市场经济的新轨道过渡，才能为观念更新提供条件。

那么，90年代上海人应该有一个怎样的新形象呢？许多人认为，上海人的新形象应该是：不故步自封，开拓新视野，敢闯敢干。事实上，这种新形象正在形成。浦东的开发开放、市场经济的兴起、企业机制转换的深化、激烈的国际市场竞争，这样一个新环境正在猛烈地冲击旧的

---

① 《开展"九十年代上海人"的讨论》，《解放日报》1991年12月11日。
② 章世鸿、刘士安：《上海人在变》，《人民日报》1994年4月28日。

"小市民"意识、"老大"意识、"官本位"意识,推动上海人新形象的树立。通过大讨论,工业、财贸、交通、建设等各行各业都在提出改善自我形象的具体奋斗目标。

第二节 传播效果

在《解放日报》的中国马克思主义传播历程中,伴随改革开放一路前行的"新论"版发挥了中流砥柱的作用。这一时期,思想理论界的波澜起伏以及取得的新突破、新发展,都能够在这个版面上找到它们的身影和踪迹。仅以"新论"版第一期所刊文章的篇目为例:《扩大民主必须革除官僚制》(作者岳平)、《能否允许个体经济有轻微剥削》(作者盖竹)和《也谈"马列主义老太太"》(作者曹维劲)。时至今日,读着这些文章,仍有清风拂面之感。理论文章只有直面现实予以思考和阐释,方具有强大的生命力,而这恰恰需要编者、作者乃至读者的共同努力。

事实上,在拨乱反正、农村改革、城市改革(主要是国企改革)、经济体制改革、对外对内开放、实施可持续发展战略、精神文明建设、党的建设等方面,"新论"版精心提炼选题、认真组织稿件、积极传播新解,陆续提供了一批有质量、有社会影响的理论文章。不少文章为《人民日报》《光明日报》《新华文摘》等报刊转载;有些文章发表当天就被国内外通讯社摘发消息;有些文章引来了海外汉学者交流切磋的信件。

《邓小平文选》重要篇章的宣传及邓小平的发展理论、市场经济理论的概括诠释,更是丰富多彩。其中,1991年6月刊发的《邓小平的"中国特色社会主义论"》和 1992 年 12 月刊发的《邓小平的管理思想和领导艺术》两文，接连获得中宣部举办的第一次、第二次"五个一工程"入选作品奖。

这些文章对于推进我国的改革开放和现代化建设，对于人们思想观念的转变和思维方式的更新，产生了积极的影响。

一、把握主流舆论阵地和话语权

以党报为主力军的新闻媒体居于意识形态领域的前沿，是当代中国马克思主义传播的重要阵地。当前，我国进入全面建设小康社会关键时期和深化改革的"深水区"，要坚持和发展中国特色社会主义，需要更强大的精神动力和更深厚的舆论支持。

新形势下，壮大主流舆论阵地需要理论武装，保持思想的统一性。[1]在当代中国，就是要推进当代中国马克思主义传播，要坚持用社会主义核心价值引领多样化思潮，用马克思主义新闻观指导新闻实践。

在理论工作中，学术与政治是分不开的，但必须严格区分学术行为与政治行为。凡是具有学术形态的、在学术会议或书刊上发表的、在学术界内部传播的学术观点，都属学术行为，因此必须按照科学规律、实行学术自由方针，以繁荣发展社会科学。大众传播、群众集会，都具有广泛的社会效应，必须讲民主、讲纪律。

---

[1] 中国传媒大学党报刊研究中心编：《人民共和国党报论坛 2011 年卷》，中国传媒大学出版社 2013 年版，第 4 页。

报纸的理论宣传当然属于后者，是一种广义上的政治行为。因此，它不应单纯追求新奇的学术轰动与新闻效果，必须以阐发和传播马克思主义基本原理及其在当代的应用——党的重要方针政策为使命，让人民群众更好地熟悉马克思主义和党的方针政策，从而更好地投身到社会主义现代化建设中去。①回顾1978—2012年的《解放日报》，它的成功之处正是鲜明地显现了这一点。

有人可能会问：这样的报纸理论宣传会不会太平淡了，而导致难有作为、无人问津？否。普及就是再创造，把艰深的科学道理讲得准确无误、人人明白、喜闻乐见绝不是一件容易的事，非付出满腔热忱、艰辛劳动和一番创造性思维不可。教条式的重复，应时式的官样文章，当然简单，也自然没有生气，但这不是马克思主义的理论宣传，而是理论宣传的歧途。因此，不可小看生动地创造性地宣传马克思主义这一使命。

事实上，"新论"顾名思义是新的理论。这个"新"，有两方面的含义。一是新学科的开辟、介绍，二是原有理论的新观点、再认识。这两个方面的"新"又各有正反两方面的文章好做：一是阐述、宣传正确的观点，二是评论、驳斥错误的观点。而理论上的正确与错误，又不是那么容易分辨的。

回顾20世纪80年代末90年代初那段风云巨变的日子，理论战线上的斗争，确实惊心动魄。各种各样名为创新、实为复旧的鼓吹资产阶级自由化的理论大量泛滥。有些报刊编者在"求新不求准"的思想支配下，为这种错误观点的出笼提供了阵地。可是，《解放日报》在这场斗争中从

---

① 刘吉：《生动地创造性地宣传马克思主义》，《解放日报》1991年1月30日。

未迷失方向，始终为坚持"一个中心、两个基本点"的基本路线而努力，这是难能可贵的。

进入新时期，如何使党报的理论宣传在坚持正确导向的同时，又能贴近群众、打动群众，为群众所喜闻乐见，是《解放日报》一直在思索的问题。党的十六大以来，在深入宣传科学发展观和构建社会主义和谐社会等党的理论创新重大成果的实践中，"新论"版主动对接读者需求，唱响主旋律、传递正能量、激发新动力，把"党的声音""学者的声音"整合为"公共的声音"，把握了主流舆论阵地和话语权。

（一）直面疑问，强化主流意识形态宣传的贴近性

早在 2002 年 9 月，为了更好地展开学习贯彻党的十六大精神的理论宣传工作，《解放日报》公开向全社会征集理论问题："举凡社会生活、党的建设、思想工作等方面的热点、难点问题，都在征集之列，本报理论部将选择典型问题，约请专家学者等给予解答。"最终，在党的十六大召开前夕，"新论"版隆重推出了整版专稿，约请权威专家回答读者所提出的"如何理解'三个代表'重要思想同马列主义、毛泽东思想和邓小平理论是一脉相承的""如何理解发展的内涵，经济发展与经济增长是不是一回事"等 4 个问题。此外，在 2003 年 2 月，又连续三期约请专家学者就"干部群众关心的若干理论问题"进行专题解答。

党的十六大结束之后，从 11 月 19 日至该年年底，《解放日报》连续推出学习十六大精神的专版。这里面，观点的准确性、专家的权威性、文章的通俗性是着力的重点。其中，郝铁川的《理论需要人民——十六大回答的人民群众关心的六大理论问题》、石仲泉的《从理论创新走向实践创新》以及中央党校部分上海学员学习十六大精神座谈会发言摘要的

专版，产生了积极的社会反响。

党的创新理论宣传工作，不能仅重视一时一刻的密集报道，而要"细水长流"，注重结合实际工作，一步一步地将理论知识普及开来，将科学真理传播出去。2003年，"新论"版有关党的十六大精神的专版（文章），平均保持每月2期（篇）的频率，并逐渐注重将创新理论的宣传引向深入和高潮。此外，充分注意结合上海实际与读者需求展开理论宣传工作，其中加速长三角经济一体化、加速上海城乡一体化等主题，都先后作为"深入学习贯彻十六大精神"专版的内容推出，引起了读者的关注。

2005年7月，为了强化党报理论宣传的贴近性，"读者出题 专家解答"在"新论"版正式推出。这个栏目每周一期，主要是通过向全社会征集理论问题，再予以整理筛选后，约请专家学者进行解答。"读者出题 专家解答"的每篇文章，都尽力做到对接读者需求，直面理论困惑和疑问，不绕弯子，不打官腔，而试图通过"化抽象为直观，化繁复为直白，化理论家的事为百姓的事"，做到先吸引眼球，再入脑入心。这样新颖、直接的理论宣传形式，有效地增强了主流意识形态的话语权、吸引力。

（二）紧扣重点，注重主流意识形态宣传的针对性

2004年9月19日《中共中央关于加强党的执政能力建设的决定》全文公布之后，《解放日报》在第二天就推出了学者撰写的《首要的是驾驭执政规律》一文，及时准确地阐释中央精神，宣传创新理论。两天后，"新论"版发表了2 000余字的《青浦区加强党的执政能力建设的实践与思考》一文，从实际出发，结合基层党组织的执政能力建设展开了短小精练的理论分析。

越是在重大问题上,思想越需要统一,这样才能形成合力。更好构建社会主义和谐社会,是党的十六大以来党的理论宣传工作的重点。然而,在如何理解"和谐"上,人们存在一些差异和疑惑。和谐就是没有矛盾吗?和谐社会就是无冲突社会吗?在"读者出题 专家解答"的形式下,2006年7月31日邓伟志对此予以简洁明快地解答。《江泽民文选》的推出是当时理论宣传的又一项大事,应该如何准确理解和把握文选精神?2006年8月28日,《解放日报》策划推出学习《江泽民文选》理论专版,刊登了《为什么说〈江泽民文选〉集中展现了马克思主义中国化新的重大成果》等不同角度的解读文章,集中回答了相关问题。

一谈到理论文章,在人们的印象中好像就是"大块头"。不可否认,要阐述清楚一个理论观点,特别是像一些重大战略思想,缺乏深入阐述和严密分析,是不可能的。但这种所谓"大块头",绝不是理论宣传的唯一形式。

2005年以来,《解放日报》的理论文章就开始在精炼和活泼上,展开了一系列的探索与实践。例如,2005年2月7日推出的《谈为什么要开展保持共产党员先进性教育活动》,全文主题突出、论述集中,让人不至于"望文生怯"。

随着"读者出题 专家解答"形式的稳定推出,《解放日报》有关党的创新理论文章的字数一般都控制在2 500字以内。实践表明,这样短小而又精练的文章,读者爱看、易懂。

(三)紧随"疑点",加强主流意识形态宣传的互动性

党报对当代中国马克思主义的传播,有时容易流于"曲高和寡、自弹自唱"。为了克服这一不足,《解放日报》积极加强与读者的互动以及与相关机构的合作,通过征文、征集提问或召开研讨会等形式,从中筛选出读者和专家具体关心的问题,予以解答(传播)。话题虽"小",却更容易体现"润物细无声"的功效。

2005年6月,《解放日报》与上海市党建研究会联合主办"我看党员先进性"的征文活动,通过两家机构的优势互补,促成了学习和讨论保持党员先进性的小高潮。而在党的十六届五中全会顺利闭幕不久,又借助中共上海市委党校的研究力量,组织约请该校部分专家学者对全会精神进行专题分析。

此外,《解放日报》还积极与新兴媒体展开互动,打造"报网互动""观点撞击"等交流合作平台。在这些看似不起眼的小栏目中,有的是读者来信直接提出自己的观点,有的是读者来函直抒对于理论宣传的期望,有的是网友在论坛上发帖与学者探讨、争论。

这些小栏目的设置,进一步提高了读者对于党的理论和党报理论宣传工作讨论的介入性和参与性,形成了读者与作者以及编者之间的互动。从实际情况看,参与的读者中有上海的普通群众、学生、离休干部,也有北京、宁波、南京等全国各地的热心读者。

同时,"报网互动"作为一个叠加性的创意,除了具有利用网络加强读者与作者互动的功能外,更重要的是延伸了以党报为载体的主流意识形态的影响力,把处于隔离状态的"话语",统一在党报"理论版"所架起的专家学者与普通百姓的对话机制中,疏通了党报与网络媒体的对接渠道和路径。这是传统形式的理论宣传难以做到的。

另外,值得一提的是,作为上海市委机关报,《解放日报》的理论文章并不限于借助上海本地的智力资源，也广泛地约请北京、天津、南京、武汉、山东等地的专家学者，共同来阐释宣传党的创新理论，为读者释疑解惑。

二、文本、解释和构建渐次推进

人们常说，新华社的稿子在写作上有其独特风格，那就是大家所公认的"新华体"。那么，《解放日报》的稿子（这里主要指理论评论类稿子），有些什么特点呢？有观点认为，《解放日报》的风格即思想的解放、文风的放达。这种解放与放达又"从心所欲不逾矩"，总是顺乎党心民心、适乎国情民情的，因而就既有大方向又生动活泼。[①]

这一"解放风格"的形成，背后有着一个顺畅的生产"流水线"，即从文本到解释再到构建的渐次推进。所谓文本，即对主题概念的历史、内涵予以界定；所谓解释，是指依据马克思主义中国化的最新创新理论进行深度解读；所谓构建，是指结合经济社会的实际情形展开政策创建、体系塑造等。在这个机制中，理论部门与宣传部门应紧密结合，全面协调与指导大型政治文本的创作，并形成从文本解析、写作到传播的紧密协作。

下面仅以"对外开放"理念的介绍、阐释和政策构建为例，以期再现由此获得的传播效果。

（一）文本：历史追溯与概念界定

1984 年年底，《解放日报》收到读者的提问：现在讲对外开放与过

[①] 施芝鸿：《独特的风格》，《解放日报》1994 年 6 月 2 日。

去说的"门户开放",都讲开放,究竟有哪一些区别?我们对这一问题都说不大清楚,你们能答复一下吗?

12月5日,《解放日报》邀请专家撰文解答。其核心观点是:现在实行的对外开放与过去的"门户开放"是性质根本不同的两回事。它们之间的区别是明显的,可以从以下三个方面来说:

首先,历史条件、时代背景完全不同。鸦片战争以后,中国沦为半封建半殖民地,各帝国列强相继侵入中国。美帝国主义为了排挤其他帝国主义势力,霸占中国,由国务卿海约翰在给英、法、德、日、意、俄六国照会中第一次提出"门户开放"政策。这是美国侵略中国的一种政策。

现在实行的对外开放政策,是在我国人民推翻了三座大山,确立了社会主义制度后,在坚持独立自主、自力更生的方针下,为了加强和发展国际性的经济技术联系,争取利用国际上的资金和先进技术,而主动提出来的一项积极政策。这是新时期我国经济发展的重大战略决策。随着全世界新技术革命的开展,生产进一步社会化与国际化,国际经济依赖关系日益加强。在这样的形势下,是否善于利用对外经济关系来发展本国经济,是能否保证经济迅速增长的重要因素。我们的对外开放政策,就是顺应这种世界的潮流。

其次,政策的目的和出发点不同。我国的社会主义现代化建设要求解决资金不足、技术落后、人才短缺和管理效率低下等问题。实行对外开放政策,就是解决这些问题的一条有效途径。其目的是为了加速社会主义现代化建设,促进振兴中华的大业。"门户开放"政策则是当年美国从垄断资产阶级的立场出发,为了维护侵略者的利益,维护它们掠夺中国的"机会均等",妄图将中国改造成半殖民地或殖民地。

再次,政策的内容与方式不同。美国的"门户开放"政策是以中国承认各资本主义国家在华的"势力范围"或租借地的投资利益,以及任何其他既得利益为前提,无视我国的主权和利益,使各帝国主义国家在征收口岸税和运输费等政治经济利益问题上的争夺互相妥协,组成一个联合侵华的反动阵线,保护美国"现在的利益,保障未来的利益"。

我国对外开放政策是通过合资经营、合作经营、合作开发、合作生产、外商独资经营、补偿贸易、来料加工、来件装配、技术转让、租赁、公司债券以及对外承包工程、劳务合作等多种形式,充分利用外国的各种资源,"以天下之长、补一国之短"。建立经济特区和进一步开放沿海城市,是为了更积极地实行开放政策。特区是社会主义国家管辖下实行特殊政策的经济区。外商在特区办企业,享受优惠政策,但在经营方面,必须遵守国家有关政策、法令,按照合同办事,服从特区管委会的领导。

建立经济特区,其实也是世界各国普遍采用的一项经济政策。当前世界上存在各种形式的经济特区,有的叫出口加工区,有的叫自由贸易区、免税区、自由经济区、自由港以及科学工业园等。进一步开放沿海 14 个港口城市,在参照经济特区成功经验的基础上,进一步扩大对外经济活动的权力,按照各自的情况,采用各种方式,把对外开放工作做得更好些。[①]

不过,随着对外开放的深入发展,人们对相关的一些历史问题有了新的估计。尽管历史事件不会完全重演,但某些因素的再现总是最能引

[①] 刘琳:《对外开放与"门户开放"有根本区别》,《解放日报》1984 年 12 月 5 日。

起思考。经济生活中的特区政策、自由港做法,为人们认识租界问题提供了一个新的角度。有学者甚至提出一个"租界文化效应"的问题,认为海派文化的发展与租界文化的繁荣分不开。这就把租界问题的讨论从经济领域引入文化领域。

1986 年开始,一些中青年学者连续在上海报刊和天津、武汉的学术讨论会上,专门就租界对近代社会的影响发表意见,从而把这种突破推向全国。先有学者提出,上海租界在近代中国虽曾起过恶劣作用,但在客观上它又在上海催生了民族资产阶级和工业无产阶级;传播西方科学文明;促进中国新的经济、政治、文化力量的发生和发展。[①] 这就是租界影响的两重性。还有学者对这种双重影响作了具体分析。例如,租界内公园既有"华人与狗不得入内"这样的耻辱标志,又有在中国首创的电灯、煤气、自来水等文明窗口;租界中既有为殖民扩张服务的宗教、文化渗透,又有中国最早的新学传播。[②]

相关讨论在一些全国会议上引起同行的关注和议论。在武汉召开辛亥革命和孙中山学术讨论会上,上海学者带去的信息使大家感到:不研究租界,辛亥革命乃至大革命中的许多问题将不能得到最后的解决。在天津召开的沿海开放城市经济史会议上,热烈争论了租界对上海、天津等工业中心的形成中的作用:有人肯定了这种作用;有人则持否定态度,认为租界只能是中国人民受耻辱、被剥削的象征。[③]

在之后举行的上海社会科学院历史研究所建所 30 周年的学术讨论会

[①] 朱华:《简论上海租界对中国社会的影响》,《解放日报》1986 年 7 月 2 日。
[②] 熊月之:《略论上海租界的双重影响》,《文汇报》1986 年 11 月 11 日。
[③] 李天纲:《方兴未艾的租界史研究》,《解放日报》1986 年 12 月 24 日。

上，租界史被列为一个专题。全市老中青专家济济一堂，议论广泛，见解纷呈，把租界史的研究向广度和深度进一步拓展。有发言者指出，由于租界内的国际化环境，使上海的工商业始终与世界市场保持同步，参加国际竞争，这使上海经济保持着它的国际和国内中心地位。有学者联系同治、光绪年间贸易中心从广州移向上海的历史指出：这种转移现象不能仅从优越的自然条件来解释，还要从人为条件——租界经济的角度来解释。还有人提出从晚清到民国，人们对租界总是既爱又恨、既崇拜又厌恶。对这类社会心理问题，旧有的历史研究方法显然不敷应用，应开拓新的研究方法。

纵观这些租界史研究，可以看到这次租界研究热的兴起有其特点，是学术界对当时开放政策的积极反应。解放前，上海租界史的研究曾一度兴旺，美国大法官费唐和中国法律专家王揖唐都有过专著和报告。但那时的研究是为了"收回主权"的现实目的，因此问题集中在租界的法律地位上。之后一段时间，国外研究租界的专著汗牛充栋，但他们的研究大都有一个记取在华活动教训的驱动心及一种怀旧的情绪。因此，不能代替中国人所需的研究。这一次关心租界问题，是属于一种在民族文化与西方文化再次撞击的历史关头的沉思。

不过，诸如李天纲等学者也意识到：由于尚属草创，租界史研究还有不少待补的缺陷。一个标志就是此项研究还未着手去研究一些真正属于本学科的问题，即还未深化到对许多租界独特现象的分析。例如，租界把东西方的流浪汉、冒险家、亡命之徒塑造成一种"洋场绅士""高等华人"。这些人的行为方式乃至思想情操已在本质上脱离了东西方文化，属于"租界型"。这类最独特的问题尚待开拓研究；又如，目前的研究多集中在根据一些例子来论证租界存在的合理与否，这样便不可避免地要纠缠于"侵略"与"传播"的关系之中，并容易在某些经典语录的引用上各执一词，进一步的研究需要观念、方法和对象的转变。

除了把握改革开放与"门户开放""租界经济"概念的关系外，"拿来主义"也成为一个热议话题。

1986年11月26日，《解放日报》的编者感慨：开放不仅适用于物质文明建设，也适用于精神文明建设，不只是对外开放，也包括对内开放。开放，自然成为一个热门的话题，《拿来主义》被一再用来做文章，也是时势造成。然而，究竟怎样理解开放，怎样认识鲁迅先生的这篇短文，则因经历、认识的不同，人们的看法往往相左。

鲁迅的《拿来主义》，是1934年发表于《中华日报》上的。随着文章观点反复为人引用，"拿来主义"变成了一个专用名词。一篇数千字的短文，其生命力历经多年而不衰，这大概是鲁迅本人也始料不及的吧。

但真正把"拿来主义"这个题目来做文章的，却是在党的十一届三中全会之后，对外开放成为基本国策，并且蓬勃地出现在我国社会生活中之时。虽然鲁迅写《拿来主义》的本意，原在批判当时一部分人在对待文化遗产（中国的、外国的）上的全盘继承、虚无主义和不敢接触等错误倾向，但他提出"我们要运用脑髓，放出眼光，自己来拿"的主张，很容易使人联想起如何对待外国文明（物质的、精神的）。于是乎，今人做"拿来主义"的文章，立脚点主要放在"对外"而不是"对内"上，把先生原先的范围又约定俗成了一步，这也是可以理解的。

"拿来主义"的重新提出，反映了时代的进步。其一，它表明了主动的开放。切勿以为，外国的东西能进入国门，便是开放。开放有主动、被动之别。鲁迅在《拿来主义》中说：我们被"送来"的东西吓怕了。先有英国的鸦片，接着是德国的废枪炮，然后是法国香粉、美国电影的涌入，还有印着"完全国货"的日本小东西。"送来"者，被动的开放也。唯有"拿来"，才是主动的开放。其二，它表明了在开放中的主体意识，并不是把外国的东西奉为神圣，而是"或使用，或存放，或毁灭"。这也着实不易，在动不动就斥人为"崇洋媚外"的年头，这么做即违了祖宗，那么做又像了夷狄，各种顾忌，各种小心，各种唠叨，叫人惴惴如履薄冰，又何谈"取其精华""弃其糟粕"？

要"拿来"，勇气不可不有。《解放日报》刊文指出，倘若要在这方面破除禁区的话，必须树立这样的观念：不仅要勇于"拿来"国外的技术、设备，而且要勇于"拿来"国外的文化、学说、理论，等等。说到文明，一曰器质、二曰制度、三曰文化，由浅入深，密不可分。如产业革命，一开动大机器，便由此派生出严密的分工、严谨的合作、管理制度以及人的精神风貌，与小作坊时代不可同日而语。"拿来"先进周密的电脑控制设备之后，倘与此相配匹的是清淡闲聊、推诿客套、八面关照的"古风"，其结果之可悲，那是世有先例的。

不仅是观念，甚至连法律（主要是经济的），只要适合我国情况的，都可先"拿来"。"拿来"比没有好，比"无法可依"好。别人在这方面的法律如果适合我们的，有几条就"拿来"几条，只要有用，而且针对性强的，"拿来"之后，先实践一段时间，待我们有了经验再修订。这不就使我们得益于异类交融了吗？日本的明治维新，大量地引进了西方文明，其间固然产生某些弊病，但是"主动汲取外国文明的传统性格"由此而形成。及至今日，"日本向全世界输出"，恐怕主要得益于此。①

1986年12月17日,《解放日报》还刊发了夏征农撰写的《"拿来主义"今析》。文章指出,"拿来主义"是针对当时对外交往中的极不平等状况——只有"送去",没有"拿来";只有"送来",不敢"拿来"而发的。现在,我国已是正在向着现代化迈进的社会主义国家。鲁迅笔下的"送去""送来"的情况,已经基本上消除了。但是,由于百多年来我国受尽了帝国主义侵略,也就是"只有送来"之苦,在一些人中形成了两种心理:"排外"与"崇洋"。这可以说是今天对外开放的两种思想障碍,必须通过实践与教育逐渐消除。

作者强调,从今天来看,具体情况更为复杂,精华与糟粕往往难解难分,更需要去拿的人"沉着,勇猛,有辨别,不自私";拿来之后,能够认真研究,辨明好坏,区别对待。对于外国流行的新学说、新思潮、新观念、新名词,都应该拿来占有,进行分析研究,而不要不加研究,自己也不懂或没有弄清是什么"货色",便奉为"至宝",到处宣扬。这样做,丝毫不会有助于我国文化的繁荣,而只能造成昙花一现的假繁荣,造成一时思想上的混乱。②

(二)解释:自觉根据中央精神和创新理论展开学理剖析

党的十三届四中全会提出,四项基本原则,是我国在新时期的立国之本,必须坚决执行;改革开放是重要的强国步骤,必须坚定不移,绝不回到闭关锁国的老路上去。但在1989年前后,质疑对外开放的声音有

---

① 狄言:《老生常谈话"拿来"》,《解放日报》1986年11月26日。
② 夏征农:《"拿来主义"今析》,《解放日报》1986年12月17日。

所浮现。为此，《解放日报》根据党中央和国务院领导的最新指示，刊文强调继续坚持改革开放不变的观点。①

　　文章首先坦承，改革开放10年，我们在取得成绩之时，也存在一些失误。比如，在改革开放中坚持四项基本原则缺乏一贯性，思想政治工作明显削弱，主要是对全体人民的思想政治教育和艰苦创业教育放松了；改革措施不配套，在放开搞活的同时没有及时加强和改善宏观调控，出现了经济发展过热和明显的通货膨胀；社会分配不公，在允许一部分人先富起来的同时忽视了共同富裕的目标，片面提倡高消费，少数人牟取非法收入和私人经济非劳动收入的过快增长；在改革和建设中存在着急于求成的倾向，基本建设规模过大，在推进价格改革时对国家、企业和群众的承受能力考虑不够；法制建设薄弱，没有一贯坚持两手抓，即一手抓改革开放，一手抓打击严重经济犯罪，一手比较硬，一手比较软；等等。

　　但是，所有这些抹杀不了10年来所取得的巨大成就。10年来，从发展战略到方针政策，包括改革开放，都是对的。要说不够，就是改革开放得还不够。我们决不能因噎废食，由于某些失误就不坚持改革开放这个基本点。

　　在此基础上，两个基本点是一个统一的有机整体。改革开放与四项基本原则，是我们党在整个社会主义初级阶段的基本路线的两个基本点，两者不是矛盾的，而是相互贯通、相互依存、相互统一的有机整体，不能把两者对立起来和割裂开来。那些长期顽固坚持资产阶级自由化立场

---

① 宋廷明：《坚持改革开放不变》，《解放日报》1989年9月6日。

的人,打着改革开放的旗号,干着妄图推翻共产党的领导,推翻社会主义制度,在中国建立资产阶级共和国的罪恶勾当。他们所谓的改革开放,只不过是"全盘西化"的代名词罢了,与我们所提倡的在坚持四项基本原则基础上的改革开放有着本质的区别。

明确原则后,文章认为:当前坚持改革开放,需要在认真总结和反思10年改革开放经验教训的基础上,扎扎实实地做好以下几个方面的工作:

一是认真贯彻落实治理整顿和深化改革的方针,一心一意搞好治理整顿。例如,治理经济环境,重点是治理通货膨胀,坚决压缩固定资产投资规模和严格控制消费基金过快增长,把过高的物价上涨幅度降下来;整顿经济秩序,重点是整顿流通秩序和各种公司,克服流通领域中的某些混乱现象;调整经济结构,重点是调整产业结构、产品结构和企业组织结构,增加对农业、能源、交通和原材料工业的投入和生产;全面深化改革,重点是深化企业改革,增强全民所有制大中型骨干企业的活力,等等。

二是以增强企业特别是全民所有制大中型骨干企业的活力为中心,进一步深化企业改革。在有条件的企业积极试行优化劳动组合,完善企业工资总额与经济效益挂钩浮动的办法,因地制宜地推行计件工资、定额工资、浮动工资、结构工资和百分计奖等分配方式,使职工的劳动报酬与本人的劳动贡献挂起钩来,更好地体现按劳分配原则。要继续支持和发展企业之间的横向经济联合和企业集团,鼓励优势企业兼并后进企业,实现生产要素的优化组合。在有条件的企业,继续慎重稳妥地进行以公有制为主体的股份制试点。

三是加强和改善宏观调控，努力实现总需求、总供给的基本平衡。建立宏观经济平衡制度，关键是在计划、财政、金融三者之间形成既互相衔接又互相制约的机制，努力实现财政、信贷、物资和外汇四大平衡。

四是逐步建立和健全社会主义市场经济体系，促进商品经济发展。要通过发展消费品市场、生产资料市场、资金市场、技术市场、劳务市场、信息市场和房地产市场等要素市场，逐步形成一个形式完备、功能齐全、充满活力的社会主义市场体系，建立严格的市场管理制度和规则，禁止非法交易活动，包括驱逐伪劣商品以及打击流通领域倒卖倒买等非法交易活动，加强市场立法和监督，逐步形成新的社会主义市场秩序，真正做到"国家调节市场，市场引导企业"。

五是坚持对外开放，进一步扩大国际上的技术经济交流与合作。我们将一如既往地继续发展国际上的经济技术交流与合作，发展和完善外贸承包经营责任制，进一步扩大对外贸易；坚持经济特区、经济技术开发区和沿海开放地区的优惠政策不变，以更多地吸引外商、侨胞来华投资办企业和港澳台同胞到大陆来投资办企业；进一步发展边境贸易，开放边境贸易口岸和市场，扩大与发达国家和地区的经济技术往来与合作；等等。坚持对外开放，不仅有利于我国的四化建设，也有利于世界经济的稳定与发展，有利于人类和平与发展的进步事业。

1990年7月4日，《解放日报》以纪念鸦片战争150周年的形式，推出了金冲及撰写的《爱国主义和对外开放》。文中，这位权威的历史学家指出，今天，中国人不能掌握自己的命运而听人摆布的日子已一去不复返了，一个初步繁荣昌盛、独立自主的社会主义新中国已屹立在世界的东方。我们已经有了这样的条件：以一个独立平等主权国家的地位同世界各国交往。这种条件的取得，是鸦片战争以来无数先烈的鲜血换来的，是得之不易的。

同时，我们也会清醒地看到：同世界经济文化发展的先进水平相比，我国还是大大地落后的。特别是第二次世界大战结束以来，科学技术在世界上特别在西方资本主义世界取得了突飞猛进的发展，在某种程度上把我们同世界先进水平的距离拉得更大了。这是一个必须承认的事实。面对世界经济文化的高速发展状况，要想强大，中国就再也不能与世界隔绝。因此，在坚持四项基本原则的同时，更要坚定不移地坚持进一步改革开放。坚持四项基本原则，是为了保证国家主权的完整；改革开放，从实际国情出发，有选择性的学习一切先进的东西，是为了更好的建设我们的国家，把我国建设成强大的社会主义强国。

对外开放的实质是什么？某种意义上，可以这样理解：就是要努力吸收人类在资本主义制度下创造的对我们有用的文化成果，当然也包括其他先进文明成果，来为建设社会主义现代化的新中国服务。我们已经经过一个半世纪正反两方面经验教训的教育，已经有可能恰当地处理这个异常复杂的问题了。闭目塞听，满足现状，而不去努力了解人类全部发展过程中所已创造的文化成果，是谈不上把中国建成一个社会主义现代化强国的。

（三）构建：紧密结合实践展开政策创建、体系塑造

经历了 20 世纪 80 年代，我国对外开放取得了重要进展。接下来的 10 年，如何继续坚持这个基本国策，进一步搞好对外开放，扩大对外开放？《解放日报》刊文予以具体分析：

首先，综合分析各种因素，我们仍有可能争取到 10 年以至更长时期进行现代化建设的和平环境,在风云变幻的国际环境中,仍有不少有利于我们实行对外开放的因素。

其次,也存在一些不利因素,如随着贸易保护主义的加强,贸易摩擦会加剧,这将给我国发展出口贸易带来不利影响;加工制成品中技术密集、知识密集型产品比重上升,将对我国出口商品结构调整提出更高要求。

在此情形下,关键在于我们要认真总结经验,做好工作,把对外开放搞得更好。今后 10 年,以平等互利为原则,不断扩大对外技术交流与经济合作,利用外资,提高对外贸易能力,引进人才,提升国家整体技术能力与水平。具体措施包括:提高出口商品的质量、档次;合理调整进口商品结构,适当控制进口,使进口保持适度规模;积极有效地利用外资,包括借用国外资金和吸收外商投资两个方面;加快沿海地区经济的发展,搞好上海浦东新区的开发与开放工作,充分发挥上海金融中心城市的地位优势,引领长江沿岸的经济、科技优势以及纵深腹地的资源优势,带动东、中部地区乃至全国的经济与科技发展。①

"对外开放"理念的真正升华,体现在浦东开发开放上。1995 年 6 月 14 日,《解放日报》推出王新奎撰写的专稿,系统论述了浦东开发、开放的历史性机遇及其挑战。

作者指出,浦东开发、开放有三大历史性机遇:机遇一:我国经济体制改革进入建立社会主义市场经济体制的新阶段;机遇二:我国对外开放区域推进战略的调整,将对外开放的区域重心从以珠江三角洲为核心的华南地区向以长江三角洲为核心的长江流域地区转移;机遇三:世

---

① 林兆木:《进一步扩大对外开放》,《解放日报》1991 年 3 月 27 日。

界经济增长重心向亚太地区的转移。

三大历史性机遇为浦东新区的高速发展提供了必要的外部条件。而要把这些外部条件所提供的机遇转化为发展的现实，则需要有抓住机遇的眼光与魄力。回顾一下浦东开发、开放的发展历程可以发现，深入的理论与政策研究、具有前瞻性的战略定位和切合实际的整体规划布局是保证新区高速发展的三大成因。

一是以坚实的理论和战略研究为前提。上海关于浦东开发、开放的理论和战略研究可分为两个阶段。第一阶段是1984—1988年把浦东开发、开放作为上海地方发展战略研究一部分的阶段。这一阶段最主要的研究成果体现在《上海经济发展战略汇报提纲》和《上海市总体规划方案》中。

1984年12月，上海市人民政府和国务院改造振兴上海调查研究组在综合分析了各部门的汇报材料和专家学者的意见，进一步对上海经济的发展战略做了深入的研究与分析后，汇总为《上海经济发展战略汇报提纲》（简称《汇报提纲》），并提交国务院，经批准后成为国内唯一一份获得中央人民政府批准的地方性发展规划。

《汇报提纲》首先形成了浦东开发、开放战略构想，进而提出城市重点工业布局，以及向南向杭州湾延伸发展，北向长江口伸展的两翼发展策略，提出了创造条件开发浦东，发挥优势开放浦东的新区建设规划。

1986年，上海市政府在提交《上海城市总体规划方案》时向国务院明确提出了开发浦东的具体设想。对上海市政府的这一规划，国务院在1986年10月的批复中做出了明确的指示：将浦东新区建设成为现代化新区。国务院的这一批复标志着浦东开发、开放作为一项上海地方性的发展战略得到了中央政府的确认。

1990年年初，邓小平视察上海，在与上海党政负责人谈话时，明确表示支持开发浦东。这标志着关于浦东开发、开放的理论和战略研究进入了第二阶段。而后，上海的各方面专家在20世纪80年代后半期长达6年研究的基础上，迅速制订了浦东开发计划。

1990年4月，上海的浦东开发计划获得中共中央和国务院的批准，并于1990年6月由国务院正式批复浦东新区的开发方案。

在两年后发布的党的十四大政治报告中，江泽民明确宣布："以上海浦东开发、开放为龙头……带动长江三角洲和整个长江流域地区的新飞跃。"这标志着对浦东的开发、开放最终上升为国家重点发展战略。

浦东开发、开放上升为国家战略，意味着上海的经济发展重新建立了在市场经济条件下既获得全国的支持又服务于全国的基础，从而为上海的振兴和浦东的腾飞展示了广阔的前景。

二是以前瞻性的战略定位为基础。浦东开发、开放作为一项在20世纪90年代建立社会主义市场经济体制、对外开放区域重心转移和亚太经济崛起的大背景下提出的国家战略，其实施必须要有前瞻性的战略定位作为基础。浦东开发开放战略定位的确定曾经历了三个不同的阶段。

第一阶段是1953—1983年。1953年、1959年和1983年，上海的城市规划部门曾三次做过浦东开发的发展规划。当时规划是将上海中心市区东移，将黄浦江两岸建成中心城区，并向浦东纵深扩展，以此来疏散上海的工业和人口，逐步减轻浦西老市区的压力，然后进行老城市的改造，建成一个横跨黄浦江两岸的大上海。很显然，由于这一战略定位仅仅是浦西老工业区在形态上的延伸，缺乏相应的新的功能开发的配套，无法解决浦东开发的资金筹措问题。

第二阶段是1984—1988年。该阶段的开发战略设想发生了变化。浦东作为工业基地,上海的发展重点为工业、商业、金融和服务业等多种功能的新型大都市。从这一战略定位出发,浦东开发已不再是一个从属于浦西市区改造的侧面配合计划,而是重建大上海的战略构想中的一个核心内容。

第三阶段是1990—1992年。该阶段上海有关浦东开发的战略定位有了根本性的变化。首先,根据国际经济环境变化的新趋势,对浦东开发从国家战略的高度进行了定位,确定浦东新区是我国重点开发以外向型经济为主体的综合新区。其次,在对浦西上海老城区的定位方面,确定浦东新区是上海中心城的重要组成部分。再次,根据国内建立社会主义市场经济体制的需要,确定浦东新区是上海市作为现代化国际城市所拥有的集现代化中心商务区、自由贸易区、出口工业加工区、高科技园区以及海港、空港、铁路枢纽于一体,城乡协调发展,既有高度物质文明,又有高度精神文明的新城区。

具有前瞻性的战略定位以及与此相配套的各项政策给浦东开发、开放提供了巨大的发展空间。通过内挤外联、东西联动,使浦东背靠大上海、面向全中国和全世界,在短短的5年中迅速崛起。首先,依靠土地批租加成片开发,吸收大量内外资投入基础设施开发建设,解决了长期以来困扰浦东开发的资金筹措问题。其次,通过东西联动,上海作为金融中心的地位迅速加强;而上海作为金融中心地位的加强反过来又在资金上支撑了浦东开发。

三是以高水平的整体规划布局为起点。浦东新区采取以点带面、点面结合的规划，在5年里就基本具备了一个规划面积达522平方公里的新城区的各项主要功能，使新区初步具备作为一个城市自我积累、自我增长、自我发展的基本条件。

然而，展望浦东开发、开放的前景，王新奎指出还面临三方面的挑战：一是如何从形态开发转向功能开发；二是如何从政策优势转向体制优势；三是如何从经济增长转向社会发展。

总之，在"开放"的理念解析、现象解释与实践构建上，《解放日报》通过长跨度、多角度的传播，做到了渐次推进的效果，最终真正把握住了这一重要概念及其实践的时代性、现代性和创新意义。

三、与时俱进、与民俱进、与世俱进

与时俱进最根本的体现在办报方针上。20世纪90年代以来，有关报纸理论版还要不要贯彻百家争鸣方针，成为一个有争议的话题。《解放日报》认识到问题的关键是如何依据时代的变化，生动地创造性地宣传马克思主义。这本身就包含着百家争鸣。在正确阐发当代中国马克思主义和党的重要方针政策上，并不意味着"一言堂"，而同样有着广阔的百家争鸣天地。此外，全面综合地介绍和评述理论界百家争鸣动态，以沟通学术界与社会公众，也是报纸理论版的一项本职工作。

对此，有学者予以高度评价，认为《解放日报》"新论"版最鲜明的特点在于始终保持着一种开放的心态。一是善于迅速地反映生活中尤其是在改革开放中出现的新问题、新观念，并把它们上升到理论高度上；二是善于把握每一时期理论研究的动向和中心问题，并积极地参与、推进对这些问题的讨论;三是善于捕捉国际上出现的种种新思潮,有分析、有评论地介绍给读者;四是敢于坚持"双百方针",以平等的姿态开展理论学术上的争鸣和讨论;五是特别难能可贵的是敢于扶植新人,敢于发表中青年理论工作者在哲学、经济、政治、法律、科学等领域中提出新观点、新见解的理论文章,从而使一些学有成就的年轻人脱颖而出,为理论界注入了新鲜血液。[1]

与时俱进某种意义上确实意味着创新和突破。为此,"新论"版提倡、发表、推荐有利于当代中国马克思主义发展和传播的一切新理论、新观点或传统理论的新发展、新应用、新解释。对于那些标新立异、流行一时的观点,则尝试通过学术探讨的形式,认真鉴别,勿让百花齐放变成一花独放乃至哗众取宠。

事实上,并不是"新"的都是好的,花样翻新就不"新"。所谓马克思主义"过时论",不管冠以多少"新"字,终究不过是老调重弹。标新立异的言论,也不一定都是"新论"。"标"怀疑马列主义基本原理之"新","立"否定四项原则之"异",只能把中国引向资本主义去,还有什么"新"可言?

还有学者对新论应有之"新"予以具体梳理,指出除新论点(这点大不易)外,还表现为以下几个方面:一曰资料新,不宜重复引用众所周知的资料,而力求有新的论据,重视掌握第一手材料,做实证分析;二曰角度新,论点虽非独创,但能从新的角度提出问题、分析问题,仍不失其新意;三曰方法新,同样的资料,以不同的方法去运用它,效果

---

[1] 俞吾金:《永葆开放的心态》,《解放日报》1991年1月30日。

大不一样。要用新的论证方法去把握论据。①

与时俱进还体现在推荐、扶持更多的理论新秀。"新论"的第一层含义强调的是要进行理论的创新,第二层含义强调的则是要注意对理论创新者的扶持。②《解放日报》在开展理论宣传时,比较重视同理论工作者的交往,特别是比较注意对新人尤其是提出新观点的中青年理论工作者的扶持。李君如比较集中地在"新论"专刊发表文章的时候,年仅30多岁。当时,报社领导和理论部的同志对这一年龄层次的中青年理论工作者相当关心,经常组织座谈会,分析理论热点和难点,进行学术交流,并在此基础上约稿。李君如于1992年1月22日发表的《毛泽东思想研究的热点与争论》,见报后反响较好,这个题目就是在1991年下半年一次座谈过程中形成的。对于这些论文,《解放日报》的编者既十分珍惜其中的思想火花或独到见解,又注意避免论述上的片面性,常常提出一些很好的修改意见。李君如在1991年6月5日发表的《邓小平的"中国特色社会主义论"》,后来获得首届"五个一工程"优秀论文奖。这篇文章凝结了《解放日报》理论部编辑金维新加工的心血。李君如后来感慨:一张好的报纸、一个好的专版或专刊,是能带出一支好的作者队伍来的。

与民俱进,实质上是要求与人民的精神文化需求相呼应,加强对策研究。这是一项综合性工作,需要从多个方面进行深入研究,在进行多层次分析的基础上,进行系统性的综合。这项工作不仅需要严密的分工合作,更需要高素质的各方面专业人才的汇集,共同努力,才能完成,

---

① 夏禹龙:《新论应有之"新"》,《解放日报》1991年2月6日。
② 李君如:《希望多扶持理论新秀》,《解放日报》2000年7月7日。

不仅需要理论工作者，同时也需要实际工作者的参与。

1993年，《解放日报》报道了上海市政府在6月3日召开决策咨询工作会议的消息。报道说，理论界、企业界和政府有关部门300多人出席，市政府在会上宣布了三项决定，其中就有聘请43位专家作为首批决策咨询"高参"。上海市政府的决定，在国内外引起了巨大反响，在当时是需要非常大的魄力与勇气的。20年过去，实践证明这是一个融与时俱进、与民俱进为一体的重大创新措施，对全国的经济发展与理论研究起到了引导作用。

与民俱进还是一项复杂的民生工程，需要进行深入的社会状况调查与研究，并汇集多方专业力量对某些动向进行论证、预测后才能确定。[①]2006年7月31日起，《解放日报》以"读者出题，专家解答"的方式，在"新论"版解答理论热点话题。这个创意，并非出于"灵机一动"，而是理论界、新闻界长期以来一直思考的问题，即理论宣传尤其是党报的理论宣传怎样才能在坚持正确的舆论和思想导向的同时，又能与民俱进，走出"小众化""圈内化"。

广大作者、读者对这一尝试也予以肯定，表示希望能像当年邹韬奋主持的"生活信箱"一样，克服理论宣传放"高射炮"的倾向。

与世俱进，不仅体现在引进和分析国外最新研究成果的方面，还体现在独具慧眼地介绍当代中国、当代中国马克思主义。1992年，学者周汉民获得美国艾森豪威尔总统基金奖，3—6月去美国巡回考察。在参观访问的每个地方，他欣喜地发现"可以方便地查阅到《解放日报》"。

---

① 郑必坚：《我们理论工作的根本指针》，《解放日报》1993年7月10日。

事实上，随着上海成为海外中国问题专家的研究重点，《解放日报》格外受到国外学者的青睐。特别是《解放日报》报道中有关经济、金融、贸易方面的发展信息和数据被外国经济专家一致认为"真实可信"，《解放日报》有关浦东开发的报道更是成为国内外了解浦东建设情况的权威性材料。可以说，尽管《解放日报》是一家地方性的报纸，但国外研究中国问题的专家在通过传媒研究中国经济、收集中国信息时，一直对她另眼相看。[①]

周汉民在访美期间，正是 1992 年邓小平视察南方的重要时刻。《解放日报》以"吉方文"的笔名发表了一系列重要文章，引起了国际舆论和研究中国问题专家的广泛关注。不少海外学者知道周汉民来自上海时，都十分敏感地希望从我这里打听到有关报刊文章发表经过的情况。

经济学科及其论述的发展丰富，是《解放日报》与世俱进的一个重要表现。

20 世纪 80 年代改革开放的实践，对我国经济学发展提出三大任务：一是宣传和推动改革开放，即在分析研究传统的高度集中的计划经济体制正反两方面经验的基础上，论证进行经济体制改革的必要性；在分析研究国际经济格局变化的基础上，论证实行对外开放的可能性。二是参与各级政府的宏观和微观经济政策的决策研究。三是向全社会普及经济学知识，从理论上教育干部和群众，使他们逐步适应有计划商品经济新体制的运行。[②]在这三方面任务上，《解放日报》都积极介入，发挥了不

[①] 周汉民：《走向世界的〈解放日报〉》，《解放日报》1994 年 6 月 24 日。
[②] 王新奎：《九十年代将是中国经济学发展的收获期》，《解放日报》1992 年 3 月 4 日。

可磨灭的贡献。选题内容，可以看到在传统社会主义政治经济学的基础上，刊发了一大批应用性的经济学科，如工业经济学、农业经济学、商业经济学、城市经济学、人口经济学、财政学、银行学、国际贸易、国际金融等；学科建设上，推介一批中青年经济理论工作者从各个不同的角度进入经济学的研究领域，给我国经济理论工作者队伍增添了新的活力；研究方法上，不少文章摆脱了从理论到理论、从概念到概念的经院式研究方法，理论实证、经验实证、计量分析、数理统计分析等经济学研究方法越来越广泛地在《解放日报》上出现。

如果说，20世纪80年代我国的经济体制改革还只是处于探索道路、积累经验的阶段，那么到了90年代，我国经济体制改革将进入一个更加自觉和理性的阶段。在学习当时世界经济学的最新发展理论的前提下，《解放日报》刊发的稿件开始侧重于建立中国特色的社会主义理论经济学、应用经济学。例如，把社会经济运行中的不同职能部门作为研究对象，对这些经济职能部门的运行机制，与国民经济其他职能部门的联系、在整个国民经济中的地位和作用等问题作出理论上的总结和概括。又如，开拓经济学研究与其他学科研究的联系。国际经验表明，一大批与其他学科相交叉的经济学边缘学科，对于推动经济学发展和经济社会实践起着十分重要的作用。为此，《解放日报》刊发了不少突破传统学科界限的束缚，使经济学朝向跨学科的方向发展。

此外，《解放日报》还注重坚持马克思主义基本原理与借鉴利用西方经济学研究成果的原则。经济学作为一门社会科学，有其强烈的阶级性，这是没有疑问的。但是，由于经济学不同于其他社会科学和人文科学，它所研究的不仅是人类经济活动中的人与人之间的关系，而且还研究人类经济活动中的人与物和物与物之间的关系,所以,经济学研究成果中必然包括一部分超越阶级和社会制度的一般经济规律。这些研究成果是人类的共同财富。

西方经济学是在资本主义市场经济条件下形成和发展起来的,就其本质来说,是为资本主义制度辩护的,但其中也包括了一部分对人类经济活动中,特别是市场经济活动中的一般经济规律下的研究成果。而这些研究成果正是我国在建立有计划的商品经济过程中需要借鉴和利用的。

从80年代我国经济学的发展来看,借鉴和利用西方经济学的研究成果曾对我国经济学研究方法的现代化、应用性经济学科的建立等方面起了一定的推动作用。特别是在90年代,我国的经济将更紧密地与世界经济联系在一起。因此,《解放日报》呼吁:在我国社会主义经济学的发展过程中,经济理论工作者必须进一步解放思想,用马克思主义的立场、观点和方法,更大胆地去借鉴和利用西方经济学中属于全人类共同财富的那一部分研究成果,以推动我国经济学更迅速地发展。这是媒体在介入学术研究创新的一个有力案例。

第三节 传播规律

一、造势与传播的周期性

纵观无产阶级革命实践,社会主义、共产主义由社会理想变成政治现实,革命理论和政党主张在传播过程中形成声势不可缺少。革命的理论要成为革命的行动,必须经过一个中介环节,或者说一个过程,即形成革命的舆论后,进而影响和带动更多人投入到革命运动中。①

马克思主义把报刊作为"运动的喉舌",致力于舆论的唤醒、造势,并坚持拒绝让理论家沦为"沙漠中的布道者"。从《解放日报》的传播实践来看,这种造势与传播的周期性规律演进,在党的代表大会报告解读以及邓小平理论、"三个代表"重要思想、科学发展观写入党章中,表现得尤为明显。

首先,在会议召开前,早早通过学者专论,介绍和传播创新理论点。例如,在"三个代表"重要思想正式写入党章前,组织专家分析我国社会阶层的新变化,并辩证探讨劳动价值论,等等。

其次,会议召开期间,通过评论、新闻报道等形式,呼吁紧密团结在党中央周围,学习领会最新精神。

再次,会议结束和相关公报发布后,及时报道各阶层、各单位、各区域的看法和学习体会,并组织权威学者对相关精神予以解读。一般来说,通过社论、评论、理论文章、学习体会、资料汇编等多种形式,全方位、多角度解读中央最新精神,形成压倒性声势。相关活动通常会持续几个月以上。

最后,在"纸上活动"进展到一定阶段后,会联合社科研究、管理和服务机构展开专题研讨会等,初步总结最新研究成果。

例如,党的十四大结束后,上海社联组织全市理论工作者举办了一系列讨论会、讲座、研讨班,以学习、宣传、贯彻十四大精神。1992年

---

① 陈一收:《舆论引导能力建设研究》,社会科学文献出版社2014年版,第24—25页。

11月25日,《解放日报》以"学术动态"的形式,推出了相关论点综述梳理。

一是关于建设有中国特色社会主义理论。有的同志认为,学习这一理论要抓住一个精髓,三个要点。精髓是解放思想、实事求是。三个要点是:根据——建立这个理论的哲学根据是实事求是,国情根据是我国还处在社会主义初级阶段,时代根据是当今世界的主题仍是和平与发展。道路——包括根本任务、发展动力、外部条件、政治保证、战略步骤、领导力量和依靠力量等。目标——经济上,建立以公有制为主体的社会主义市场经济体制;政治上,建设民主与法制紧密结合的人民民主专政;文化上,在马克思主义指导下,坚持"两为"方向、"双百"方针,弘扬民族文化,吸收人类优秀文化成果,造就"四有"新人;国家制度上,实行"一国两制",和平统一祖国。

有的同志认为,党的十四大对中国特色社会主义理论的概括具有"新""特""全"三个特点。所谓"新",其一,用新的语言来表达我党新的理论;其二,创立了社会主义市场经济理论。所谓"特",即具有中国特色、社会主义初级阶段特色,还具有实践特色,是行动中的马克思主义。所谓"全",就是这个理论体系、理论观点是全面的、辩证的,如提两个文明建设、两手抓、两个基本点要统一、要防止"左"和右等。

二是关于社会主义市场经济理论。有的同志认为,社会主义市场经济理论是对有计划商品经济理论的重大发展,在理论上更彻底,在实践中更有效。有计划商品经济与市场经济两者具有如下差别:在资源配置方式上,前者以计划为主,市场为辅,后者以市场作为配置手段,计划则解决市场无法解决的问题;在市场化程度上,前者只是计划外的产品市场化，后者是全社会全部产品市场化；在宏观调控上，前者以实物调控为主，实行个量控制，后者以价格调控为主，实行总量控制；在微观管理上，前者实行企业审批制，后者实行自由企业制，是无上级的企业；在激励机制上，前者以从上而下的纵向激励为主，后者以通过竞争的横向激励为主；在运行结果上，前者必然形成诸侯经济、地区性经济，后者则形成全国性的经济。

有的同志认为，目前我国的市场经济有以下三个特点：其一，以公有制为基础。这是由我们国家的性质决定的。其二，比较强调国家的作用。因为我国经济发展较落后，有赶超先进国家的任务，而且市场机制不健全，所有权不明确、产权模糊，需要通过国家来界定产权、保护产权，并对市场体系进行行政指导，进行发展目标的导向。其三，政府要加强宏观管理。因为实行市场经济也会带来一些新问题，如失业、垄断等问题，这就需要政府加强宏观调控来帮助解决。

三是关于加强和改进党的建设。有的同志认为，党的建设要服从、服务于经济建设这个中心，要在完成经济建设任务中来加强党的建设。同时，经济建设也不能离开党的建设，社会主义企业要把政治优势与业务工作结合起来。总之，要围绕经济抓党建，抓好党建促经济。

有的同志认为，党的建设和经济建设结合主要有四点：其一，党组织要站在改革的前列，研究制订改革方案，发挥党的核心作用、战斗堡垒作用和先锋模范作用，领导改革、参与改革、促进改革。其二，党组织要积极主动参与企业重大问题的决策，要有参与决策的意识和能力。其三，党组织要将企业工作的重点、难点作为党的工作的重点，把党员、党组织推向经济建设的主战场。其四，党组织要把企业的日常工作与党的支部建设、管理教育工作结合起来,搞好党员责任区。

再以《解放日报》有关"南方谈话"前后的重点报道为例,1991年2—4月,《解放日报》集中推出4篇署名"皇甫平"系列文章,这是一组自觉宣传邓小平1991年视察上海谈话重要观点的政论性文章。文中提出的"改革开放要有新思路""社会主义也可以搞市场经济""扩大开放的意识要更强些""在造就社会主义'香港'的浦东开发开放中,要勇于闯、大胆试,不要搞'姓社姓资'的无谓争论""改革开放还要讲,我们党至少还要讲几十年"等观点,在当时都给人以耳目一新之感。

龚育之认为,包括1991年邓小平视察上海谈话在内的一些重要谈话,"是'南方谈话'的前篇,是'南方谈话'的先导,是'南方谈话'的预备。从这些谈话中可以清楚地看出'南方谈话'的基本论点的由来和发展。"《解放日报》及时组织并推出宣传邓小平重要观点的系列评论,是其一贯的政治敏锐性、旗帜鲜明性和言论超前性的集中体现,一下子就造出了强烈的声势,并引发了一场波及舆论界、理论界的争论。在这场长达半年的激烈争论中,各方专家学者畅所欲言,就姓"社"姓"资"问题,从各个角度、各个方面展开了深刻的辩论。

当年,第2期《当代思潮》杂志发表了题为《改革开放可以不问姓"社"姓"资"吗?》的文章。文章就此问题断言,如果社会主义建设不问姓"社"姓"资",那么改革开放必然将被引向资本主义道路,社会主义事业将因此而被断送。1991年第6期《高校理论战线》也发文对此进行了质问:采用西方经济模式来指导社会主义改革,鼓吹私有制,提倡完全市场经济,这样的改革怎么行? 1991年第7期《真理的追求》发文质问:改革不问姓"社"姓"资",那是变相不坚持四项基本原则。甚至还有中央的权威杂志也刊文指出：问"姓社姓资"，是一个重大的原则问题。

面对众多的责难，"皇甫平"却出人意料地保持了沉默，并没有进行正面的辩论。不过，1992年初春，邓小平正式发表视察南方的重要谈话。舆论界欢欣鼓舞地称之为"忽如一夜春风来，千树万树梨花开"。在全国掀起学习和贯彻邓小平"南方谈话"精神的同时，理论界再次发起了对解放思想、基本路线教育、改革开放的再动员的大讨论。

不过，在这个"山花烂漫时"，《解放日报》没有停留在一般化的表态宣传上，而是再次领先一步、超前一拍地组织撰写了《十一届三中全会以来的路线要讲一百年》《论走向市场》《论加快发展》《论改革开放姓"社"不姓"资"》《论"换脑筋"》等又一组系列评论。

同"皇甫平"的系列评论文章一样，这一组署名"吉方平"的评论文章，也是风格独特、文锋犀利的"解放体"。所不同的是，前者以信息与胆识取胜，后者则以开掘与阐发见长。它把"南方谈话"的精髓、主旨、要义、真谛提纲挈领地勾勒出来了，言简意赅地阐发出来了，既反驳了此前的指责，又再一次将坚持改革、深化改革的舆论声势引向了新的高峰。

二、共识与生命力的倍增效应

创新理论只有为人民所接受、掌握并自觉用于思考和实践，方称得上是主流的、共识的指导思想，其生命力方能持续持久。

在《解放日报》当代中国马克思主义传播中，一些新的概念、理念和理论或者一些经典论述的再阐发,如阶级、民主、法制、以德治国等,都经历了争论、概念逐渐明晰、内涵逐渐丰富、共识最终都达成的演变阶段。

例如,为实现社会主义现代化,邓小平以"发展生产力"为中心环节,提出了一系重大措施:第一,肯定科学技术是第一生产力;第二,肯定改革也是解放生产力;第三,肯定思想解放的极端重要性。

但随着生产力的发展,整个社会机体发生了重大的变化。在这种情况下,协调好经济、政治等各方面的关系,成了任何发展理论都必然会面对的重要问题。《解放日报》在组织稿件时,开始对邓小平发展理论予以系统阐发,指出"一手抓经济建设、改革开放、物质文明建设,一手抓政治稳定、惩治腐败、精神文明建设"的必要性,进而强调"无协调的发展只会导致各方面冲突的加剧,从而从根本上导致发展驱动力的衰落乃至丧失"。① 这样的"两手抓",现在已经成为中国马克思主义的重要概念,是我们党治国理政的重要原则,其时代价值愈发凸显。

又如,社会主义初级阶段理论,实际上是经过 20 多年的反复讨论,逐步形成共识,在后续的发展阶段才体现出生命力。同时,这个生命力的保持仍然需要在新的历史条件下继续实现主流理论传播,以"倍增"的形式,在新的历史起点上形成新的共识,这集中表现在《解放日报》有关改革开放前后 30 年的讨论上。

---

① 俞吾金:《"发展才是硬道理"——邓小平的发展理论初探》,《解放日报》1993 年 4 月 14 日。

讨论一：1986年12月5日，国务院《关于深化企业改革、增强企业活力的若干规定》对各地以极大的热情和主动精神进行股份制试点明确予以肯定。当时的统计显示，到1986年底，上海已有22家企业发行股票3 810万元；沈阳市40家企业试行股份制一年多，成效显著，而后便扩大到216家企业，其中全民企业50家，集体企业166家；据广东三家国营工业企业统计，试行股份制以后，实现利润、创汇和主要产品收得率都有较大幅度的提高。

但是，股份制的初步试点也产生了一系列具体问题需要进一步研究解决。许多理论工作者和实际工作者对此展开了热烈的争论。不少同志认为，股份制是社会化大生产基础上发展起来的一种组织形式，资本主义可以利用，社会主义也可以利用；有些同志主张，搞股份制总的原则可以，但还需要有一个逐步试点、摸索经验的过程。然而，也有一些同志认为，搞股份制改变了全民所有制的形式，离开了按劳分配原则，也就否定了社会主义，因此对于股份制的试点感到困惑不解。这就促使人们不得不对社会主义经济中的两个重大问题引起思考。

《解放日报》约请专家撰文回应相关问题："我们今天处于社会主义初级阶段，生产力水平还很低，需要大力发展商品经济。现实条件要求我们在贯彻按劳分配原则时不能照套100多年前的规定，不仅按劳分配的具体内容和形式要因实际情况而定，而且在按劳分配原则之外，还需要有所补充。"[①]

讨论二：对社会主义初级阶段的道德层次这个较为前沿的话题，进

---

① 曹思源：《股份制引起的困惑和思考》，《解放日报》1987年7月29日。

行探讨。1988年4月13日,《解放日报》编辑从《学习与实践》摘录了学者分析:社会主义初级阶段的道德层次,"一是共产主义道德觉悟,相当程度上是一种理想性的东西。二是社会主义道德觉悟,虽带有理想性,却具有广泛的社会基础。三是谋图个人正当利益,是初级阶段道德实践最重要的特征。四是唯利是图、为个人目的不择手段的腐朽道德倾向,虽不普遍,但有一定的生存土壤"。

讨论三:正视社会主义初级阶段的剥削现象。1988年2月3日,《解放日报》转载黎剑平在《探索》上的观点指出,当前出现的剥削现象,与资本主义剥削有着本质区别。例如,社会主义初级阶段存在的剥削现象是极小范围、极小程度的;社会主义条件下,雇用的双方体现的是平等互利的关系;社会主义初级阶段的剥削现象是与制度本身相悖的,其范围、程度是受到严格限制的,并随着生产力的发展,制度的不断完善,这种现象将被消灭。

在一系列讨论的引领下,《解放日报》最后强调,社会主义初级阶段论为我们对传统社会主义观念的重新审视,为政策的重新选择和体制的重新构建奠定了基础。当我们强调上述理论突破时,是不能离开整个理论的科学体系的,尤其是不能把社会主义本质同公有制和按劳分配对立起来;不能把社会主义市场经济同计划指导、宏观调控和必要的行政管理对立起来;不能把实行初级阶段的现行政策同共产主义远大理想和无产阶级的价值观、人生观对立起来。①

---

① 施芝鸿:《学习理论抓住纲 百年不变铸辉煌——〈邓小平同志建设有中国特色社会主义理论学习纲要〉研读笔记》,《解放日报》1995年6月21日。

三、"反复互动"与升级转化的良性循环

《解放日报》在当代中国马克思主义传播中，注重作者、读者的互动，改善传播手段和理念，进而推动马克思主义的中国化、时代化、大众化。这在民主集中制、公有制、精神文明建设、社会主义核心价值体系等主题的传播中，表现得尤为明显。下面仅以公有制为例，予以说明。

20世纪80年代早期，《解放日报》注重挖掘马恩关于社会主义生产资料公有制的理论，指出从马恩有关论述中可以看到，如果脱离了生产力的发展状况，公有制是不可能建立起来的；即使勉强建立起来，也不能很好地得到巩固。党的十一届三中全会以来，我们国家制定和推行了一系列新的经济政策，纠正了过去在所有制问题上盲目追求"一大二公"、搞"一刀切"的左倾错误，进一步完善和发展了现阶段我国的社会主义生产关系，这样就为生产力的发展，重新创造了必要的条件。[①]

随着党的十三大的召开，《解放日报》开始强调发展多种所有制经济。核心观点包括：党的十三大报告提出了一些意义重大的新论断，必将对加快和深化经济体制改革起到有力的推动作用；多种经济成分的发展，目前还很不够；不同经济领域和地区，各种所有制经济比重应不同；私有经济的适当发展，不会损害社会主义公有制基础。[②]

不过，随着商品经济的快速发展，对公有制本身的地位和作用，理

[①] 徐禾：《要全面理解马恩关于公有制的理论》，《解放日报》1982年3月11日。
[②] 郑洪庆：《以公有制为主体发展多种所有制经济》，《解放日报》1987年11月18日。

论界来时出现一些负面评价。具体表现为：（1）在能力机制上，主张一切向钱看；（2）在所有制关系上，主张产权私有化，鼓吹私有化发展；（3）在目的与手段的关系上，主张手段必须服从目的，宣扬不择手段达到目的；（4）只强调商品经济，通过商品经济对一切进行调节；（5）在分配领域，宣扬分配难免存在不公；（6）在消费方面，宣扬超前消费带动生产超前；（7）趋同论，宣扬两种制度的发展可以趋同；等等。

《解放日报》敏锐地意识到这一倾向意见，于1990年10月17日刊发袁恩桢、顾光青合作撰写的《在改革中坚持和发展公有制经济——兼评对社会主义公有制的非难》。

文章开门见山地指出：社会主义公有制在世界上已有70年的历史，如今却受到了严峻的挑战。历史总是这么曲折地向前发展。在新的历史条件下，公有制的生命力与优越性，确实是一个需要重新大书特书的主题。

其核心理论是：全民所有制经济发展不够理想，原因不在公有制本身，而是经济改革思路没有走上合理的轨道。除了增加适应市场的活力，全民所有制经济必须充分施展本身所特有的活力，包括发挥宏观计划的效益以避免市场无政府状态对企业的影响，发挥劳动者作为企业主人翁的积极性以直接提高企业的效益。宏观计划、劳动者主人翁的积极性、适应市场的灵活度，再加上科学的企业管理，只要这些因素有机地组合，公有制经济必将施展出其巨大的活力和效益。

此外，对公有制与"大锅饭"存在必然关系、私有利益的追求是经济源动力的观点，文章批驳说：这里的一贬一褒实在有失公正。对私有制的这种赞歌也唱得不合时宜。阶级对立、无政府状态、勾心斗角、贫富悬殊与经济危机等一系列问题，早已是资本主义私有制无法清除的痼疾，连一些比较明智的资产阶级学者，也不再对它信心十足；而平均主义"大锅饭"不仅不是公有制的必然产物，而恰恰是对公有制的曲解。

随着市场经济地位的最终确立，又有人注意到了公有制经济中存在的内在矛盾：第一，公有制成员对自身利益的追求，与集合共同占有公共财产之间的矛盾；第二，公有制成员就特定要求集体行使权利，与行使费用过高之间的矛盾；第三，代理组织所有者与目标之间的矛盾。

《解放日报》编辑深入了解、汲取这些学理分析成果，并紧密结合党的十五大报告提出的"实现公有制的形式可以并且应当是多样化的。在公有制发展过程中，可以大胆利用一切反映社会化生产规律的组织形式与经营方式。同时，努力寻找具有最大促进作用的生产力发展形式"，组织专家展开实践思索，提出了"传统的国有制不适应市场经济发展的需要""股份制是促进生产力发展的有效资本组织形式""股份合作制是一种新型的集体经济、是劳动群众的伟大创造""国有经济的主导作用，主要体现在控制力上""逐渐减少国有经济的比重，并不会对我国的社会性质造成不良影响"，等等。[1]

同时，结合实践发展的变化，旗帜鲜明地提出"发展壮大公有制经济的新路径与新天地"的观点。文章认为，按照市场经济规律发展社会主义公有制，就意味着要将凝固化的公有资产转变为流动性的公有资本、

---

[1] 高尚全：《公有制实现形式应当多样化》，《解放日报》1997年10月15日。

注重公有制经济对社会资本的引导与控制，等等。①

在一系列升级转化中，"混合所有制"的观点最终提炼而出。2003年11月3日，《解放日报》刊登郑新立撰写的《混合所有的股份制是公有制的主要实现形式》。文章表示，提出混合股份制是公有制的主要形式之一，是探索公有制和市场经济结合的有效形式的重要成果。

---

① 周振华：《发展壮大公有制经济的新路径与新天地》，《解放日报》1997年10月20日。

第四章 完善路径

第一节 借鉴马克思主义大众化的历史经验

革命时期、建设时期所总结形成的大众化传播基本经验和路径规律，对于当代中国马克思主义大众化的传播，具有重要的积极意义。

马克思主义的大众化，是指将抽象的马克思主义理论及基本原理进行具体化、通俗化，将领袖人物的理念予以传播、概括和转化，解读成为广大人民所认识与理解的过程。[①]这种大众化不是庸俗化、简单化和不讲科学性的。

新形势下继续推进马克思主义大众化，面临两个不应回避的重大现实问题：第一，相对于理论研究的发展，理论传播较为薄弱；第二，经典理论及其创新成果，与社会的认知、人民的生活还存在一定程度上的

---

① 徐峻：《马克思主义大众化的历史语境与现实价值》，人民出版社2015年版，第111页。

错位。从中国共产党革命时期的实践经验中,我们可以得到解决思路的启发。

一、坚持马克思主义指导

回顾马克思主义大众化历程,科学理论之所以能够得到广泛传播、产生深远影响,首先得益于马克思主义基本原理的科学性、真理性,以及我们党对马克思主义指导地位的坚持与巩固。

中国革命与建设中的成功经验与惨痛教训证明,只有坚持中国化的马克思主义,我们的事业才能勇往直前。如果背离马克思主义基本原理,或者将马克思主义的旗帜丢弃,我们就会发生"极左"或"极右"的错误。中国共产党历来高度重视思想战线的斗争,不断同错误、反动思想和思潮进行着论战、斗争,极力肃清封建主义的种种遗毒,批判继承西方优秀文化成果,其目的就是确立和坚持马克思主义的指导地位,肃清"左"和右的影响。

从《新青年》杂志,到李大钊热情歌颂十月革命的重要著作《布尔什维主义的胜利》和《庶民的胜利》,再到毛泽东的《湘江评论》、周恩来的《天津学生联合会会报》……一系列重要报刊、文献表明,马克思主义在五四时期开始在中国得到广泛传播。

在筹建中国共产党的过程中,马克思主义先后同各种社会理论与思潮展开了激烈的论战,包括问题与主义之争、与其他社会主义的斗争、与无政府主义的斗争。通过论战,马克思主义、科学社会主义的影响力不断扩大。

第四章 完善路径

20世纪三四十年代,中华大地内忧外患,面临严重的生存危机。在这个时代大背景下,艾思奇用通俗的笔法撰写了多篇富有针对性的哲学论文。这些论文结集成《大众哲学》。文中,作者对马克思主义哲学的简化阐述以及通俗化说明,很好地适应了当时的斗争需要,适应了广大读者、知识界特别是一代青年抗日救亡、追求解放、追求真理的需要。

随着苏东剧变,世界社会主义运动转入低潮。此时,党和国家领导特别强调要旗帜鲜明地坚持四项基本原则,坚决反对资产阶级舆论的自由化宣传。

对于马克思主义指导地位的坚持,使得我们党一直非常重视马克思主义的大众化传播。这一坚持向人民传播的先进理念,推进了马克思主义中国化成果的普及,并进而化为伟大实践的指导思想和精神动力。

新形势下,人们的思想活动更多地呈现出独立性、多变性及差异性等特征。这为多元发展的价值取向提供了更多的支撑。在此背景下,当代中国马克思主义传播就更加需要坚持以马克思主义为指导,以一元统领多样。

首先是具体化。这是由当代中国马克思主义传播路径所决定的。马克思主义对于广大民众来说,是高度抽象化的理论。随着社会的时空转换,这一抽象性更是显而易见。马克思主义在中国的发展进程中,其基本原理已经深深地与中国的具体实践相结合、与中国的时代特征紧密结合。新形势下,我们有必要在更为具体、深入的理论研究基础上,向具体的生活世界回归,努力使马克思主义回归现实、回归生活。

其次是通俗化。东西方文化的差异,使得马克思主义在中国的传播过程非常艰难,通俗化是必需的行进路线。当前,传统主流理论的"话语霸权"被不同程度地解构。从这个意义上说,坚持马克思主义的指导,并不是顽固抱着理论腔不放,而要主动将"学术语言"转换成"生活语言",将"权力话语"转变为"大众话语"。

再次是隐性化,主要是指传播方式上的隐性化。要通过巧妙的国民教育体系和全方位的宣传渠道,潜移默化地强化主流意识形态的吸引力、影响力,让马克思主义内化为人民的政治信仰、行为准则。这是一种彻底的马克思主义大众化传播,不能以科学性牺牲、整体性被肢解和思想品格被降低为代价。

二、推进马克思主义中国化

在《哲学的现状与任务》这篇文章中,艾思奇首先提出"马克思主义中国化"这一命题。他认为,过去的哲学运动,只是将哲学理论通俗化,而现在需要在中国来一场中国化的哲学研究运动,使得高深的哲学理论变得现实化……当然,整个是通俗化并不等于中国化和现实化。[①]

事实上,本地化是所有外来文化得以"异地扎根"的一个基础经验。例如,南亚佛教文化在传入中国后,就很好地与中国本土文化进行了融合,并逐渐形成中国式佛教文化;而中国佛教东传进入日本,与日本的本土文化结合,就形成了日本佛教。马克思主义在中国的普及、发展与

[①] 《艾思奇文集》第1卷,人民出版社1983年版,第387页。

传播，同样必须遵循这个基本规律。

当代中国马克思主义传播，必须把握好中国化与大众化之间的关系。事实上，两者是相互联系、有机统一的概念。某种程度上，马克思主义的中国化过程，也就是其大众化的过程。同样地，马克思主义的大众化过程，也是其中国化的过程。没有大众化传播，马克思主义最多只能为少数精英所熟悉，而无法真正地中国化。当大众不断熟悉、接受、信仰马克思主义，那么马克思主义中国化也就同时得到了推进。

1941年5月19日，毛泽东在延安作了《改造我们的学习》的报告，提出要在全党开展整风运动。在这篇报告中，毛泽东反复强调中国共产党的指导思想、党的一切工作的指针就是理论与实际联系的基本原则，中国革命历史是与实践相结合的历史。

毛泽东尖锐批评那种脱离实践、教条主义对待马克思列宁主义的作风。他指出，一些同志只是为学习而学习，不知道与革命实践相结合。虽然满腹马克思列宁主义，但是消化不了。为此，毛泽东列举了当时发生的许多例子，对政治教育进行了深入浅出的分析与指导。[1]

坦率地讲，原生态的马克思主义具有崇尚个性、热衷对外探索等特质；而中国传统文化推崇集体价值、重视个体道德修养等特点。在马克思主义大众化中，要努力消融两种文化差异。为此，需要中国共产党人从时代特征和具体国情出发，实现马克思主义的本土化与民族化。在不断彰显马克思主义真理性的同时，必将为当代中国马克思主义传播和中国人民理解掌握思想的武器提供强大的动力。

---

[1] 《毛泽东选集》第3卷，人民出版社1991年版，第798页。

三、加强和完善党的领导

延安整风运动是一场轰轰烈烈的、影响深远的马克思主义大众化运动。这次运动与新文化运动时马克思主义大众化有两个主要的不同：一个是受众的变化。延安整风运动之时，马克思主义大众化的主体是广大党员干部。另一个是党的领导。延安整风运动时，马克思主义大众化运动是中国共产党有组织地进行的一场运动。

自从中国共产党把马列主义作为自己的指导思想以来，围绕怎样正确理解马列主义的争论就从未停息过。各种错误、僵化理解马列主义的作风，一直危害着中国革命事业。井冈山的第五次反围剿的失利与红军长征初期遭遇的各种挫折，足以证明这些思想作风对中国共产党及其事业危害的程度。由于各种原因。党内的教条主义思想一直没有得到彻底的清除。到1935年遵义会议时，中国共产党也只是解决了最为紧迫的军事路线和组织领导问题，终止了王明的左倾错误思想对党的统治，但是各种错误思想倾向仍然弥漫。

与此相伴，党内还不同程度地存在着主观主义、宗派主义、党八股等小资产阶级思想作风，这些非马克思列宁主义的思想作风侵蚀着党的肌体。这些错误的思想作风，如果不加以纠正，那么势必挑战马克思列宁主义在中国共产党的地位，也最终将对中国共产党的伟大事业造成重大危害。因此，及时批判和纠正这些错误的思想倾向，帮助广大党员干部树立正确的马列主义观，成为一件刻不容缓的任务。

在中国共产党的发展史上，许多同志成为党员之前，对马克思列宁主义知之甚少，加入中国共产党之后也很少有机会学习马克思主义。作为一个政党，中国共产党由于长期忙于斗争，同时也由于国民党的打压，党组织也很少有机会组织广大党员进行学习研究。到了陕北之后，有了稳固的根据地，学习马克思列宁主义才具备了一定的客观条件。

到抗战时期，中国共产党党员数量大幅上升。作为一个马克思主义的政党，如何让广大党员接受马克思列宁主义教育成了一个大问题。最大问题在于他们当中的许多同志是文盲与半文盲，只有少数领导干部和党员具有一定的文化知识，即使这些同志，也很难说他们对马克思主义的著作有过全面系统的阅读，更不能说他们对马克思主义的理解没有错误。针对此种情况，毛泽东认为必须着力解决普及和研究马克思主义理论的问题，开展整风运动。

毛泽东的相关文章发表之后，对整风运动起了重要的导向作用，此后，整风运动变得声势浩大。1942年3月，整风的范围扩展到全部党员干部。各级单位都要求学习毛泽东的报告，制定学习计划并检查工作计划执行状况。为了更好地宣传党的思想，党中央对报纸进行了整顿。毛泽东召开了改进当时延安重要的媒体——《解放日报》工作的座谈会。他要求报刊应该在整风运动中发挥作用。改版后的《解放日报》为整风运动起了很好的指导和推进作用。

1943年秋，中共中央决定开展学习党的历史活动，延安整风运动由此转为总结党的历史经验时期。毛泽东认为，研究党的历史经验，就是为了使党的干部完全弄清楚党内历史问题，避免重犯错误，同时团结一切同志，共同工作。中国共产党历史上曾出现过不少错误，也批判过不少错误，如反对陈独秀错误路线以及李立三的错误路线，这种批判固然必不可少，可是在思想上并没有彻底地了解这些错误产生的原因、环境和纠正错误的具体办法，同时这种批判过于注重个人的责任。毛泽东强调，中国共产党应该以过去的历史为鉴，处理历史问题时，不应该看重个人责任，而应重视环境的影响，分析发生错误的根源，实行"惩前毖后、治病救人"的方针，在弄清思想的同时，更好地团结同志。他把这种方针概括为"团结—批判—团结"。

1943年10月19日，毛泽东将其1942年的《在延安文艺座谈会的讲话》公开发表。此文是毛泽东借鉴列宁的《共产主义运动中的"左派"幼稚病》一文，运用马克思列宁主义基本精神，对当时延安的文艺存在的问题作出了全面的阐述。①它是中国共产党人第一次科学地、系统地阐明自己的文艺观点，对涉及文艺的许多问题如文艺与政治、文艺的人民性、文艺的时代性问题，以及文艺的形式与内容、文艺的继承与创新等问题作了里程碑式的阐述，标志了中国共产党的文化思想上的成熟，也标志着马克思主义中国化取得了光辉的成就。

从延安整风运动可以看出，强化党的领导，对马克思主义大众化具有直接的推进作用。共产党是当代中国马克思主义传播中的领导核心。这种核心作用，不仅体现在组织机制保障、"自上而下"贯彻等方面，更重要的是，通过加强和完善党的领导，提高马克思主义在中国的生命力与吸引力，提升与完善理论创新与传播的效力。

---

① 谢仁生：《民生改善与马克思主义大众化》，人民出版社2015年版，第200页。

四、注重实事求是与群众路线

理论的命运，从来都是与满足时代需要、实践需要、人民大众需要的程度紧密相连。

在抗日战争前夕，艾思奇的《大众哲学》之所以能在广大青年和知识界中成为一本脍炙人口的书，一个很重要的原因就是把握住了时人对"新哲学"的渴望，做到了实事求是。

同时，为让《大众哲学》真正受到人民喜欢，走群众路线成了它的第二个诀窍。一是明确定位"马克思主义的哲学是被压迫者被剥削者的哲学，而不是与此相反的哲学，是广大群众的哲学而不是与此相反的哲学"。二是认真践行"语言文字大众化，哲学应当普及化"理念，不能如旧时那样只限于高等知识分子。同时，强调哲学为群众所掌握和运用，哲学才有力量。三是多举人民所喜闻乐见的日常事例为证，不多举过去历史尤其是古董为证。四是贯彻学在于用理念，要为人民群众服务，就应当多写成小册子，而不应当只写吓死人的大部头著作，令人读不完、记不清。但是，通俗著作的质量，绝对不能因此而降低。

实事求是与群众路线的重要性，还可以从苏东剧变可窥一斑。1989—1990年，东欧8国的共产党政权在执政40多年之后轰然垮台，随之而来的是激烈的社会动荡。曾经被誉为人类历史上英雄史诗般的苏联社会主义也改弦易辙。一个在第二次世界大战之后建立起来的社会主义阵营，在短时期内迅速土崩瓦解。苏联东欧的剧变不仅仅是社会主义运动的一次重大挫折，也是马克思主义大众化事业的一次重大挫折。

今天来看，苏联和东欧的社会主义运动的挫折虽然有内外各种原因，如执政的共产党自身建设问题、国内民族问题长期没有妥善解决、意识形态领域的问题、西方的"和平演变"的战略、苏联的霸权主义等。但归根结底是执政党失去人民群众的支持，失去了执政基础所造成的；归根结底是由于这些国家在社会建设过程中长期忽视人民群众的根本利益，长期不顾民生状态而盲目发展所造成的。缺乏实事求是的工作态度，缺乏为人民服务的工作作风，马克思主义怎能在实践中散发真理的光芒，社会主义制度怎能在比较和较量中获得支持？

就中国而言，实事求是推进当代马克思主义传播的一个"看家法宝"。这里面，选择切合实际的传播形式和方法，是实事求是思想路线的体现。早期中国马克思主义者开办工人夜校、举办农民运动讲习所，是当时历史背景下传播马克思主义的重要形式。抗战时期，各抗日根据地因陋就简，广泛开展识字班、夜校等成人教育，帮助人民提高知识水平，并以马列主义的理论与方法为出发点进行关于民族民主革命的教育。

群众路线是推进当代中国马克思主义传播的根本方法。早在中国共产党建立之初，中国共产党就明确提出，党进行革命活动的时候要联系群众、发动群众，开展群众运动。1930年，毛泽东在《反对本本主义》一文中指出：共产党的正确而不动摇的斗争策略，是在群众斗争过程中产生的；少数坐在房子里的人是绝对做不出来的。[①]1945年，毛泽东在党的七大报告中，把群众路线概括为党的三大作风之一。

在当代中国马克思主义传播的视域下，群众路线的贯彻实施具体体

[①] 《毛泽东著作选读》（上册），人民出版社1978年版，第55页。

现为以下几个方面：一是深入实际，深入群众，广泛开展宣传、教育和普及活动，是群众路线的重要体现；二是从实际出发，大力开展宣传、教育和普及活动，是群众路线的重要体现；三是相信群众，依靠群众，把教育与自我教育相结合。

还要看到，当代中国马克思主义的传播，既要用马克思主义的思想和知识武装人们的头脑、启迪人们的思维，使群众由自发状态进入自觉状态，也要在尊重、理解、关心的基础上，听取广大群众的意见，更好了解人民的需要，发挥人民的能动作用和创造精神。

第二节 着力推进理论创新

新形势下，当代中国马克思主义的传播，面临着多样化的巨大挑战，也迎来了实践与理论良性互动的历史机遇。在这一过程中，着力推进理论创新，紧扣"主义与问题"这一核心命题，提升创新理论的阐释力，助推经典理论的现代化传播，将成为推进当代中国马克思主义传播的重要基础和支撑。

用一句话来概括，就是要提高马克思主义的水平、提高传播者的理论水平。特别是，应加强对马克思主义经典作品的理解和传播，既不能一知半解就发表意见，更不能人云亦云地把马克思主义说成是"条条框框"；在阅读、理解与掌握马克思主义原理后，要注重结合时代、结合实践、结合问题进行解疑释惑，真正做到"接地气"。

一、明确理论创新的底线

凡事有度。理论创新中所强调的"度"指的就是不能脱离马克思主义基本原理。这也是当代中国马克思主义传播的底线原则。

理论创新需要注意一个问题,就是它不能够跳出马克思主义理论体系的框架,违背马克思主义的根本原则和论断,从而走到马克思主义的反面乃至对立面。所谓的理论创新,其真正的实质是在坚持马克思主义的精神实质下,做出符合时代发展要求和特征的新理论、新解读。不管在什么时代下进行发展和创新,都不能够彻底抛弃马克思主义理论中的阶级本质,不能不顾其政治立场,不然就会使所谓的创新理论成为一般性学说,失去了批判的勇气和力量。

这也就意味着,马克思主义传播内容的创新,终究离不开其本身主张的意识形态理论及内在话语逻辑。在理论创新时,必须做到始终坚持唯物辩证主义的世界观与方法论,用马克思主义的立场和观点分析问题,使创新的理论能够反映马克思主义内涵的精神实质。那么,坚持马克思主义理论,并将其作为指导思想,是否会对学术研究造成制约。对于这一问题,只要进行认真的思考,就会发现以马克思主义为我国的指导思想,是由于其理论的科学性,但并不会单纯地简单套用它,而是在遵循马克思主义科学的方法和原则下,将其用于实际生活,去研究和解决新的问题。

理论的创新是由实践推动的。随着社会的不断变化,对理论进行创新成为增强马克思主义理论的解释力和先进性的一个重要途径。通过理论创新,能够在增强理论的包容性的同时,更好地回应和解决现实问题。在一系列的理论创新中,逐步形成某一时代的话语形态和新的概念。每一时代的理论创新都在凝聚民众共识和指导人们实践活动方面起着重要的作用。

在理论创新的过程中,不断地进行实践和探索是必要的。另外,理论的创新会遇到一些非马克思主义理论的挑战,这些理论出现的形态各异,渗透于生活的方方面面,面对种类繁多的理论,应该采取何种态度,是一个值得思考的问题。最好的原则是在坚持马克思主义的根本原则的条件下,合理地吸取其他理论中合理的因素。

面对多种思潮的交流和论战,不应随意地全盘否定,同时也不要不加理性思考地全盘吸收。要在相互尊重、平等、坦诚的交流当中,自由地表达双方的意见和观点,在这种环境下碰撞思想的火花。

此外,理论的创新还需要做到不唯权、不唯上,敢于突破之前的陈规和前人的观点。对于此前理论中的不合理之处,要积极地予以修正,跳出经典的窠臼,用实事求是的态度扬弃一些不符合时代的具体理论和论断。

二、推进经典著作通俗化

在读马克思主义理论方面的著作时,要想真正读懂那些观点,就必须了解马克思主义经典作家,如马克思、恩格斯和列宁等,这样会帮助自己从当时的社会背景和生活环境,从当时人的立场去理解问题,从而依靠著作本身有效提升对马克思主义理论的研究水平。

《资本论》是一部十分经典的政治经济学著作，涉及诸多专业知识，在阅读时会觉得深奥、艰涩难懂。普通人很少会对它感兴趣。读的人少并不意味着《资本论》在当下没有必要去阅读和进行研究，也不是由于《资本论》在现在已经不能够解释现实问题了。造成这一局面的原因是多方面的，就其内容叙述来讲，其逻辑和语言使一般人难以读懂。因此，使马克思主义理论中的经典论著实现大众化、通俗化是一项很重要，也是很必要的任务。

在革命战争时期，共产党为了从思想上对那些具有小资产阶级思想、小农思想的分子进行改造，采用了很多的文艺形式，而不是一些僵硬的说教和理论灌输。那段时期的样板戏、快板、小说、小品等受到人民群众的喜爱，共产党就将其理念和政策融合进去，用生动有趣的形式表达出来，使党与民众团结为一体。这就是共产党将其思想转化为民众喜爱的形式和内容上的一个成功案例。

由此可见，要推进当代中国马克思主义传播，必须用民众喜闻乐见的形式和通俗易懂的话语进行宣传。

事实上，经典著作的通俗化并非易事。一方面要有深厚的研究积累，以保持原作的精神实质，所谓"入得其内"；另一方面要有深厚的语言表达能力和传播技巧，所谓"出得其外"。这种转换功夫呼唤"大手笔"和"思想家"，非"小学匠"所能为。它对哲学社会科学工作者提出了极高的要求。

当前，随着数字科技的发展，碎片化阅读、功利心态、多样文化等极大地影响着人们的阅读习惯。采用更加鲜活的形式、网络化和平民化的语言，实现从"讲理论"到"讲故事"的转换，成为推动当代中国马克思主义传播的重要方式。

值得注意的是,这种"讲故事"式的通俗化,绝不意味着低俗化。我们要严格区分两者的区别。所谓通俗化是从语言表达的方式能使读者有切身感受,能够带领读者进行思考,并与作者产生共鸣,从实际生活中讲出道理,用最易懂的方式将其思想展现出来。对那些愿意动脑去思考的读者予以启发,思考更高深的问题。[①]

要赋予经典著作以一定的通俗性,使其能够更好地传播,一定要建立在对其深入研究的基础上,要保持其原有的精神实质。判断经典著作是否实现了有效的通俗化,就要看在进行通俗化解读后原有著作的本质部分是否保留。这部分内容一旦缺失,则通俗化是失败的。因此,只有在通俗化过程中做到了原著的精神实质没有丢失,且不存在误导的成分,那么可以说解读是有效的,其所采用的形式是能够借鉴的。

实际上,中国共产党人正是在对卷帙浩繁的马克思主义经典著作啃透后,才能够提出诸如"小康社会""和谐社会"这类高度概括却不失其精神实质的词汇。正是因为对马克思主义和中国国情的深刻认识,习近平总书记才能在此基础上提出"中国梦"这类符合时代发展要求的核心概念。这些词汇、概念离不开经典著作,更离不开中国具体实际。

三、发展理论,诠释新问题

强调理论创新,不能仅仅停留在纯理论、纯文本的范围上,而应根

[①] 《列宁全集》第5卷,人民出版社1986年版,第322页。

据新的变化、新的问题予以不断探索、突破和深入,通过实践实现理论新发展。

就历史的发展而言,作为人类伟大思想成果的马克思主义,之所以获得如此高的认可度,主要原因在于其创立者在社会发展的基础上明确揭示出资本主义社会的主要矛盾及人类社会发展的一般规律。这给无产阶级与资产阶级进行斗争提供了科学的世界观与方法论,为身处压迫的各国人民指明了摆脱压迫、获得解放的办法以及可以为之努力的方向。马克思主义顽强的生命力,正是根源于实践,在实践的推动下不断完善理论。

我国正在推进的中国特色社会主义事业是崭新的事业,所走的道路对于其他国家来说也是全新的。因为马克思现有著作中并没有规定其发展模式,所以在发展的过程中需要进行大胆探索,开拓创新,用马克思主义的方法来指导新的事业。

邓小平曾经指出,在干新事业的过程中需要闯的精神、冒的精神,需要"一股气呀、劲呀";只有这样,新道路的开辟、新事业的进行才有现实的可能性。[①]针对目前发展过程中出现的新情况、新问题,党的十八大以来中央提出了一系列治国理政新理念新思想新战略。这一场场"及时雨",为党的理论创新和传播提供了新的契机。特别是,一方面,在学术、政治、官方等话语中与民间话语寻找沟通渠道,将中外话语中的阻隔进行破除,进而丰富了执政党现有的理论话语系统;另一方面,为党的理论创新拓展了新的思考视角,让历史与现实、改革开放

[①] 《邓小平文选》第3卷,人民出版社1993年版,第372页。

前后的联系不断增强,个人和集体、理想和现实的联系亦由此得到不断强化。①

具体来看,党的十八大以来,从最先确立的"两个一百年"到"中国梦"的提出、总体布局更新为"五位一体"、战略布局转为"四个全面",从经济新常态的提出到供给侧结构性改革……以习近平同志为核心的党中央不断基于变化的实际,提出了与时代特征相符的一系列治国理政新理念新思想新战略,为马克思主义与中国现实的再一次结合打下了牢固的基础,推动中国特色社会主义迈向新的境界。新形势下,要认真学习习近平总书记系列重要讲话精神,自觉用新的理论解决不断出现的新问题,促进马克思主义在当代的传播。

第三节 创新传播话语系统

作为社会现象的语言,是人们之间用于沟通的符号。通过符号,人们能够进行想象、传递信息等。新形势下,在当代中国马克思主义传播的话语体系创新中,首要的是坚持马克思主义世界观、方法论。

与此同时,话语系统是对历史和现实的把握。无论时空如何转换,我们都应该对历史文化传统保持一份温情和敬意,认真辨析,择其精华继承和发展之。因此,话语体系转换与创新的需要客观公正地重估自身传统,以此来更好地把握现在。像"封建""阶级""地主"等,很可能

---

① 黄相仁:《中国梦的理论创新意义》,《求是》2013年第11期。

就是内容本身、历史本身。这种客观历史一旦消逝，我们通常所谓的历史就会变成一种"虚无"。

正因为如此，在探讨当代中国马克思主义传播的话语系统创新时，需要正确对待历史话语，需要对历史事实理性审视。不然，就存在颠覆现有的话语体系乃至历史观的可能性。

总的来看，实现传播话语体系具有很强的现实意义和迫切性。

第一，创新话语体系是党的历史经验的要求。一种话语体系的风格决定了理论大众化的广度与深度。我们党的历届领导人都十分重视理论的大众化，简单易懂的话语是传播其主张的基本形式，简单但不失严谨。因为他们深知，理论工作的对象是所有群众，枯燥晦涩的话语群众听不懂，则会影响理论传播的效果。例如，"星星之火，可以燎原""不改革开放就是死路一条"等这种口语式的政治话语，将其政治动员功能充分地发挥出来。

第二，其他政党的经验和教训也呼唤话语体系创新。在代议制政府中，如果某一政党想要获取执政地位，它就必须使用选民听得懂、易理解的词汇宣传其执政理念，借助新的话语形式为自己赢得尽可能多的选民。从苏共灭亡的经验来看，在其后期政治话语较为僵化，马克思主义也不再是活的指导思想，而成为限制人们思想的"条条框框"，理论的传播也仅限于官方理论界，与人民和基层逐渐脱离，就连不少党员干部对这一理论也是束之高阁、避而不谈。可见，借助行政手段强制推行理论是难以实现马克思主义大众化的。

第三，创新话语体系是社会转型的现实要求。目前社会，观念多元化、思想独立性较强，个体之间的差异性明显，文化产品市场化特征突出,这些在无形中冲击着原有的传统主流传播渠道。在政治思想传播的过程中,热闹往往集中在上面,基础难以渗透,从上到下的渗透较为艰难。为此,需要进行某种程度上的"由下至上式"改造。

一、推动大众传播话语创新

目前,我国现有的理论创新成果,能够借助相应的政治意识或者相关的法律法规转变为全党以致全国的思想,这是不难的。但是,如果要将其变为人民所信仰的理念或者准则,则颇为困难。因为这一过程必须将原有的话语转变为人民可以听得懂的大众话语,而这是考验整体主流话语传播系统的。

表达生动与否决定了理论是否生动;一旦对表达进行了限制,那理论的发展也就受到了限制。毛泽东特别强调要重视话语的艺术。他指出,艺术技巧无论是哪一级的艺术工作者都必须掌握的;缺乏好的艺术技巧,则难以有丰富的内容展现出来。艺术技巧并非只有语言这一门,但是,语言确实是最重要的能力。[①]在当代中国马克思主义传播中,需要将理论的精神实质提炼出来,根据人民的理解力建立适合他们的语言体系,这是创新理论传播的关键手段。

要多用修辞,主张生动灵活的表达。借用修辞是一个较好地实现理论通俗化的方法。在表达中如果能够用比喻、夸张、排比等修辞手法,就有助于将原本空洞的理论形象化、趣味化。

[①] 《毛泽东选集》第2卷,人民出版社1991年版,第125页。

例如，毛泽东曾说调查就像"十月怀胎"，解决问题就像"一朝分娩"。①这极为形象地解释了调查的地位，并将调查与实际问题的解决之间的关系予以说明。

要以小见大，用讲故事、谈心式的表达。就理论的传播而言，要尽量避免空洞的说教，可以借助小故事将自身的观点讲出来并分析，或者也可以借助大家都知道的案例来将民众不太了解的道理讲出来，这可以有效激发受众的兴趣。

习近平总书记非常善于讲故事。例如，他通过讲述陈望道在翻译其代表作《共产党宣言》时所遇到的困难，告诉全党要有信念、信仰；他曾在哈萨克斯坦讲述冼星海在阿拉木图创作的故事，以及该国留学生在华无私献血的故事，将中哈两国的友谊展示得淋漓尽致。

要多接地气，力求朴实无华的表达。理论并非都要用高深、枯燥的词语来表示，简单的白话依然能够表述清楚理论的精髓。人民群众能否听懂、能否记住并主动向他人传播则能够验证理论的表达是否有效。在传递理论时，可以借助大实话、大白话或歇后语等形式，网络用语也可以适当运用，这对于将理论听进耳里、记在心里有较大帮助。《邓小平文选》三卷均收录的是小平的讲话、答记者问以及谈话等，其中很少有深奥的理论分析，也很少有意识形态很强的名词术语。这是源于，马克思主义是我们一直讲的东西，它并没有我们想象得那么玄奥，它是很朴实的，所体现的道理也是很朴实的。②

---

① 《毛泽东选集》第1卷，人民出版社1991年版，第110页。
② 《邓小平文选》第3卷，人民出版社1993年版，第382页。

要转换语态，积极从"主动"走向"被动"。相对来说，中文普遍采用主动语式表达。《南方周末》曾有文章指出，某一家医院成功完成了心脏移植手术。这种采用主动语态进行的报道，或多或少让老百姓觉得与新闻之间好像隔了一层。如果将主语换成手术中的病人，例如，80岁老翁在×××医院成功完成了心脏移植手术，效果就会好很多。可见，适时转换表达的角度，有助于人们理解与外在事物的联系。

强调在当代中国马克思主义传播中多用被动语态，实际上就是要把老百姓的感受放在核心位置。这类成功的案例较多。1949年，在政协会议中，毛泽东没有宣告中国共产党打败了国民党，而说的是"中国人民从此站立起来了"[1]。2015年，在新年贺词中，习近平总书记讲到去年所取得的伟大成绩，强调了人民的重要作用，并且表示"要为我们伟大的人民点赞"。[2]

从主动语态转变为被动语态，把受众时刻放在心里，在文字中体现出对受众的重视，就可以实现良好的传播效果。

总的来看，在信息化时代，网络语言较为流行，个性化色彩十分浓厚，鲜活性与真诚性是其主要特色。网络语言的平民化，以及对现实的深切关照，对当代中国马克思主义传播具有相当的启迪意义。一个基本原则是注重、关照个体之间的感受与体验，将叙事与人们的性情相结合，辅之以亲和力。归纳起来，主要有以下几个要点：

（1）实践话语。何为实践话语？即来源于实践、从实践中凝练出的

---

[1] 《毛泽东文集》第5卷》，人民出版社1996年版，第342页。
[2] 《习近平主席发表2015年新年贺词》，《中国青年报》2015年1月1日。

语言，来源于现实且高于现实。其主要目的是解决现实问题。回避现实、空话连篇等不是其所具有的特性。

（2）群众话语。群众话语最主要的特点是朴实、直白，且透露着幽默，具有明显的生活气息。将专业的"理论腔"转变为人们所熟知的口语，是有必要的。在转化的过程中，要弄清人们的需求、生活状况、兴趣等，在实际中体现对人民主体地位的尊重。

（3）个性话语。这一点强调的是在传播中不能使用太过笼统、模糊的话语，而需要有能够区别于他人的特点。一旦别人复制不了，就证明这一话语具有十分强烈的个性。

（4）具象语言。将那些难以理解的枯燥理论转化为声音或者图像，通过生动的人物形象使传播变得更为直观与生动，会给理论"飞入寻常百姓家"加分不少。

（5）互动话语。研究表明，如果受众了解到传播者十分关注他们对这一问题的反应时，他们将更乐于接受信息。就此而言，建立有效的互动、反馈机制是很有必要的，有助于畅通传播者和接收方的联系渠道。

当然，也要看到，历史惰性存在于话语体系当中。对现有话语体系进行突破并建立新的体系，并非一朝一夕之事，而是一个系统工程。这里面，高层的示范很重要。事实上，对话语体系进行创新，并非全是技巧问题，思想作风占有很大比重。因此，它需要上级严格要求自我，克服说大话、套话、空话的陋习，为下级和群众做好榜样。要将创新话语体系和改进工作作风相结合，将理论与实际相结合，加强同群众之间的联系，求真务实切实体现在工作中。同时，要旗帜鲜明地反对形式主义等，对那些敢于讲实话、新话的人予以鼓励。

二、应对消解和怀疑思维

以国际传播中,它可以分为原始本文创新和翻译再创作两个基础要素。实践表明,国际传播的瓶颈常常不在于外方听不懂词汇,而在于不同的利益和预设立场阻隔。

经过近40年的改革开放,立足于物质文明发展成果基础上、以"中国特色"为定语的一系列文本解释和创新工作已经开始见效。世界日益承认,无论是经济发展还是政治治理,不应只有唯一的一种模式,任何结合本身国情进行建设性探索的理论和实践活动都应该得到包容。但总的来看,西方社会的误解、偏见大环境尚未根本改变。

如何扭转这种不利局面?一个有效的措施就是"反话语策略",即通过重新阐释、重新定义和有效传播,使某些词语从原有的僵化意义、自然偏见中摆脱出来。

在这个"反话语策略"的传播领域中,首要的是那些所谓"普世"概念、那些被西方国家极力推广的政治话语。例如,当今政治传播领域常见的"民主""人权"等词汇,在传统中国文化中本无贴切的对应概念,只是在近现代的政治传播中被西方价值观所捆绑。对这些概念进行再解释,使其与西方价值观松绑,就成为当代中国马克思主义传播话语体系创新的重要课题。

以国内传播为例,我们知道,现在中国正处于转型期,一些人似乎失去了政治纯真,更讨厌舆论引导与操纵,对各类官方信息也不会轻易相信。在此背景下,加大了主流话语系统、主流政治符号建构与传播的难度。

举个例子，在互联网上兴起的"造句运动"具有典型的草根文化特征。它既有通过娱乐方式进行心理宣泄的情绪，又在某种程度上蕴含了全民批判的现实性。从政治角度看，它在建构象征体系之时，又会解构政治符号时消解主导话语。

可见，在当代中国马克思主义话语系统创新中，必须正视种种消解现象，努力建构有效的政治传播符号，然后通过适当的政治修辞来传播主流思想。

（1）巧妙嵌入社会主义的政治理想。建构政治符号的过程，其实就是对意识形态进行具化的过程。新形势下，如果能构建出一个获得广泛认同的政治理想，将会明显提升当代中国马克思主义的传播效率。

中国社会主义的远大理想，是实现共产主义。相对于社会主义，我们对共产主义的认识是非常虚拟化的，但它绝不是虚假的。试想，我们曾经对社会主义也非常迷茫，不知道什么是社会主义。但今天，我们终于收获了社会主义初级阶段的成果。

同样地，尽管今天的我们对共产主义理想形态的认识，主要来自马克思、恩格斯的描述，但有一点可以明确，实现共产主义就是一个解放人、发展人的过程。人民性、革命性以及科学性，是共产主义的核心理念，需要准确解读、广泛传播。此外，儒家的"仁义礼智信"具有深远的意义，可以用来启发和充实基础价值符号。

（2）需符合民众的日常生活逻辑，同时必须具有时代感与现实感。例如，在空间政治上，需要精心建构更多的道路、城市及建筑政治符号。又如，一些典型的人格符号没有发挥出应有功效。现有的先进典型多而滥，社会知晓率不高，需要改善和优化，需要进一步贴近人民群众的日常生活。

（3）要经受得住大众检视和舆论发酵。面对一个网络渐成媒介主导、网络话语大行其道的格局下，检验一个符号、特定概念或象征体系的建构是否有效，首先要看它能否科学地反映事物的本质，能否经受批判、质疑，而不是自说自圆。

三、精准投放与贴近受众

精准投放，最重要的是要把握话语对象的接受能力。在日益蓬勃发展的互联网时代，以党报为代表的主流媒体集团谋求转型与融合，开设了网站、APP、微博、微信等多个新媒体平台。但它们似乎"换汤不换药"，很大程度上依旧沿用传统话语进行传播，"第一落点"不够快速，"第二落点"的叙事和分析偏于宏观。

事实上，马克思主义传播的受众都是主体性人，都具备一定的文化知识和思想观念。推进当代中国马克思主义传播，呼唤通俗化、生活化、形象化，应将话语传达对象的文化习俗、理论水平、思维方式乃至生活习惯等进行充分的考虑。要注意满足话语对象的个性特点与兴趣取向，并为大众所喜闻乐见，这样才能最大限度地内化为大众的精神支柱。那种不着边际的说教，难以激起人们的兴趣；那种貌似深奥、实则牵强附会的联系，也会使人兴趣索然。

例如，针对城市市民、受教育程度较高的人，可以多讲权利话语、法治话语，讲出他们的"心里话"。又如，针对个性化色彩浓厚的年轻网民，可以突出个体的"感受"和"情感带入"。对他们来说，宏大叙事并不是很受欢迎，图片视频乃至网络直播的手段可能更能吸引眼球。

坦率地讲，当代中国马克思主义传播的话语体系创新中，如何让意识形态既不是悬置于中国实践经验之外，又非局限于个别学术圈子的深奥理论，是一个不应回避的话题。

（1）要实现意识形态的日常生活化，把加强社会核心价值体系建设放在重要位置。我们党的意识形态不仅在于指导我国经济社会的发展，还在于较好满足人民群众对精神文化的需求以及对理想信仰的追求。社会主义不仅是一种理论体系、一种制度追求，还是一种价值追求。共同的价值目标以及理想追求，能够超越具体的利益关系，发展成为相互间的精神纽带，进而达到宽容、谅解并化解矛盾的层次，从而实现社会和谐。

（2）要完善意识形态的政治传播的渠道。充分发挥现代传媒的作用，多媒体、多符号传播政治信息，推动并缩短意识形态的传播过程，影响受传者的态度和行为。实践表明，能够支配广大社会成员道德行为的价值信念和道德观念，并不是那些意识形态体系化、抽象化的理论体系，而是存在于日常生活中的感性意识，诸如习惯、信念、信仰、仪式等。为此，应该把意识形态概念性、抽象性的理论通过大众文化的传播媒介转化为人们感性的认识，从而内化于人们的情感世界。

（3）要积极调整一些传统语言范畴，及时反映时代的新变化。要植根于生活之中，实现从精英话语、书面话语到大众话语的转变，转换意识形态话语及符号的论证方式。

比如，对于一些沿用多年的革命话语，如"剥削""阶级斗争""共产主义""两类矛盾"等政治词语，如果能赋予它们富有时代气息的新的符号意义，那么受众在重新对它们进行解读的同时，会结合个人的生活感悟，从而赋予这些词语新的生命力。对特殊社会时代背景下的特定系列话语的重新解读与阐释，是对词语本身的时代烙印的梳理，也是它们与当前社会使用较为频繁话语建立关系的契机。

特别需要注意到是，在当代中国马克思主义的传播中，要积极进行网络话语的转化。当抽象的价值观话语，以感性的符号方式出现在网络上时，符号就被赋予了新的时代认识。这对于提高马克思主义传播在网民中的认同度与接受率，有明显的促进作用，既可让更多的人通过网络表达开展辩论，又有利于强化民众对当代中国马克思主义的认知，进而使当代中国马克思主义进入新的舆论场。

第四节 及时优化传播流程

在传统的马克思主义大众化传播中，大众媒体是由国家财政供养的机构，是"工具""喉舌"，政治功能是其最主要的功能，[1] 媒体从业人员的主观能动性受到不同程度的限制。

随着舆论场的深刻变化，现代传播方式逐渐趋向于双向互动型发展，网络媒体受众的主观能动性更强，居高临下式传播的做法变得不再适宜，

---

[1] 上海市中国特色社会主义理论体系研究中心编：《马克思主义中国化时代化大众化研究文集》，上海人民出版社2010年版，第178页。

迫切需要发挥媒体人的创新意识和专业能力。

新形势下，要把马克思主义"从书斋搬到社会各个角落"，需要克服传统理论宣传形式刻板、政治说教味浓、内容脱离实际和群众、工作手段落后、重点不突出等弊端，创新理论宣传的方式方法。

一、议题设置

1972年，美国《新闻学季刊》刊发了马克斯韦尔·麦考姆斯和唐纳德·肖撰写的文章《大众传播媒介的议题设置功能》，开创了"议题设置"的研究。[①] 议题设置理论认为，大众传播媒介是社会信息的"把关人"，议程设置的直接目的是吸引大众的关注，议程设置是各种社会力量博弈的过程，而推动议程设置的主体往往是"强势集团"。

具体来看，怎样的议题才能进入设置程序呢？首先，具有较高社会价值是成为议题的首要条件。设置公众议程的目的是在引起人们注意的同时，激发或引导人们对议题的兴趣。其次，议题倡议者必须是具有一定影响力、有能力、有魄力的人。影响力是考验倡议者手中所掌握的社会资源、传播渠道、口才能力、沟通交往能力等的重要标准。

以"核心价值体系"的传播为例，通过一次次官方确认和公告，核心价值观以多种方式进入舆论场，并占据了主流舆论传播的重要位置。仅以《解放日报》为例，这个关键词在报端出现的次数，2005年为2次，

[①] 张付、刘东建：《马克思主义传播研究》，中国传媒大学出版社2014年版，第236页。

第四章 完善路径

之后一路上涨，最终在 2012 达到 203 次。通过持续不断的、日积月累的媒介传播，核心价值体系、核心价值观开始成为公众注意的概念和话题，人们开始逐渐认识到核心价值体系建设的重要性和必要性。

国家社科基金重点项目"以社会主义核心价值体系引领我国道德建设"披露的调研数据显示，在回答是否了解"社会主义核心价值体系"时，60.5%的人选择了"非常了解"或"基本了解"，仅有 3.8%的人选择"没有听说过"。由此可见，近年来我国在核心价值体系传播活动中所进行的议题设置工作，取得了明显的效果。

不过，虽然议程设置取得一定成效，但是现有的传播大部分还停留在灌输宣传的层面，整体呈现运动式演进过程，议程设置周期相对较短。

虽然由于公众不可能长时间地关注一个话题，但核心价值体系作为重大而长远的课题，其作为公共议题的热度却未得到强力、有效地延续。这从《解放日报》对核心价值体系的报道在 2008 年（88 次）、2009 年（87 次）、2010 年（90 次）止步不前中可以看出端倪。其主要原因在于提出核心价值体系过程是自上而下，议题的提出没有经历前期的公众参与，因而认知度和舆论持续宣传的积极性不高。

此外，加强与公共事件的互动，也有助于核心价值体系传播中的议题设置功效发挥。例如，核心价值体系提出后，某些特殊社会性事件的发生，可以成为广泛传播核心价值体系的契机。但并非每一次公众事件，我们都能较好地把握机会。如 2011 年发生的"小悦悦事件"，主流媒体没有将其与社会主义荣辱观教育相契合，未能积极引导民众对社会主义荣辱观进行思考，也算是个遗憾。

从核心价值体系的传播实例可以看出，在当代中国马克思主义传播上，议程设置的着力点首先应体现在确保邓小平理论、"三个代表"重要思想、科学发展观、习近平新时代中国特色社会主义思想在舆论场中的优先性地位；其次应该广泛利用报纸、网络传播、广播影视等大众媒介，形成持续的舆论造势。这里面，议程设置周期相对较短、传播过程中公众参与不足、突发事件上错失了传播和深化时机，是议程设置功效发挥到位与否的关键问题。

二、精心编辑

在日常的稿件编辑过程中，一些文章因套话、虚话以及枯燥无味的材料语言、习惯性的老套写法、缺乏生活气息的报道，而令人感觉味同嚼蜡。

一是"贴近性"上有偏差。一方面表现为说教性言辞太多。貌似语意贯通、逻辑严密，实则无实际内容，信息量低。另一方面表现为模糊性表达很多。诸如，"取得明显进展""力度不断加大""基本完成""稳步推进""取得明显成效"等。

二是可读性有待提升。要么在对热点的深度分析和前瞻把握上着墨不多，要么或多或少缺少些人性化视角。这样的结果，难免导致"专业人士觉得业余，普通读者觉得太硬看不懂"的窘境。

三是信息单一、篇幅冗长。信息量较小却占用较长的篇幅，会使得报道整体的结构松散、臃肿而缺乏重点。长远看，这种缺乏新闻价值考量而恣意扩充内容的文风，将严重削弱纸媒"内容为王"的优势。

基于这三个局限，有必要提出三个语言忌讳：

一是忌含糊。语言含糊笼统，让读者不得要领。突出表现为，一些文章不注重解读概念、数字，不能当好"翻译"。

二是忌矫情。一些文章存在雕琢过盛、发力过猛之处。事实上，好的形象语言，在于恰当而灵动。有人写大风伴随降温，用"市民出行遭遇一阵阵寒风"；但也有人这样描述，"一出门，就吃了一肚子风"；更文艺的如唐朝诗人杜牧，"深秋帘幕千家雨，落日楼台一笛风"。

三是忌堆砌。有的文章，罗列了长长一大单子缴获的赃物，缺乏概括、提炼和整理。这样的稿子，数字精准却情节模糊，影响阅读和理解。

提出语言忌讳的问题，归根结底是要呼吁摒弃工作化语言、枯燥化分析。事实上，好的文章虽然各有特色，但都具备了三个基础要素。

第一要素：有故事。习近平总书记到国外演讲，经常先讲一些两国国民间友好交往的故事，吸引听众注意并获得好感。好的报道，理所当然首先要有故事。故事是一个载体，由此可以引申出若干道理。同时，新闻故事一定要新鲜，要有意义。故事有了，文章就成功了一半。

而讲故事的境界也分为三个层次：描述故事本身；传递故事对人的影响；讲述故事对人的心理影响，进而上升到对社会的影响。这三个层次，是文章成功的另一半。

第二要素：有选择。材料的取舍取决于是否能够准确表达主题。不能表达主题的材料印上版面，只能是败笔。材料选择之外，还有一个价值选择的问题。鼓励学者在解析当代中国马克思主义时要有自己的观点，但这样的思考应当基于调查求证、深度解读，而不是简单地用价值和感情下判断。

第三要素：有规范。新闻语言应当规范化，要有细化要求。如"一逗到底"、顿号逗号混用、分号句号缺失的问题，又如同音词的问题。

三、把握节奏

报纸理论宣传不同于理论学术期刊，报纸宣传的基本特性是新闻性。因此，报纸必须及时依据理论自身的发展和社会实践的变化，阐释创新理论的基本内容以及理论所要解决的问题，理论所提出的新要求新目标，从而实现新闻性和思想性的统一。从这个意义上说，应当抓住重大会议、重要讲话等节点，力争在"第一时间"发出"第一声"。

在当代中国马克思主义传播上，应结合"求快""求深"，争取在"第一时间"节点为读者奉上及时准确的思想服务；也应力求一定的思想深度和分量，通过权威专家深入浅出的讲解，真正让读者读了有所得。

以中国特色社会主义理论的宣传为例。第一步，可适当提前组织专稿，对这个理论体系的基本内容和发展脉络，与科学社会主义基本原则和中国具体实际的联系，进行系统梳理和论述，争取把问题说清楚、讲明白。第二步，可通过多种形式，获取公众对中国特色社会主义理论的具体疑问，进而组织专家学者就各个具体问题和重要概念分批分期地进行讲解；此外，还可开设"理论大家谈"性质的栏目，刊登读者或非专业人士对中国特色社会主义理论的学习心得和体会。第三步，应尤为注意把握宣传中国特色社会主义理论的节奏，既要注重重要时间节点的密集宣传，也要做到细水长流，结合不同阶段群众的关注，及时互动讲解，层层推进。

在理论文章刊登的具体形式上，主要处理好命题的"大"与"小"。

建议在把握好两者的有机结合同时，尽量使理论文章短下来，适当增加小文章的分量。有些时候，不超过3 000字的文章，由于依托了故事，结合了实际疑问，反倒讲透了道理，增加了党的创新理论宣传的吸引度。

在文章的内容上，应当注重把宣传必须毫不动摇地坚持和发展中国特色社会主义，与解放思想、改革开放、科学发展、社会和谐以及全面建设小康社会等主题联系起来；把宣传改革开放所取得的伟大成就，同宣传当代中国马克思主义及实践所取得的新成果结合起来。

具体来说，应主要聚焦在理论是怎样形成的、理论的现实针对性、理论的深刻内涵、理论的发展和创新、理论如何与实践相结合这几个问题上。其中，如何理解中国特色社会主义理论与科学社会主义和中国实际的关系，如何看待党的创新理论的战略作用和历史地位，以及中央主要领导提出的新观点，应当是重点回答和阐述的内容。

此外，要密切关注舆情动态，加强舆情分析研判，对某些新思想、新论断适时引导，妥善处置。在事关中国特色社会主义理论基本原则的问题讨论上，应头脑清醒、旗帜鲜明。对出现的噪声杂音，应坚持正面引导，不争论、不炒热，尽量淡化负面影响。

四、深化讨论

当代中国马克思主义是实践中的真理。对这一理论的"翻译"越朴实、越实在，做到宏观与微观、历史与现实结合，就越具有传播效果，越能达致深化讨论的目的。

如在通俗化上，不要故作高深，把简单的道理往复杂上说，把明白的概念往糊涂上讲。要从当前人们普遍关注的热点和兴奋点入手，以通俗易懂的语言，对马克思主义内涵进行阐述，用简洁的修辞表达复杂的观点，用具体的事例论证。甚至有时候可以采取编辑和专家对话的形式，对问题展开具体讨论，让话题变得更为具体和轻松。

如在知识性上，应当鼓励作者在文章写作中，适当引用历史、文化等知识，从而把所要表达的思想"实"起来，使"虚"的主题变成"实"的思想表达。

如在表现形式上，可积极借鉴新闻评论的方式，尝试在文章样式上进行改进，可开设理论述评栏目对具体的理论命题展开言简意赅的表态和分析。还可借鉴新闻标题的模式，将通常强调意义的理论文章标题改进为虚实结合，从而直接增强文章的吸引力。

在条件允许的情况下，可以由党报出面组织专门的座谈会、交流活动，让专家学者进社区、进学校、进单位、进企业，与基层人士面对面地学习探讨当代中国马克思主义相关理论与实践。具体的互动内容，应在报纸上选择刊出。

对于理论宣传工作者，除做好理论文章的策划、组稿和编辑之外，也应当积极参与相关新闻采写活动。可通过消息的形式，及时报道反映理论界以及专家学者、政府官员和普通百姓对某些理论问题、党的创新理论的理解和学习体会。也可通过新闻综述的形式，对改革开放、中国特色社会主义的实践和发展历程，进行整理报道。

第五章　增强马克思主义话语权

当代中国，正在经历一场广泛而深刻的社会变革，正在进行一场宏大而独特的实践创新。这个伟大的实践，必然给理论创造、学术繁荣提供强大动力、开拓广阔空间。

2016年5月，习近平总书记在全国哲学社会科学工作座谈会上指出，面对社会思想观念和价值取向日趋活跃、主流和非主流同时并存、社会思潮纷纭激荡的新形势，如何巩固马克思主义在意识形态领域的指导地位，培育和践行社会主义核心价值观，巩固全党全国各族人民团结奋斗的共同思想基础，迫切需要哲学社会科学更好发挥作用。同时，鼓励广大哲学社会科学工作者立时代之潮头、通古今之变化、发思想之先声，为繁荣发展我国哲学社会科学贡献才情和智慧。

回顾改革开放40年来《解放日报》马克思主义理论传播的历史进程，可以发现：广大理论工作者潜心研究，既努力站在"思想的云端"，又立足经济社会发展的现实，无论是关于效率与公平的讨论、社会主义市场经济的辩护和驳难、发展不足与发展不当的辩证法，还是有关中华民族的伟大复兴、社会主义的前途和命运、现代化的变革与超越、人类命运共同体的展望等，始终坚持理论和现实相结合、相统一，呈现出"新实践—新变革—新发展—新时代—新思想"的逻辑线索，不断增强当代中国马克思主义的话语力量和思想引领能力。

第一节　提炼标识性概念

一、市场

20世纪70年代末80年代初，在"真理标准问题""计划还是市场""姓资还是姓社"等一系列争论和互动中，"市场"的本来面貌逐渐得到澄清。

由此，原先具有鲜明意识形态属性的理念，被转化为一个理性原则、制度安排乃至手段工具的概念，为人们积极主动参与改革开放提供了强大的动力机制。

例如，在真理标准问题讨论中，"实践"的观点首先恢复了其在马克思主义理论中的应有地位。

从《解放日报》刊登的文章来看，当时的观点大致分化形成了几种立场：一是主张"实践唯物主义"，如有的学者主张"实践一元论"。二是主张"辩证唯物主义"，认为实践的观点是历史观和认识论的基本观点，但不能推广至世界观范围。三是认同实践的观点，但强调实践的观点与人的观点是直接同一的，故主张所谓的"实践人本主义"。

但总的来看，不同立场的学者都赞同实践作为检验真理标准的"唯一性",从而始终保持讨论本身所具有的思想解放力度。同时,又注意维护真理的客观性,避免把实践和理论割裂对立起来,进而避免导致一种怀疑主义甚至虚无主义的抽象实践观。

之后,上海理论界进一步就计划与市场的是是非非、社会主义初级阶段理论问题展开了大规模探讨和研究。

1984年,在学习《中共中央关于经济体制改革的决定》的过程中,人们愈发认识到计划体制的弊端,强调计划部门要从过去那种管得过宽过多、忙于繁琐事务,转到抓大事,用主要精力研究解决国民经济和社会发展的重大问题上来。

什么是要抓的"大事"呢?一是经济和社会发展战略,包括经济、科技、社会发展,重大经济技术政策,资源和智力开发的安排,生产力布局,对外经济技术交流的方针、规模和重大政策等;二是全社会财力、物力、人力和重大比例关系的综合平衡;三是综合运用经济调节手段。怎么才能抓好这些"大事"呢?首先,要提高认识,简政放权;其次,要简化年度计划,把计划工作的重点放到编制中、长期计划上来;最后,要加强各级计划部门的自身建设。

在邓小平"南方谈话"的直接推动下,党的十四大明确提出"我国经济体制改革的目标是建立社会主义市场经济体制"。这一时期,围绕"社会主义市场经济"理论,思想界、学术界展开了多种形式、广泛而热烈的讨论。

在计划与市场关系的论断上,一方面着眼于市场经济与一般商品经济的关系探讨,充分强调了社会主义市场经济与有计划商品经济的内在联系和根本差别;另一方面,在认同和肯定社会主义市场经济的重大意义基础上,重点讨论社会主义如何与市场经济结合起来、社会主义市场经济如何迈向现代体系等问题。其中,有学者甚至前瞻性地提出了"市场经济的发展导向:先规则,后市场"的观点。

二、改革

从"先富带动后富"到西部大开发、东北老工业基地振兴、"中部崛起"的区域协调发展战略,从依法治国到以德治国,从两个文明"两手抓,两手都要硬"到"三个文明"协调发展,再到"四位一体"建设以及"五个文明"全面协调发展,从"小康社会"到"全面小康",再到"和谐社会"……相关概念、理念及其范畴的演变、升华的背后,充分彰显了"改革"的功能和价值。

改革,毫无疑问是近40年来最重要的关键词。当代中国的改革,是一场全面的改革。一般认为,它涵盖六个方面,即经济体制改革、政治体制改革、文化体制改革、社会体制改革、生态文明体制改革和党的建设制度改革。

在体制改革中,政治体制改革是经济体制改革和其他方面体制改革成功的关键。从《解放日报》的样本来看,当代中国政治体制改革大致经历了四个阶段:

一是政治体制改革的酝酿和启动阶段(1978—1980年)。这一阶段可视为思想准备阶段。党的十一届三中全会确定了改革开放的路线方针,要求多方面地改变同生产力发展不适应的生产关系和上层建筑,改变一切不适应的管理方式、活动方式和思想方式。改革路线一经确立,就立即提出了"体制改革"的问题。

当时，我国经济管理体制的一个严重缺点是权力过于集中。对此，各方逐渐达成一个基本共识：应该"大胆下放"，大力精简各级经济行政机构，认真解决党政企不分、以党代政、以政代企的现象。这里，实际上已经触及了政治体制改革领域。

二是政治体制改革的部署和展开的阶段（1980—1989年）。邓小平是政治体制改革的发动者和总设计师。1982年，在党的十二大开幕词中，邓小平正式把政治体制改革和经济体制改革并列。此后，邓小平多次论及政治体制改革，对政治体制改革的目标、内容、评价标准、推进策略以及政治体制改革与经济体制改革的关系作出了全面论述。

这一时期，政治体制改革的基本内容主要是肃清封建遗毒、党政分开、权力下放、机构改革和干部人事制度改革等。在改革策略上，考虑到政治体制改革的复杂性，每一项措施都涉及千千万万人的利益，所以要分步骤、有领导、有秩序地进行。在政治体制改革的评价问题上，有三个主要标准：国家的政局稳定；人民的团结以及改善人民的生活；生产力的可持续发展。

根据这些重要思想，党的十三大报告对政治体制改革作出了周密的部署，推动政治体制改革达到新高潮。

三是政治体制改革的调整和持续阶段（1989—2013年）。1989年之后，我国的政治体制改革实际并没有停止。党中央认识到，改革开放的路线不能更改，党的十三大报告的基本内容也不能变，经济体制改革和政治体制改革，仍要坚定不移地进行下去。

1992年1月—2月，邓小平视察武昌、深圳、珠海、上海等地并发表重要谈话，启动了新一轮的改革浪潮。1992 年，党的十四大确立了社会主义市场经济体制，围绕着建立社会主义市场经济、进行社会主义民主政治建设，政治体制改革步入了一个持续发展的阶段。

1997 年，党的十五大决定"继续推进政治体制改革"，提出了发展民主、加强法制、实行政企分开、精简机构等任务。由此，政府机构改革、党的机构改革加大了力度，取得了明显进展。

2002 年，党的十六大进一步明确提出政治体制改革的主要任务，包括改革和完善党的领导方式和执政方式、改革和完善决策机制、深化行政管理体制改革、推进司法体制改革、深化干部人事制度改革、加强对权力的制约和监督，等等。

2007 年，党的十七大提出，深化政治体制改革，以保证人民当家作主为根本，以增强党和国家活力、调动人民积极性为目标，扩大社会主义民主，建设社会主义法治国家，发展社会主义政治文明。

为此，要坚持党总揽全局、协调各方的领导核心作用，提高党科学执政、民主执政、依法执政水平，保证党领导人民有效治理国家；坚持国家一切权力属于人民，从各个层次、各个领域扩大公民有序政治参与；坚持社会主义政治制度的特点和优势，推进社会主义民主政治制度化、规范化、程序化，为党和国家长治久安提供政治和法律制度保障。

2012 年，党的十八大提出，政治体制改革是我国全面改革的重要组成部分。必须继续积极稳妥推进政治体制改革，发展更加广泛、更加充分、更加健全的人民民主。要把制度建设摆在突出位置，充分发挥我国社会主义政治制度的优越性，积极借鉴人类政治文明有益成果，绝不照搬西方政治制度模式。

其中,政治体制改革的主要任务有:支持和保证人民通过人民代表大会行使国家权力,健全社会主义协商民主制度,完善基层民主制度,全面推进依法治国,深化行政体制改革,健全权力运行制约和监督体系,等等。

四是政治体制改革的全面深化阶段(2013年至今)。党的十八届三中全会提出了"全面深化改革"的要求,2014年被确立为全面深化改革的"开局之年",政治体制改革由此进入新时代。

在这个新的阶段,我国政治体制改革的主要任务包括:推进人民代表大会制度理论和实践创新,完善中国特色社会主义法律体系,防止地方保护和部门利益法制化;拓宽国家政权机关、政协组织、党派团体、基层组织、社会组织的协商渠道,加强中国特色新型智库建设,建立健全决策咨询制度;畅通民主渠道,健全基层选举、议事、公开、述职、问责等机制,开展形式多样的基层民主协商;进一步简政放权,深化行政审批制度改革,优化政府机构设置、职能配置、工作流程,完善决策权、执行权、监督权既相互制约又相互协调的行政运行机制;统筹党政群机构改革,理顺部门职责关系,积极稳妥实施大部门制,优化行政区划设置,推进机构编制管理科学化、规范化、法制化;等等。

需要看到的是,根据时代发展的需要,政治体制改革的侧重点会有所调整,但变化中有不变、变化中有坚守。具体来看,作为改革领导力量的中国共产党,牢牢把握住以下几个着力点:

一是民主改革。即在中国共产党长期执政的情况下,通过改革发展党内民主,逐步建立党内的民主机制,以党内民主带动人民民主,保证人民依法实行民主选举、民主决策、民主管理、民主监督。

二是法治改革。即建立健全中国特色社会主义法律体系和法治体系，有法可依、有法必依、执法必严、违法必究，通过国家法律制度和执政党党内法规制度的有机结合，实现政治体制的民主化、科学化、法治化。

三是善治改革。即鼓励通过社会组织的广泛参与，建立一种政治主体多元化、管理手段多元化的透明高效的政治运行机制。

四是基层改革。即先在基层建立以协商民主为基础的民主制度，实现乡村自治。以此为基础，逐步实现全国范围的民主政治制度和机制。

同时，改革并不意味着放弃原则。梳理40年来的政治体制改革进程，可以发现有三大原则始终受到重视：

第一，正确处理经济体制改革与政治体制改革关系的原则。市场经济发展是政治改革发展的驱动力，政治改革发展是市场经济发展的根本保证。[1]必须坚持经济建设是压倒一切的中心任务，反对任何脱离经济发展和经济体制改革实际而进行的政治体制改革。当然，政治体制改革也并非完全被动，政治体制改革对经济体制改革有着巨大的推动作用。因此，政治体制改革不能滞后于经济体制改革，必须根据经济体制改革的需要，适时加大政治体制改革的力度。

第二，确保党对政治体制改革的领导和社会稳定的原则。政治体制改革一定要在社会稳定的环境中进行。而要保持社会稳定，就不能离开党的领导。党要真正成为政治体制改革的领导核心和推动力量。

第三，采取渐进式改革策略的原则。改革不但需要胆量，更需要睿

---

[1] 许耀桐：《当代中国的政治体制改革》，《中国浦东干部学院学报》2017年第6期。

智。"我们的方针是，胆子要大，步子要稳，走一步，看一步。"为此，邓小平采取了"摸着石头过河"的方法。实践证明，渐进式的改革是充满智慧的改革策略。

现在，为了推动全面深化改革，中央决定"加强顶层设计"。在此过程中，"胆子要大、步子要稳。胆子要大，就是改革再难也要向前推进，敢于担当，敢于啃硬骨头，敢于涉险滩。步子要稳，就是方向一定要准，行驶一定要稳，尤其是不能犯颠覆性错误"。

三、"共同体"

时代是思想之母，实践是理论之源。马克思主义的理论演进离不开时代性这一重要因素。同样，新时代中国特色社会主义思想的发展，也必须回答时代演变提出的重大理论和实践问题。

党的十八大以来，以习近平同志为核心的党中央顺应"美好生活需要"，提出了"美丽中国"的概念；顺应"重塑全球化"的要求，提出了"命运共同体"的概念。无论是美丽中国，还是命运共同体，本质上都折射出深刻的"共同体"意识。

在国内，从物质文化需要到美好生活需要，意味着中国人正在由"单向度的人"向全面自由发展的人迈进。这意味着在新时代，中国要全面推进民主、法治、公平、正义、安全、环境等建设，满足人民在经济、政治、文化、社会、生态等方面不断增长的需要。

在国际上，我们正处在一个挑战频发的世界。世界经济增长需要新动力，发展需要更加普惠平衡，贫富差距鸿沟有待弥合。地区热点持续动荡，恐怖主义蔓延肆虐。和平赤字、发展赤字、治理赤字，是摆在全人类面前的严峻挑战。世界怎么了？我们怎么办？对此，习近平总书记提出了构建人类命运共同体的方案。其具体的行动方案是：在伙伴关系上，坚持对话协商，建设一个持久和平的世界；在安全格局上，坚持共建共享，建设一个普遍安全的世界；在经济发展上，坚持合作共赢，建设一个共同繁荣的世界；在文明交流上，坚持交流互鉴，建设一个开放包容的世界；在生态建设上，坚持绿色低碳，建设一个清洁美丽的世界。

进一步来看，从"中国模式"走向"人类命运共同体"，是一个非常成功的"超越"。它不仅具有全球视野，而且走向国际治理体系的融合，并且逐步在其中发挥中国的主导作用，展现出中国智慧。"人类命运共同体"的理论意义跨出了"三个世界"理论与"中国模式"的范畴。这是当代中国马克思主义走向世界的新的时空理论框架，标志着我们对当前世界发展整体性的基本判断，体现了马克思主义国际战略的创新。

第二节　构建话语体系

在提炼标识性概念的基础上，还需要将概念系统化、理论化，进行符合逻辑的整理和抽象。要按照立足中国、借鉴国外，挖掘历史、把握当代、关怀人类、面向未来的思路，着力构建体现中国特色、中国风格、中国气派的话语体系。

哲学社会科学的话语体系从来都不是价值中立的，总是蕴含着一定的意识形态指向。这种意识形态指向，既有实践层面上的价值理念理解异质,也有主观价值观念蓄意推行所导致的意识形态成分。前者常表现为对于自然和社会的多样化理解,后者常用来指代资本扩张驱动下的话语霸权和文化入侵。

一段时间以来,资本扩张不仅以实体力量作为动力因,而且还以观念的扩张作为动力因。这里面,哲学社会科学话语权的争夺,成为意识形态交锋的前沿阵地。例如,第二次世界大战之后的西方现代化理论,貌似就传统与现代的关系、发达国家与发展中国家的交往等问题进行科学探讨,实质上只是把西方现代化模式特别是美国现代化模式作为典范。

随着中国的崛起,西方世界也以"纯粹学术话语"姿态,运用哲学社会科学来对我们的制度、道路、理论的合法性、合理性加以所谓科学证伪。在此情形下,哲学社会科学能不能坚持事实判断与价值判断的辩证统一,把握哲学社会科学的话语权,是关涉制度自信、理论自信、道路自信、文化自信的时代课题。

一、批判西方话语的价值立场

要对西方价值观念的现实基础、形成机制及其本质进行深入解剖,还原真实面目。西方话语在自我辩护中常常采取两种形式:一是把与资本逻辑关联的特殊形态上的价值理念,如自由、民主、人权等同于一般意义上的价值观念。二是把实现价值观念的具体路径看作价值观念的"代名词",如把"一人一票"的选举直接等同于民主的唯一实现途径、把私有化直接等同于自由。

实际上,西方社会倡导的民主、人权和自由等价值观念,是与资本主义发展阶段相适应的意识形态话语。它相对于中世纪的神学话语体系是一种进步，因为它在资本发展这一特定历史阶段上，赋予人相应的自主性，促进人的主体性的提升。但是，这种人的主体性提升是有限度的，是在以物的依赖性取代血缘依赖性，因而只是一定条件下人的主体性。

实际上，用西方范式来诠释中国问题、用西方价值观念裁剪中国话语，是与唯物史观相背离的思维方式。遵循此思路，不是建构中国特色哲学社会科学，而是盲目输入西方哲学社会科学话语体系。因此，构建当代中国马克思主义话语体系，必须打破这种"言必称希腊"的思维方式，而要以中国特色社会主义事业的人民性价值指向为逻辑预设，在历史与逻辑的辩证统一中形成描述、概括中国实践的概念、范畴和思想原理，构建真正属于中国的哲学社会科学体系。

二、把"问题和主义"结合起来

当前，马克思主义在一定程度上存在被边缘化、空泛化、标签化的倾向，在一些学科中"失语"、教材中"失踪"、论坛上"失声"。这一困境与马克思主义过时论、意识形态淡化论、马克思主义无用论等交织叠加，目标是弱化乃至否定马克思主义的指导地位，其理论实质指向的就是马克思主义话语权问题。

就马克思主义的"三失"问题而言，其主要表征有：一是以学术中立名义规避和淡化意识形态；二是以政治正确方式空泛化和标签化马克思主义；三是以教条化方式对待马克思主义创新及其成果，一方面习惯于从经典作家的只言片语中寻找答案，另一方面呈现洋教条的倾向。

面对挑战，需要靠新作为来进一步增强马克思主义的话语权。从本质上来看，马克思主义的指导地位基于马克思主义的运用和发展。

例如，在"怎么看"与"怎么办"的问题前面，要理直气壮地坚持马克思主义指导地位。为此，要用好马克思主义理论研究和建设工程、中国特色社会主义理论体系研究中心、马克思主义学院、报刊网络理论宣传阵地"四大平台"建设；要注重指导思想、学科体系、学术体系和话语体系"四位一体"建设；要同步研究当代中国哲学社会科学研究的对象领域，增强对现实问题的解释力和对哲学社会科学研究成果的吸收力。

又如，在处理"一元与多样"的关系中，要发挥马克思主义的引领整合功能。要在批判、整合、吸纳多样思想资源的基础上，坚持尊重差异、包容多样，最大限度地形成社会思想共识；要通过贯彻"百花齐放、百家争鸣"的基本方针，形成"一主多样"的思想格局。

在构建当代中国马克思主义的话语体系中，要把"问题和主义"结合起来。一方面，坚持问题导向。它既不是把马克思主义理论当作词句，与实际情况对号入座式贴标签，也不是把马克思主义当作僵化教条，机械套用到实践中去。要切忌简单地就事论事地研究问题，而要看到问题背后的思维方式和价值导向。另一方面，要防止流于抽象和空洞。脱离社会主义实践的重大问题来谈主义，难免会陷于抽象和空洞。

三、警惕对主流话语的各种消解

推进理论创新，有两个基本原则应当坚持：一是坚持在马克思主义基本原理基础上进行理论创新;二是在实践基础上进行理论创新。抛弃前者,容易走上"歪路""邪路";放弃后者,容易导致"固化""僵化"。

改革开放40年来,社会思想领域的"暗战"一直存在。一些势力故意曲解马克思主义的一些核心话语,试图消解相关话语的历史内涵和现实意义,试图根除相关价值存在的必要性和必然性,从而妄图否定马克思主义的指导地位。

例如,把一些马克思主义话语放到所谓人性论的框架内进行分析。由此,革命、阶级斗争和专政都是有违所谓人性的。其实,马克思主义并不歌颂暴力,马克思、恩格斯和列宁从未放弃过和平实现旧社会向新社会过渡的尝试。只是历史实践证明,在反动力量极其强大的情况下,和平手段往往不能取得胜利,反而会造成巨大牺牲。资产阶级对封建主义的胜利,同样不是用和平手段实现的。马克思曾经说过,革命是历史的火车头。在一种社会制度取代另一种社会制度的过程中,暴力革命往往是必要的,而在实现了这种过渡之后,和平形式的"革命"就占据了主流。

还有些人对于马克思主义核心话语的批判是有选择性的。他们抓住一些可以做文章的话语进行批判,而对于马克思主义的另一些话语,如共享财富(共同富裕)、人的自由而全面的发展等,则只字不提。

还有一种对标识性概念的消解,即狭隘理解、固守教条。持有这种态度的人,看似"真正的"马克思主义者。然而,他们没有认识到时代主题的变化和实践的发展不断,没有意识到一些核心话语的内涵需要不断进行创新阐释。这本质上是由马克思主义固有的理论品格和精神品质所决定的。就此而言,把马克思主义看成教条、口号,不懂得理论联系实际的人,都不是真正的马克思主义者。

总的来看,在当代中国马克思主义传播中,必须对此类现象及时予以反应:要坚决批判错误思潮,抓住其立论依据,揭露背后的政治目的;要"有破有立",及时把相关标识性概念的理论内涵、时代意义等讲清楚。当前,最重要的是把习近平新时代中国特色社会主义思想的丰富内涵阐释好、宣传好。

第三节 改进中西对话

构建当代中国马克思主义话语体系并不意味着封闭排外、"自说自话"。实际上,这种做法不仅不能彰显中国哲学社会科学的生命力,而且会在不愿交流、不敢交锋的被动状态下自动放弃话语权。

习近平总书记指出,发挥我国哲学社会科学的作用,要注意加强话语体系建设。在解读中国实践、构建中国理论上,我们应该最有发言权,但实际上我国哲学社会科学在国际上的声音还比较小,还处于有理说不出、说了传不开的境地。要善于提炼标识性概念,打造易于为国际社会所理解和接受的新概念、新范畴、新表述,引导国际学术界展开研究和讨论。

新时代,要增强当代中国马克思主义的话语权,需在立足中国实践、秉承中国立场的前提下,与西方哲学社会科学进行交流对话,有理、有据地阐释中国特色社会主义价值观念的合理性、合法性。

一、着重加强执政党的形象建设和推广

中国特色社会主义的最本质特征和最大优势，就是中国共产党的领导，党是最高政治领导力量。我们对外传播马克思主义中国化的理论成果和实践表现，就要充分阐述中国共产党的领导地位及其合法性。

政党的形象，可以分为历史形象、现实形象、理想形象等。在本书话题之下，主要讲的是理想或者说应然形象。有权威学者提出，党的形象至少应该包含以下六个方面：一是进步，即紧跟和引领世界文明发展的潮流，走在时代进步的前列，始终保持和发展自己的先进性。二是为民，即与人民群众融为一体，真心实意代表人民、依靠人民、服务人民，得到人民拥护，受到人民监督。三是善治，即制度体制科学合理，路线方针政策正确，善于治国理政，在建设富强文明民主和谐的现代化国家中政绩显著。四是民主，即具备政治文明素质，实行并不断完善社会主义民主政治，坚持全面依法治国，建设社会主义法治国家。五是开放，即坚持对外开放，走和平发展道路，实行互利共赢战略，胸怀博大、开放、包容，致力于推动建设持久和平的和谐世界。六是廉洁，即坚定不移全面从严治党，坚持不懈开展反腐败斗争，健全惩治和预防腐败体系，做到干部清正、政府清廉、政治清明。[1]

那么，如何加强党的形象建设？

---

[1] 李忠杰：《中国共产党应该具备什么样的形象》，载上海观察网 http://www.shobserver.com/news/detail?id=35914，2016年11月14日。

一是要抓好本和标两个层面。从根本抓起，固本强体，保持和发展党的先进性，保证党的路线方针政策的正确性并不断取得显著政绩。与此同时，加强党的形象设计、形象建设、形象宣传，使党的本质通过党的形象准确地反映出来，并不断提升和改善。

二是要抓好主体、客体和传播渠道三个方面。主体就是党本身。主体抓好了，党的形象就有了基础。客体，就是国内人民群众和世界不同国家。运用多种方式，使不同的客体都能在不同程度上加深对中国共产党的理解和认同。传播渠道是连接主体与客体的桥梁，要运用好这些渠道，客观准确地传播党的形象。

三是抓好国内国际两个范围。国内，要解决老百姓对党的认同、拥护、紧跟、团结、奋斗的问题，这是我们党的执政基础。基础牢固，才能立于不败之地。国际，要在世界上树立我们党和国家的良好形象，使我们更多地得到外部世界的理解和支持，为国内事业的发展创造一个更好的环境。

二、大力传播"两个需要""两个走向"

当前，人类的命运是安危与共、息息相关的；人类文明是多元、平等和互鉴的，是在相互补充、相互交融中实现发展和繁荣的。中国同外部世界的关系，本质上是相互依存和相互需要的关系。在改进当代中国马克思主义对外传播中，我们要积极传播"两个需要"（中国需要世界，世界也需要中国）与"两个走向"（中国的现代化进程就是中国走向世界的进程，也是世界走向中国的进程）。

针对当今世界对中国崛起的各种疑虑，还应阐明中国特色社会主义与当今世界不同发展道路和不同社会制度、中国化马克思主义价值观体系与其他不同的价值观体系到底是什么关系，以及讲好讲活改革开放以来中国的伟大成就，包括改革的复杂性与艰巨性。要通过这些传播，使国际社会认识到，中国坚持社会主义发展方向和共产主义理想信念，但我们与外部世界的关系绝不是对立的，而是互学互鉴、共生共荣的。中国走向世界的过程，是中华民族为人类世界作出更大贡献的过程，是中国特色社会主义为国际社会贡献中国智慧、提供中国方案的过程。

三、讲清楚我是谁，讲清楚有什么不同

在当代中国马克思主义对外传播中，应当树立对象导向意识，实现精准传播。眼下面临着两个两个任务：一是要讲清楚我们自己是谁；二是讲清楚我和你有什么不同。

一方面，注意中西方对人类文明的不同探索。西方强调竞争、斗争以及工业文明、消费主义，中国则强调和谐、个人和集体的结合。中国对于落后国家走向现代化的道路的探索具有示范效应，尤其对破解落后国家建立社会主义之后如何走向强盛提供了可借鉴的经验。

另一方面，不同主体在进行思想文化传播时，都应自觉地置于人类文明的总体框架内，而不能视自己为例外状态。同时，不仅讲宏观层面上的道理，也应包含足够的地方性及多样性。

总之，要让"中国话语"在国际上不仅"听得到"而且"听得懂、听得进"，为此，要处理好几对关系：

（1）理论和实践的关系。即我们所传播的总是尽可能有说服力的理论，而这种说服力不仅以当下的实践作为基础，还应该由今后的实践而得到加强。

（2）经典与现代的关系。即要继续深入研究、宣传诸如理论与实践的关系问题、现实与理想的关系问题、资本与劳动的关系问题、个人与集体的关系问题等，也要深入研究、宣传人与自然的关系问题、现实世界与虚拟世界的关系问题、物质生活与精神生活的关系问题等。

（3）说理与叙事的关系。经验表明，"讲道理"的最好方式往往是"讲故事"，或者说把理论与叙事巧妙结合起来。为此，理论工作者不应错过社会实践、挂职锻炼等机会。

第四节 应对多样性思潮挑战

从现实的维度来看，推进当代中国马克思主义传播还直接面临着多样化思潮的挑战。它对当代中国马克思主义的意识形态主导性直接形成冲击，造成主流意识形态话语的式微。

当今世界的三大主流意识是：自由主义、社会主义、民族主义。在这个层次下，众多学科中如哲学、经济、政治、文艺、伦理等领域又有许多具体的社会思潮涌动。[①]

一是新自由主义。这种思潮，是当代西方主要资本主义社会的主流

[①] 赵曜：《赵曜讲稿》，中共中央党校出版社2013年版，第474页。

意识形态。一般认为，它更为强调自由竞争和个人主义，更加推崇经贸和金融的自由化、私有化。通常来说，新自由主义是反对直接的国家干预。有人提出，现代社会中的新自由主义，包含了建立所谓现代化国家必需的某些合理性基础要素。例如，尊重个人自由，注重保护私人产权，等等。但也有人提出，当前存在的诸多矛盾，如贫富差距、消费不振、道德缺失及教育医疗等问题，都与新自由主义的影响有关，是这种理念诱导下资本利益走向极端化的产物。

二是民族主义。从涉日游行、北京奥运，再到抗议达赖、东海南海维权，民族主义思潮不时迸发。目前，民族主义已经大规模进入公共话语领域。严格来看，作为一种情绪大于理性的复杂激情，在群体性环境中它容易形成"广场效应"，从而催生出法不责众的非理性行为，值得警惕。

三是民主社会主义。实用主义的改良策略是民主社会主义自我标榜的"最大特色"。可到目前为止，民主社会主义理念的演变趋势大体是向西式自由主义靠拢。2006年，有知名人士在国内公开发行的杂志上发表了《只有民主社会主义才能救中国》一文，观点颇为"出挑"，一时引发众多猜测。很多人怀疑，社会民主主义可能在思想领域算是"赢家"，一旦进入实际操作必将成为"输家"。

四是文化保守主义。对以传统儒学为主要代表的中国传统文化的辩护、提倡和传播，是保守主义在思想文化领域的具体表现，也是这一思潮的基本价值取向。前些年广受关注的易中天、于丹及"三国热""论语热"等是文化保守主义的现实表征。不少持有文化保守主义立场的人士坚信，更多引入传统的中国文化可以平衡西方各种思潮的过度影响，还能治疗消费欲望时代的"精神无根化"与"人生无意义化"病症。

五是道德相对主义。这种思潮的核心要义在于，人们可以持有和主张不同的道德观。而在更广大的社会共同体层面，更是不承认有客观的、普遍的、统一的价值准则。这种思潮有意消解人们对社会道德底线、主流价值理念的认同，难免使人丧失对是与非、好与坏的判断力和免疫力。这一现象在"什么姐、什么哥"的网络恶搞人物或事件中表现得尤为明显；在"庸俗、低俗、媚俗之风"的背后，亦闪现着其身影。

六是"新左派"思潮。它从批判资本主义全球化出发，关注弱势群体的命运。进入21世纪以来，"新左派"借助于多种形式的网络媒介平台实现了力量聚集，达成了一定意义上的思想共识，影响力、号召力乃至动员能力逐步扩大。

七是历史虚无主义。很长一段时间以来，一股以否定中国革命、建设和改革成就为主要目标的虚无主义浪潮沉渣泛起。它以"反思历史"为名，否定中国革命的历史必然性，编造和夸大所谓"人祸"，给人们的思想带来混乱。

仅就当代中国马克思主义传播视域而言，"民主社会主义"、新自由主义、新儒家保守主义的挑战较为直接，它们分别对应着社会主义的再认识、资本主义的再认识、传统文化的再认识三大范畴。有关错误认知的流传、蔓延，模糊了是非界限，改变着人们的认知，对当代中国马克思主义传播及其效果提出了重大挑战，应当引起各方重视。

一、对社会主义的再认识

对社会主义进行再认识，是一个重要的马克思主义研究课题。社会主义是人类文明演进的理性选择，是有效克服大范围周期性危机的制度安排。当然，在现实中，人类正在进行多条道路选择与奋斗。最终哪一条能走通或是"殊途同归"，还需要实践来检验。

20世纪80年代，上海理论界在以社会主义初级阶段研究为中心、不断从理论上深化对社会主义再认识这个总题目下，先后就"斯大林模式反思"、社会主义所有制结构、有计划的商品经济、人的思想观念更新以及我国的经济、政治、文化特征等问题进行了系统深入的研讨。[1]

从学科与实践脉络来看，社会主义从空想发展为科学，再发展为实践，之后又经历重大挫折，并在世纪之交实现涅槃……这些正反面经验的不断积累、比较，有助于推进人们重新认识和思考社会主义。特别是，近年来一些国家兴起的社会主义改革潮流，更赋予了这种再认识以多方面的、深刻的内容。其中最引人注目的基本事实是，社会主义各国已经从过去那种单一模式的状况中走出来，进入到一个具体形式多样化，在探索中开辟前进道路的新的年代。

这种再认识，其实是一种飞跃。它不否定原来认识的科学基础，而是肯定其科学的基础；它用更全面、更深入、更清晰的认知，来代替此前片面性的、表面性和不甚清晰的认识，以更现实的认识代替原来某些仍带有空想色彩的认识。

就中国而言，党的十一届三中全会以来，我们通过总结经验教训，经历了一次对社会主义的深刻再认识。其大体上涉及以下几个主要问题：

---

[1] 周智强、尚晓麒：《上海市社联面向四化走出新路》，《解放日报》1988年10月22日。

(一) 关于"跨越卡夫丁峡谷"

人类社会能否跨越资本主义直接进入社会主义社会？这是马克思主义者试图回答与实践的"跨越卡夫丁峡谷"问题。在这个问题上的不同认识，造成了社会主义两条道路发展的分野：以欧洲发达资本主义国家为基础的社会主义阵营，即"第二国际"，在伯恩斯坦等代表下走民主社会主义道路；以俄国为代表的落后国家，在列宁领导下，通过革命首先建立社会主义国家政权，成立"第三国际"，力争跨越"卡夫丁峡谷"，提前进入社会主义。

从长周期规律看，早熟社会主义国家的诞生具有历史的合理性。它与资本主义的全球快速扩张导致的资本积累、贫困积累分离有关。对于边缘地带不发达国家来说，其原始积累是在发达资本主义国家已经取得世界经济支配地位的情况下进行的，因而不得不纳入发达国家的生产体系，并始终受到发达国家的决定和制约。因此，如果这些国家不采取革命手段建立夺得国家政权，本国人民将长期处于贫困乃至奴役状态。所以，列宁认为，俄国革命是和第一次世界大战相联系的革命，战争造成了革命形势，无产阶级应当首先抓住时机进行社会主义革命、夺取政权，创造社会主义的政治前提，然后在苏维埃政权的领导下，创造社会主义的物质基础。

取得政权只是早熟社会主义国家"跨越卡夫丁大峡谷"的第一步，接下来的问题是如何发展社会主义生产力问题。现实中，早熟的社会主义国家普遍选择"初始积累"的发展模式。无论苏联，还是东欧各国，在其经济的成长阶段，都实行了扭曲要素价格、农业补贴工业等措施。

社会主义初始积累成效明显，但也存在突出问题。特别是，这种积累必须建立在行政性指令和权力集中的计划体制下。由此,才能系统性地压低某一部门的要素价格,以此补贴效率更高的工业部门。长期来看,高度的指令性体制和层级管理模式严重压制社会活力,会导致整个社会僵化、缺乏创新。

面对形势的变化,不少社会主义国家普遍在总结计划经济模式经验教训的基础上,进行了自发的社会主义改革,更多吸取资本主义国家在企业微观管理和市场运营模式上的经验,并对传统的企业激励机制和计划经济体制进行改造,从而顺利融入全球生产体系。

(二) 关于过渡时期

过渡时期理论是马克思提出并逐步完成的。列宁针对马克思理论的特点,对过渡时期理论作了深入解释。列宁分三个阶段,详细阐述了共产主义的本质与内涵,他指出,俄国虽然已经建立社会主义国家,但没有建立社会主义社会,仍处在从资本主义向社会主义的过渡时期。[①]

我们党坚持和发展马列主义。1949年,毛泽东就指出:中华人民共和国的成立,只是一个过渡。[②]这个提法,后来写入1954年我国的第一部《宪法》中。

毛泽东的社会主义转变理论,是马克思主义关于社会主义转变理论的中国化表述。但是,后来我们偏离了这一轨道,把过渡时期说成是从资本主义向共产主义高级阶段的过渡。

党的十一届三中全会深化了全党对社会主义的认识,过渡时期问题

[①] 《列宁选集》第3卷,人民出版社1995年版,第521页。
[②] 《毛泽东著作选读》(下册),人民出版社1986年版,第704页。

上又重新回到了正确轨道。党的十一届六中全会通过的决议指出，我国已经进入了社会主义社会。这一明确的表述，避免了将过渡时期的一些经济、政治范畴，如两个阶级、两条道路的斗争错误地套用于现阶段的社会主义社会，避免导致新的阶级斗争发生。

事实上，在社会主义初级阶段的社会矛盾问题上，列宁明确强调要把对抗和矛盾进行区分。毛泽东进一步提出：社会主义背景下的矛盾，主要以人民内部矛盾为主。矛盾的解决，可以通过社会制度本身自觉地有计划地加以解决。

党的十一届六中全会对社会主要矛盾的分析做出了肯定，并对新的理论进行了概括。其中指出，日益增长的社会物质文化需要，与社会落后生产之间的矛盾，是当前首要解决的主要矛盾。

对社会主义主要矛盾的正确认识，对社会主义实践具有重大意义。对主要矛盾的正确认识，正式终止了"以阶级斗争为纲"的口号，结束连续不断的政治运动；必须把工作重点转移到以经济建设为中心上来。

总之，重新认识社会主义，一要坚持，二要发展。坚持才能发展，发展需要坚持。归根结底，中国特色社会主义正是基于马克思主义科学学说的指导，带领人民群众自觉创造。因此，我们对社会主义的再认识，只能以实践为标准，"实践来修正，由实践来检验"。

(三) 关于"历史的终结"与人类社会发展

历史是否终将终结于社会主义？20世纪末，伴随苏共下台、苏联解体，西方理论家和政治家认为"社会主义失败""共产主义消亡"，宣称"作为世界历史要素之一的共产主义制度决定性地衰落了""共产主义的最后一幕已经演完了"。但过去30年的历史表明，社会主义并没有终结。

相反，社会主义仍然是代表着人类文明的未来进步方向，历史将走向社会主义。

其实，人类文明历史演进的终极状态是以人类共同文明价值的最大实现为目标，其并不终结于部分国家的阶段性制度安排。这也就是说，历史并不终结于资本主义"三权分立"的现代民主制度安排，也不终结于早熟社会主义阶段的国家所有制安排。这些都是部分国家阶段性经济社会发展的工具性制度安排，其中有科学合理性，但并不能作为简单化目标。

真正的终结，倒很有可能源自日益严重的生态危机。在传统工业化的过程中，全球人口尚未完全实现现代化，但自然资源已经面临了枯竭的威胁，生态环境遭受破坏。新形势下，如果继续沿用这种高物耗、高能耗的生产生活方式，地球资源将会日益枯竭，环境容量将受到严峻考验。

所以，人类社会的继续向前进步，必须要从生产力与生产关系上打破这种循环。从生产力而言，新一轮技术创新与以往有很大不同的是，信息技术的革命由此而带来的互联网经济、人工智能等突破性发展，其带来的生产、生活方式变化及政治影响将超出以往，直到将人类从工业文明社会带入到信息文明社会。另外，新能源技术，尤其是核聚变、氢能的商业化开发应用，将大大突破人类的能源、资源瓶颈，为进入更高级社会奠定物质基础。

马克思在《1857—1858年经济学手稿》中把社会发展过程划分为自然经济、商品经济、计划经济三种经济，并从人的发展的角度提出了人类发展需要依次经历的三个阶段，即自然经济条件下的对"人的依赖关系"、商品经济条件下对"物的依赖性"、产品经济条件下人的"自由个性"的发展。当人类的物质财富丰富到能够摆脱对"物的依赖"时,适应物质生产的资本主义生产关系必然转向人的"自由个性"发展,这是个别劳动和社会劳动协作发展的历史规律。

总的来看,信息社会的新生产力与新生产方式将再次演绎科学社会主义及经典马克思主义对于未来社会走向的预判,也是全新实践与经典理论的再次相互印证。

(四)关于理想信念问题

当代中国马克思主义传播的过程,实际上是一个信念坚定的过程。从人的信念形成来看,主要有三条途径:一是观察。它大致属于日常经验性信念,虽然具有直接的自明性,通常亦无需别的论据来证实,但较为肤浅、表面,不具有普遍意义,基本处于较为低级的感知与经验层次。二是反思,即在观察、体验基础上,对经验观察信息进行选择、理性思考而形成的科学理性信念。这种信念以科学社会主义的理论知识为内核。三是灌输,即把当代中国马克思主义的知识,通过种种不同的渠道和方式灌输给个体或群体,使个体或群体接受这种科学知识,进而内在化为个体或群体的信念。

新形势下,人民的科学文化素质有了很大提高,但由于社会分工、认识能力的局限,对当代中国马克思主义的认识主要还是零散的、表面的,需要通过科学合理地灌输才能逐渐牢固地确立。

一方面,澄清对认识上的种种思想混乱。例如,由于不了解西方国家经济问题和社会矛盾的根深蒂固的对抗性质,对有关国家的片面性溢美缺乏分析;由于对社会主义初级阶段缺乏足够的估计,当出现某些消极的东西的时候,便感到难以理解……这些问题通过理论辨析、国情教育，特别是通过改进和搞好经济社会工作，是能够得到解决的。

另一方面，学习和运用马克思主义哲学方法。比如，过去我们比较重视揭露资本主义的矛盾和矛盾运动的最终结局，而相对地忽视其矛盾运动的过程、形式的曲折性和复杂性的具体说明，致使一些人以为资本主义的灭亡和社会主义的胜利就在眼前。正确地把握社会主义代替资本主义的客观规律，会使我们认识到资本主义必然要被社会主义代替是历史大趋势，但这个过程是长期、曲折的。

总之，社会主义作为前无古人的事业，它的生命力就在于它的创造、更新和发展力。如果以教条主义、僵化的思想看待社会主义信念，只能窒息社会主义。

二、对资本主义的再认识

第二次世界大战后兴起的科技革命，是一场涉及学科更广泛，对生产实践影响更深刻的革命。一系列新科技，包括电脑信息技术、生物遗传工程技术、新材料技术、宇航与太空技术等，不断被发明并很快应用于生产实践，极大地推进了资本主义的发展。与此同时，生产力的发展又引发了内部诸要素的变化，继而促使当代资本主义生产关系、分配关系以及产业结构等方面发生一系列变化。

进入 21 世纪以来，"重新认识资本主义的发展"成为一个学术和舆论热点。

2000 年 11 月 6 日，有报章刊文强调，对资本主义的研究，恐怕要改变这样一个观点：谈到资本主义，就是科学技术先进，经济发展水平高；

而另一方面呢,就是政治落后、反动,思想文化腐朽、没落。那么,如何科学对待资本主义呢?

第一,国家垄断资本形式出现新变化。当代资本主义,本质上是国家垄断资本主义。主要标志有形成了巨大的国家垄断资本,国家把大量财政收入转化为财政资本,国家掌握了大量金融资本,同时国家积极参与私人垄断资本的再生产过程。

更关键的是,国家宏观调控成为组成资本主义经济机制的重要部分。自由竞争阶段的资本主义,"一只看不见的手"即市场调节占据支配地位;从自由竞争资本主义转变到垄断资本主义以后,资本主义经济运行机制也由原来的市场调节转向市场调节与宏观调控的自发结合;到了国家垄断资本主义阶段,资本主义经济运行机制便成为宏观调控与市场调节的结合体。两者相互促进,相互补充,共同推动当代资本主义经济不断向前发展。这对于自由竞争阶段的资本主义,和私人垄断阶段的资本主义来说,是无法想象的。

在国家垄断阶段,宏观调控所以成了资本主义经济运行机制的主要组成部分,主要是因为国家的作用在该阶段发生了新的变化:在自由竞争和垄断资本主义阶段,国家只作为上层建筑起着"守夜人"的作用;到了国家垄断阶段,国家除了作为上层建筑对经济基础继续发挥反作用外,它还以"总资本家"身份直接参与社会资本的再生产过程。这里的国家既是一个最大的资本所有者,又是一个最大的商品与劳务采购者,还是个最大的放款者。由于国家拥有强大经济力量,因此它便可以对国民经济乃至社会资本再生产进行宏观调控,这是自由竞争资本主义与垄断资本主义阶段所不具备的。

第二，分配关系中推行"福利国家"政策。第二次世界大战后西方发达国家普遍推行"福利国家"政策，这是当代资本主义在分配领域发生的一个新变化。①这一政策以"收入均等化"为宗旨，一般包括社会保险、社会福利、高额累进税、充分就业与混合经济等方面的分配政策。西方各国的"福利国家"政策，在具体内容及运作机制上不尽相同。

例如，美国与日本由政府提供社会最低保障，个人在社会福利的享受上有更多的选择权利，享受程度与个人交纳的社会保险费多少相一致。与美国的选择性原则不同，北欧国家强调社会普遍公平性原则。它以瑞典的"从摇篮到坟墓"的"福利政策"而著称。政府提供几乎全部的社会福利经费，并给全社会以普遍的社会保障，同时对一切有收入来源的国民征收税率不等、平均税率颇高的国税，高福利与高税收并存。西欧国家，尤其是英国，奉行与个人收入挂钩的普遍公平原则。政府制定最低贫困标准，个人收入与缴纳社会保险费及个人可以享受到的社会福利的质量相关联。

"福利国家"政策普遍推行的物质前提是，第三次科技革命推动生产力的迅猛发展，物质财富空前增长。此外，发展了的生产力对生产的社会化要求更加迫切，同时也要求分配与消费的社会化。"福利国家"政策是国家垄断资本主义实行社会化分配的具体表现。另外，垄断资产阶级在获取超额利润以后，为维持其统治，缓和社会阶级矛盾，将部分超额利润，以高额累进税形式，交给国家后，再以社会福利形式返回社会。

同时，第二次世界大战后民主政治的发展，广大劳动群众利用人数

---

① 周敏凯：《当代资本主义生产方式的新变化》，《解放日报》2000年12月3日。

优势，迫使统治阶级让步，在法律上争取到了享受社会福利的政治权利。不少西方国家的政党，奉行民主社会主义纲领，也主张"福利国家"政策。在经济理论上，凯恩斯主义在战后几十年占主导地位，鼓吹消费刺激生产，为"福利国家"政策提供了理论依据。

在20世纪70年代发生普遍"滞胀"危机后，"福利国家"政策的弊端日益显现，并陷入困境。因为居高不下的社会福利开支，给各国政府造成愈益沉重的包袱，财政赤字扶摇直上。"瑞典病""英国病"的发生，是人们对凯恩斯主义的理论发生动摇的结果，主张削减与改革"福利国家"政策的新自由主义理论抬头。尽管如此，西方国家谁也无法完全废除这一政策，而只能对现存政策进行局部改革。

20世纪80年代初，一些西方国家在发起私有化运动的同时，着手改革"福利"政策。尽管做法大相径庭，但要旨均是使"福利国家"向"福利社会"过渡，由社会与个人承担更多的福利消费的负担，政府大力削减福利开支。同时，福利与社会服务也逐渐由无偿向有偿转化，由政府包揽向市场选择转化。政府仍然保障公民的基本生活标准，以体现民主与平等的精神；个人可以有更多自由选择福利服务的权利，以体现自主与自由的精神。

如何评价当代资本主义在分配领域的新变化？西方国家内部历来就有两种对立观点。20世纪70年代"滞胀危机"前，赞扬声多。有人甚至将"福利国家"称为"创造了公平与富裕""消灭了阶级对抗"的资本主义社会的"骄傲"；"滞胀危机"爆发后，批评声鹊起。有人将其比作资本主义社会内的"定时炸弹"，迟早会将资本主义大厦炸毁。

这些评价无论是肯定还是否定，都有绝对之嫌，失之偏颇。战后这一分配制度的推行，是资本主义社会生产力发展与社会化生产及消费的必然结果。它的发展难以一帆风顺，但客观上改善了当代资本主义社会雇用劳动者的基本生活状况，绝对贫困状况已基本消除。这无疑是一个历史进步，但并不意味着资本主义制度发生了质的变化。

此外，"福利国家"政策要依仗国家垄断资本，采用高额累进税，对国民收入两次分配，以实现"收入均等"。可如果不彻底废除财富占有不均的资本主义私有制，实现收入均等目标只能是一种幻想。

总之，"福利国家"政策在相当程度上改善了劳动大众的基本生活状况，但未能根本改变劳动大众的受剥削与受雇佣的社会地位。从一定意义上讲，在当代资本主义社会，垄断资本剥削的手法更加高明了。

第三，关于资本主义的前途命运。在过去很长一段时期里，人们认定资本主义是一个垂死的事物，经济危机必定会越来越严重，无产阶级革命会马上到来。但事实是，第二次世界大战后几十年资本主义经济发展速度快于战前。战后，资本主义国家的经济发展稳固增长，至20世纪80年代，发达国家的年均增长率保持在3.6%左右。虽然时有经济危机发生，但再也没有发生过特大经济危机。

由于战后发达资本主义国家经济力量的扩展，它对经济基础方面所起的作用也空前加强。国家政权除有服从于资本家集团的一面之外，也有干预与调节经济的另一面。正是国家的干预，才促进了资本主义经济的发展。可见，资本主义有着一定的自我调整的能力。

自我调整主要针对两方面：一是调整经济政策。战后，发达国家通过不同的经济政策，不断调整经济发展方向。如20世纪70年代之前，凯恩斯主义和通货膨胀政策是发达国家的主要经济政策；70年代以后，主要实行的是宏观政策结合微观政策。二是调整经济结构与改革经济体制。20世纪70年代的经济结构调整、80年代的金融税制改革和非国有化，90年代的财政体制及产业政策调整与改革，是发达资本主义自我调整的具体表现。

那么，现有资本主义国家能否演进到社会主义？以什么样的方式演进到社会主义？这又是一个需要深入探讨的问题。

根据马克思对于未来社会形态演进的规律判断，资本主义社会最终会走向社会主义。现有资本主义国家一方面孕育了走向更高级社会的发达生产力，另一面也孕育着推动资本主义发生本质变化的社会主义因素。因此，从人类的全球发展进程而言，社会主义是世界的普遍存在与历史的发展必然，只不过在不同国家、不同发展阶段有着不同的表现形式与实现道路。

20世纪八九十年代开始，社会主义跌入低谷。但是，我们不能因此认为社会主义道路就是孤立的、少数的，世界社会主义运动事实上依然存在。现在世界上除社会主义国家执政的共产党以外，还有130个左右处在非执政地位的共产党。同时，对于世界社会主义运动，不能光从党派的名称来划分，还要看其政党的政策主张是否具有社会主义的倾向。

尤其是2008年国际金融危机爆发后，社会主义的道德价值和政策主张在世界范围重新受到重视，《资本论》在西方国家畅销。在美国，10%的人掌握了50%的财富，其中"塔尖最高处"的1%更是掌握了20%财富。现有制度只会让富人更富，穷人更穷。在美国2016年总统大选中，以"民主社会主义者"自称的桑得斯，一度成为民主党候选人的黑马，足以说明美国平民阶层开始不同程度地理解、认同乃至接受社会主义的价值理念。

如果资本主义"和平长入社会主义"道路是成立可行的,那么以什么样标准来说明这种变化呢?相比200年前,资本主义在许多方面发生了重大改变:包括股份制的充分发展使得私有制日益社会化、公众化;工人阶层的待遇、地位上升;参与民主选举的民众代表日益广泛,种族歧视减少;国家财政收入占GDP的比重日益上升,二次分配的比例增加,资本主义的国家化、公共化日趋明显;对于国内资产阶级寡头垄断的管制增加;西欧国家的高福利社会等,这些都是资本主义在工人运动推动下所取得的社会进步,尤其是包括了社会党国际的运动力量,因此不应排除在社会主义运动之外。而且,每经历一次危机,民众的公平、正义、平等价值观念就会得到一次伸张。

但是,也不可否认现有资本主义社会的本质并没有改变。这在2016年美国总统大选的过程中充分显示,大资产阶级的幕后利益团体仍然占据主导地位,普通民众在民主权利方面并没有太大选择余地;在世界上,美国依靠霸权实力,以金融帝国主义为手段,通过美元霸权利用美元周期性升贬值的隐蔽形式,进行全球性攫取的本质没有变。总的来看,资本主义社会能否转化为社会主义,目前只看到了方向,但还没不知道结果。

三、对传统文化的再认识

1990年年末,复旦大学哲学系邀请了部分专家学者就如何继承和发扬中国传统文化问题进行座谈。有学者提出,对儒学的研究,在海外很盛；在我国，中断了几十年，现在开始研究很有必要。"但是我担心热过头。这方面教训很多，往往容易出现一个倾向掩盖另一个倾向。什么事情都不要从一个极端走向另一个极端。研究传统文化，研究儒学，古为今用，是必要的，是好事，但不能讲过头。我们还是要坚持历史唯物主义观点。"①

这一席话，大致可以代表认识中华传统文化的一个主要路径，即坚持历史唯物主义观点研究传统文化，注重古为今用。

第一，把握坚持马克思主义与传承发展中华优秀传统文化的关系。从思想层面上讲，中华传统文化最主要的是儒、道、佛三家。它们对于当代中国社会仍然有相当大的影响。但也要看到，它主要是在小农经济基础上和封建主义社会里形成和发展起来的。因此，不可避免地包含着与现代社会不相适应甚至相背离的思想意识、价值观念、风俗习惯等。所以，必须对传统文化进行马克思主义的分析，给以批判的总结，既不是一味地颂扬，也不是一概地排斥，而是经过咀嚼、消化，吸取其营养，排除其糟粕。②

拿儒家学说来说，其本身就是可以分析的。如从孔子的"畏天命"到董仲舒的"承天意以从事"，再到程朱的"循天理"，形成的是服从天命的宿命论传统；而从荀子的"制天命而用之"到柳宗元、刘禹锡的"天人不相预"和"天人交相胜"，再到王安石的"天变不足畏"，王夫之的"造命""相天"，表现的是把握自然法则，进而治理自然的朴素唯物

---

① 《如何正确看待中国传统文化》，《解放日报》1990 年 12 月 26 日。
② 陈卫平：《辩证看待传统文化》，《解放日报》1999 年 6 月 18 日。

论传统。显然，我们应该更多地从朴素唯物论传统中汲取营养。

再看佛家学说，其内部宗派林立，但都讨论善恶问题。佛家认为，凡符合其思想、有益于修行实践的就是"善"。在此基础上，它所肯定的"善行"，包含了人类社会公认的某些道德准则，如爱护生灵、反对贪婪、不断进取等。因此，佛家思想与现代社会发展有相适应的一面。但佛家的劝人为善是与因果报应相联系的，虽然形成了一定的道德约束力，却和社会主义核心价值体系在本质上是难以对接的。前者只是从个人善行中得到回报，后者而以社会进步和人民利益即集体主义原则为出发点。

道家思想的主旨是"道法自然"。由此出发，它强调人要顺应自然界，而生死是自然之事，没有必要乐生恶死。但道家片面强调人对自然的顺应，认为一切人为的文明都是对自然的破坏，应予以排斥；又把达观的生死态度推向极端，认为生和死没有什么差别，因而没有必要认真地对待人生，而要"虚己以游世"，即以游戏的态度对待人生。这些显然是与时代发展不相适应的。

不过，也必须看到，中国在数千年的文明史中，大多数时间是居当时世界上先进国家之列的。上古时代，中国为世界四大文明发源地之一，接下去又有周、秦的强大，汉、唐的盛世，宋、元、明的繁荣，直至清中前期，中国仍是当时世界上最大、最强盛的国家之一。中国之落后于世界大势，实起自清中后期及近代。所以，不能以某个时期中国的落后，来否定整个传统文化的价值。特别是，在思维方式和哲学理念上，我们的传统文化具有"超常"的成熟之处，值得好好挖掘。[①]

[①] 赵俊：《应辩证地看待传统的思维方式》，《文汇报》1986年5月20日。

一是现实性。特有的文化传统使得中国人养成稳妥周密的思考习惯，考虑问题喜欢从实际出发，讨厌好高骛远，凡事基于现实条件，避免空谈、幻想，尽可能预测事物的发展情况与可能引起的后果。和世界其他民族相比，虚无缥缈的神鬼妖妄之说始终未在中国传统文化中居统治地位，中国也始终没出现一个统治一切的宗教，这与传统思维方式中的注重现实的特性不无密切关系。

二是求鉴性。"温故而知新"，是先人遵循的信念。从历史中汲取经验和教训，也是国人很擅长的做法。中华民族的历史记述之早、之全面系统、之连续不断，在世界上是名列前茅的。我们应当好好珍惜。

三是兼容性。春秋战国时期，思想领域中反映各阶级、阶层利益的诸子百家并存，不同流派互相辩难、互相补充，既有争鸣又有融合。后世，儒道释三家鼎立，相互影响、共同发展。同时，中国传统文化对外来事物的改造、同化能力很强，从而较好地保持民族优良传统和特性。对于佛教、基督教、伊斯兰教等世界三大宗教，我们都有吸收并加以中国式改造。

总之，只有对传统文化进行辩证的具体分析，才能更好地弘扬传统文化。

第二，把握传承发展中华优秀传统文化与借鉴吸收外来优秀文化的关系。五四新文化运动的先驱李大钊，曾把中西文化对比为：自然的与人为的、安息的与战争的、消极的与积极的、依赖的与独立的、苟安的与突进的、因袭的与创造的、保守的与进步的、直觉的与理智的、空想的与体验的、艺术的与科学的、精神的与物质的、灵的与肉的、向天的与立地的、自然征服人间的与人间征服自然的。这种概括可能并不完全准确，难免带有一些反对中国传统旧文化猛士的某些偏激，但这里至少给人不少启发。坦率地讲，两种文化既已流传积累下来，必有其价值。

但倘若把孔子的思想抬到指导思想的地位，或者如新儒家那样，将改造过的儒家思想，当作现代世界思潮的主流，则是不可取的。如果把孔子及儒学，当作一种文化积累，当作拒斥现代西方某些腐朽思想的试剂，当作社会变革中的稳定因素，当然有其存在的价值。可如果超过这一步，将它当作指导思想，将它当作拒斥一切西方思想和文化的障碍，将它当作社会变革的保守力量，那就得另当别论了。

此外，中国传统文化作为本土文化，具有延续性、继承性和传统性。从社会的稳定和变革的角度讲，则既具有保守之弊，又具有稳定之利。西方文化作为一种外来文化，既具变革之利，又具动乱之弊。从意识形态的角度上看，对建设社会主义新文化来说，中国文化既有保持民族特点之利，又有带进封建余毒的危险；西方文化既有吸收新鲜思想之利，又有带进资本主义腐朽思想的危险。如何趋利避害？原则上比较简明：对中西文化都要批判继承，都要取其精华，弃其糟粕。问题在于如何具体对待。

传统是历史的积淀、现实的根基和未来的参照。脱离传统如离地而行，固守传统如席地而坐。传统不是不动的山，而是奔腾的河。无视传统是精神上的少儿，迷恋传统是精神上的老人，批判地继承传统才是精神上的青壮年。

对传统的弃糟求精，是唯一正确之路。但传统中的精华与糟粕，并非泾渭分明，而是你中有我、我中有你。只有艰苦的学术探索、严肃的文化创作，几经失败与磨难，才能如愿以偿，才是真正的批判继承。

此外，对传统的变革，是对传统中精华的变革。这个精华是相对过去而言的，在新的社会生活中还需注入新的生命。即不能把传统文化中的儒、法、道、墨等名家言论的精华照搬到现实，还要注入社会主义的新精神。

现代新文化的另一个来源，理所当然包括一切优秀的外来文化。中国传统文化之所以曾经那么辉煌灿烂，正是因为在历史上曾积极吸收外来文化的精华。事实上，当我们对中国传统文化进行扬弃的时候，某种程度上也是以外来文化为参照系的。因此，在推进当代中国马克思主义传播中，应该积极吸取中西文化中的优秀成果。

总的来看，正如习近平总书记所指出的，中华文化源远流长，积淀着中华民族最深层的精神追求，代表着中华民族独特的精神标识，为中华民族生生不息、发展壮大提供了丰厚滋养。事实上，中华优秀传统文化的沃土同样能为当代中国马克思主义、中国特色社会主义发展提供丰富的养料。它是当代中国的突出特殊优势。我们要坚持"创造性转化、创新性发展"的基本方针，使传统文化与当代文化相适应、现代社会相协调。[1]

---

[1] 《关于实施中华优秀传统文化传承发展工程的意见》答记者问，载人民网 http://politics.people.com.cn/n1/2017/0206/c1001-29061709.html，2017年2月10日。

结　语

改革开放40年来，《解放日报》在马克思主义理论的传播上取得了显著成效，积累了学理思考与大众普及并行、实践经验与理论认识互动、报网融合以小见大等做法和经验。面向新时代，面向新的阅读方式，还需要采用更加鲜活的形式、网络化和平民化的语言，继续推动从"思想云端"走向"现实深处"的转化，继续探索当代中国马克思主义传播的新方式。

这种转化升级，绝不意味着低俗化，而是要真正实现理论传播的创新发展，建设无愧于伟大实践的中国哲学社会科学话语体系。要坚持问题导向，不是把马克思主义理论当作词句，与实际情况对号入座式贴标签，也不是把马克思主义当作僵化教条，机械套用到实践中去。为此，一方面要有深厚的学术积累，所谓"入乎其内"；另一方面要更加注重表达艺术和传播技巧，所谓"出乎其外"。

具体而言，推进当代中国马克思主义传播，可把握以下几个原则：

第一，贯彻"大众化"与"化大众"。如果说"大众化"强调的是用生动具体的形式、简明通俗的语言，通过诸多环节把马克思主义传播给大众的话，那么"化大众"突出的是发挥马克思主义的育人、引领功能，以使人民在多样社会思潮冲击下真正领会和掌握马克思主义之精髓。

第二，坚持主导与多样共生。坚持马克思主义的指导地位不动摇，首先要具体化，其次是通俗化，最后是达至潜移默化。它不能以牺牲理论的科学性、肢解主义的整体性、降低思想的品格为代价。思想领域"百花齐放"，才能激发更多的互动、辩论和交流，才能催生更具科学性的真知灼见。从本书的分析来看，社会转型期，必然给新旧价值观念带来剧烈的碰撞，这是时代的重要特征。而价值导向越是多样、混乱，越加需要正确、有力的主流舆论引导。

第三，融入日常智慧和鲜活实践。当代中国马克思主义理论传播，作为大众化的一项工作，要看人民是否满意、是否认同。为此，要讲究"说法"和"做法"。很多事情仅仅"做得对"还不一定成功，只有"做得好、做得巧"，才能做到人民心坎里。"做法"正是普遍意义上的文化。

融入人民的社会生活实践，意味着要充分考虑主体多样性和差异性，尊重差异、包容多样。以人民满意为标准，要求我们眼睛向下，重视调查研究，了解人民日益增长的对美好生活的需要与发展不平衡不充分的关系。在此基础上，把握沟通艺术，及时反映和肯定人民的合理要求与日常智慧，有效促进精神生产和精神消费的良性互动。只有善于"植根大地"，才能避免理论与实际、导向与群众相脱节，才能使整个社会的精神生产适应日益多样化、个性化的精神生活和精神需求。

进一步来看，面向新时代的马克思主义理论传播，一方面要在理论与现实的结合处真正实现原创性思考，将改革开放40年来的实践经验上升为理论，使传统意义上的学科理论有效回应现实的需求，并找到言之成理、逻辑清晰、系统科学的学术表达方式，以理论的不断推进有力配合和支持中国改革开放事业。另一方面，要不断探索表达方式，在马克思主义理论大众化过程中，真正让人"听得到""听得懂"，更"听得进"。

一要讲究传播艺术和技巧。党报舆论引导"好比做菜，材料再好，佐料再全，厨艺不好，做出来的东西大家不愿意吃，勉强吃下去，也会倒胃口"。为此，在具体操作过程中，应当少说该怎样，多讲实际是怎样；少讲大的道理，多找小的切口；少来"空假长"，多来"实新短"。

二要提升媒体议题设置功能。切中要害的说理和阐述，是党报理论宣传的题中应有之义。我们看延安时期的《解放日报》，可以发现理论宣传并不是没话找话、重复公文，更不是空对空、假对假，而是紧扣热点话题、重大疑惑，主动及时地进行阐释、说理，进而答疑解惑、宣传真知，引导人们统一认识、统一目标。

为此，可从议题设置上展开努力：针对公共领域的"老大难"问题，呼吁思想界、学术界乃至全社会的关注，并通过研讨、献策等加以解决；针对教育成长的需要，阐释创新理论新在哪、永恒真理真在哪，澄清错误观点错在哪、歪曲论点歪在哪；针对人们普遍关心、议论纷纷又莫衷一是的热点话题，从正确的历史中找论据，从理性的说辞中找逻辑。

三要强调新闻产品的创新。新闻的立身之本是优质而时效的内容，这同样是融合媒体的发展之本。重点可在准、新、微、快上下功夫。"准"，即恪守新闻原则；"新"，即创新内容表达形式，如推出视频直播、互动讨论、大数据新闻等；"微"，即报道要短小精悍并且鲜活快捷，达到"微言大义"的传播效果，适应碎片化阅读；"快"就是要抢时间、即时采集、推送，在传播中抢得先机。在此基础上，还有必要放大网络优势、扩大网络参与。

就理论创新和发展而言，我们要有自己的思考、思路和行动。要用与时俱进的态度，克服教条主义的影响，站在当代中国发展的新维度，回应时代对理论的迫切要求，重点是以创新马克思主义研究的学科建设为契机。①

其中，有三个方面需要重点把握，即：围绕马克思主义经典研究，强化系统性、整体性研究；围绕当代中国马克思主义研究，开展精细化、针对性研究。比如，面对社会主义核心价值观、"一带一路"倡议和经济新常态、互联网＋等，当代马克思主义研究和传播必须及时给予理论支撑和阐释；围绕面向21世纪的马克思主义，深化前瞻性、战略性研究。

---

① 燕爽：《创新马克思主义研究的三个维度》，《解放日报》2016年7月26日。

参考文献

[1]《马克思恩格斯选集》第 1 卷，人民出版社 2012 年版。

[2]《马克思恩格斯选集》第 2 卷，人民出版社 2012 年版。

[3]《马克思恩格斯选集》第 3 卷，人民出版社 2012 年版。

[4]《马克思恩格斯选集》第 4 卷，人民出版社 2012 年版。

[5]《邓小平文选》第 1 卷，人民出版社 1994 年版。

[6]《邓小平文选》第 2 卷，人民出版社 1994 年版。

[7]《邓小平文选》第 3 卷，人民出版社 1993 年版。

[8]《江泽民文选》第 1 卷，人民出版社 2006 年版。

[9]《江泽民文选》第 2 卷，人民出版社 2006 年版。

[10]《江泽民文选》第 3 卷，人民出版社 2006 年版。

[11]《科学发展观重要论述摘编》，中央文献出版社、党建读物出版社 2008 年版。

[12]《论构建社会主义和谐社会》，中央文献出版社 2013 年版。

[13]《胡锦涛在庆祝中国共产党成立 90 周年大会上的讲话》，《解放日报》2011 年 7 月 2 日。

[14]《中国共产党历史：1949—1978》第 2 卷（全二册），中共党史出版社 2011 年版。

[15]《十三大以来重要文献选编》，中央文献出版社 2011 年版。

[16]《十一届三中全会以来党和国家重要文献选编》，中共中央党校出版社 2008 年版。

[17]《中国共产党宣传工作文献选编（1957—1992）》，学习出版社 1996 年版。

[18]《十四大以来宣传思想工作的理论与实践》，学习出版社 1997 年版。

[19] 陈力丹：《马克思恩格斯列宁论新闻》，人民日报出版社 2009 年版。

[20] 朱国圣、林枫：《马克思主义新闻观研究》，新华出版社 2010 年版。

[21] 金冲及：《二十世纪中国史纲》（上下册），社会科学文献出版社 2009 年版。

[22] 张立文：《中国哲学史新编》，中国人民大学出版社 2012 年版。

[23] G.希尔贝克、N.伊耶：《西方哲学史》，上海译文出版社 2013 年版。

[24] 赵修义、童世骏：《马克思恩格斯同时代的西方哲学》，华东师范大学出版社 2008 年版。

[25] 奚洁人、余源培：《二十世纪中国社会科学》（马克思主义卷），上海人民出版社 2006 年版。

[26] 庄福龄：《中国马克思主义哲学传播史》，中国人民大学出版社

1988 年版。

［27］方松华、陈祥勤、姜佑福：《中国马克思主义学术史纲》，学林出版社 2011 年版。

［28］顾海良：《马克思主义发展史》，中国人民大学出版社 2009 年版。

［29］何萍、李维武：《马克思主义中国化探论》，人民出版社 2002 年版。

［30］潘世伟：《上下求索九十年》，学林出版社 2011 年版。

［31］李德顺：《与改革同行：中国特色社会主义的哲学理路之思》，黑龙江教育出版社 2008 年版。

［32］程伟礼、戴雪梅：《中国特色社会主义思想史》，学林出版社 2009 年版。

［33］侯惠勤等：《马克思主义中国化理论创新 30 年（1978—2008）》，中国社会科学出版社 2008 年版。

［34］孙洪敏等：《当代中国马克思主义理论研究》，人民出版社 2011 年版。

［35］俞思念等：《社会主义在当代中国的理论创新》，湖北人民出版社 2004 年版。

［36］王战、潘世伟主编：《改革再出发　凝聚成共识——全国社会科学院系统中国特色社会主义理论体系研究中心纪念邓小平同志诞辰 110 周年学术研讨会文集》，上海社会科学院出版社 2014 年版。

［37］俞吾金：《意识形态论》（修订版），人民出版社 2009 年版。

［38］安德鲁·文森特：《现代政治意识形态》，凤凰出版集团、江苏人民出版社 2005 年版。

［39］黄凯锋：《变量共生、组合创新与意识形态》，学林出版社 2012 年版。

［40］特茨拉夫：《全球化压力下的世界文化》，江西人民出版社 2001 年版。

［41］朱兆中：《当代中国的价值追求》，上海人民出版社 2012 年版。

［42］宣兆凯：《中国社会价值观现状及演变趋势》，人民出版社 2011 年版。

［43］约瑟夫·奈：《硬权力与软权力》，北京大学出版社 2005 年版。

［44］陈学明、黄力之、吴新文：《中国为什么还需要马克思主义：答关于马克思主义的十大疑问》，天津人民出版社 2013 年版。

［45］乔纳森·沃尔夫：《当今为什么还要研读马克思》，高等教育出版社 2006 年版。

［46］萧功秦：《超越左右之争》，浙江大学出版社 2012 年版。

［47］张付：《马克思主义传播研究（1）》，中国传媒大学出版社 2014 年版。

［48］李春会：《传播视域下的马克思主义大众化》，人民出版社 2013 年版。

［49］阮东彪：《传播学视角：当代中国马克思主义大众化机制研究》，湘潭大学出版社 2013 年版。

［50］徐峻：《马克思主义大众化的历史语境与现实价值》，人民出版社 2015 年版。

［51］殷晓元：《中国共产党政治传播研究》，湖南人民出版社 2012 年版。

[52] 程光炜主编：《都市文化与中国现当代文学》，人民文学出版社 2005 年版。

[53] 赵曜：《赵曜讲稿》，中共中央党校出版社 2013 年版。

[54] 马克斯韦尔·麦库姆斯：《议程设置：大众媒介与舆论》，北京大学出版社 2008 年版。

[55] 曼纽尔·卡斯特：《网络社会的崛起》，社会科学文献出版社 2006 年版。

[56] 石仲泉：《马克思主义中国化的最新硕果：十七大的十大新论》，《中国特色社会主义研究》2008 年第 4 期。

[57] 汪信砚：《新世纪马克思主义中国化研究述评》，《马克思主义研究》2008 年第 3 期。

[58] 陈先达：《论普世价值与价值共识》，《哲学研究》2009 年第 4 期。

[59] 吴晓明：《论推动当代中国马克思主义大众化》，《思想政治工作研究》2009 年第 2 期。

[60] 鲁婉莹：《传播媒介在马克思主义大众化中的作用》，河南大学 2011 年。

[61] 杨海波：《改革开放以来马克思主义大众化的研究述评》，《长春工业大学学报》（社会科学版）2011 年第 1 期。

[62] 周奇志：《当代中国马克思主义大众化研究综述》，《当代世界与社会主义》2009 年第 4 期。

[63] 张治银：《马克思主义大众化研究述评》，《重庆工商大学学报》（社会科学版）2009 年第 6 期。

[64] 胡洪彬：《十七大以来当代中国马克思主义大众化研究的回顾与思考》，《厦门特区党校学报》2009 年第 1 期。

[65] 刘建军：《关于当代中国马克思主义大众化的若干问题》，《思想理论教育》2008 年第 7 期。

[66] 张博颖：《关于当代中国马克思主义大众化的若干思考》，《上海师范大学学报》（社会科学版）2008 年第 3 期。

[67] 何怀远：《关于推进当代中国马克思主义大众化的几个问题》，《南京政治学院学报》2008 年第 3 期。

[68] 胡晓飞、顾承卫：《灌输论与马克思主义大众化的关系再认识》，《上海党史与党建》2011 年第 5 期。

[69] 王海军：《延安时期知识分子群体与马克思主义史学中国化探析》，《思想理论教育导刊》2010 年第 10 期。

[70] 朱洪强：《论胡绳成长为马克思主义理论家的思维轨迹》，《山东师范大学学报》（人文社会科学版）2012 年第 5 期。

[71] 彭先兵、何鹏举：《"灌输"抑或"互动"：当代中国马克思主义大众化路径模式的抉择——纪念邓小平"南方谈话"发表 20 周年》，《理论导刊》2012 年第 4 期。

[72] 北京市邓小平理论和"三个代表"重要思想研究中心：《〈江泽民文选〉：创立"三个代表"重要思想历史过程的生动记录》，《中国特色社会主义》2006 年第 6 期。

[73] 程美东：《论党的宣传工作与马克思主义大众化》，《中国井冈山干部学院学报》2008 年第 9 期。

[74] 李建柱：《当代中国马克思主义传播主体研究》，山东大学

2011年。

[75] 王叶林:《当代中国马克思主义传播受众研究》山东大学2013年。

[76] 熊澄宇:《从大众传播到分众传播》,《瞭望新闻周刊》2004年第2期。

[77] 陶建杰:《"皇甫平"事件:新的思想解放运动的序幕》,《新闻爱好者》2007年第5期。

[78] 杨学功:《从真理标准讨论到哲学教科书体系改革》,《中共天津市委党校学报》2010年第1期。

[79] 杨学功:《"问题意识"凸显和领域(部门)哲学勃兴》,《中共天津市委党校学报》2010年第2期。

[80] 杨学功:《从"领域分设"到"路径分化"》,《中共天津市委党校学报》2010年第3期。

[81] 曹静:《从祈使句标题看30年来党报舆论引导的变化》,《新闻记者》2010年第9期。

[82] 陆象淦:《面目虽变 本质依旧》,《人民日报》2000年8月29日。

[83] 李连科:《中、西文化与稳、变思潮》,《文汇报》1992年7月10日。

[84]《解放日报》全文数据库,1978—2012年。

图书在版编目(CIP)数据

从"思想云端"走向"现实深处":1978—2017年
《解放日报》理论传播梳理与思考/夏斌著.—上海:
上海社会科学院出版社,2018
（上海市纪念改革开放40年研究丛书）
ISBN 978-7-5520-2476-0

Ⅰ.①从… Ⅱ.①夏… Ⅲ.①《解放日报》-新闻事业史-研究-1978-2017 Ⅳ.①G219.296

中国版本图书馆CIP数据核字(2018)第225866号

从"思想云端"走向"现实深处":1978—2017年《解放日报》理论传播梳理与思考

著　　者：	夏　斌
责任编辑：	熊　艳
封面设计：	人马艺术设计·储平
出版发行：	上海社会科学院出版社
	上海顺昌路622号　邮编200025
	电话总机021-63315900　销售热线021-53063735
	http://www.sassp.org.cn　E-mail:sassp@sass.org.cn
照　　排：	南京理工出版信息技术有限公司
印　　刷：	上海商务联西印刷有限公司
开　　本：	787×1092毫米　1/16开
印　　张：	22.25
插　　页：	4
字　　数：	254千字
版　　次：	2018年10月第1版　2018年10月第1次印刷

ISBN 978-7-5520-2476-0/G·780　　　　　　　　定价：89.00元

版权所有　翻印必究